本成果得到中国人民大学
“统筹推进世界一流大学和一流学科建设”
专项经费的支持

新·闻·传·播·学·文·库

移动互联时代的政府形象传播

Government Communication Management in the Mobile Internet Era

黄 河 / 著

中国人民大学出版社
·北京·

总　序

自1997年国务院学位委员会将新闻传播学擢升为一级学科以来，中国的新闻传播学学科建设突飞猛进，这也对教学、科研以及学术著作出版提出了新的、更高的要求。

继1999年中国人民大学出版社推出“21世纪新闻传播学系列教材”之后，北京广播学院出版社、华夏出版社、南京大学出版社、中国社会科学出版社、新华出版社等十余家出版社纷纷推出具有不同特色的教材和国外新闻传播学大师经典名著汉译本。但标志本学科学术水平、体现国内最新科研成果的专著尚不多见。

同一时期，中国的新闻传播学教育有了长足进展。新闻传播学专业点从1994年的66个猛增到2001年的232个。据不完全统计，全国新闻传播学专业本科、专科在读人数已达5万名之多。新闻传播学学位教育也有新的增长。目前全国设有博士授予点8个，硕士授予点40个。中国人民大学新闻学院、复旦大学新闻学院等一批研究型院系正在崛起。北京大学和清华大学的新闻传播学教育以高起点、多专业为特色，揭开了这两所百年名校蓬勃发展的新的一页。

中国传媒大学以令人刮目相看的新水平，跻身中国新闻传播教育名校之列。武汉大学新闻与传播学院等以新获得博士授予点为契机所展开的一系列办学、科研大手笔，正在展示其特有的风采与魅力。学界和社会都企盼这些中国新闻传播教育的“第一梯队”奉献推动学科建设的新著作和新成果。

进入新世纪以来，随着以互联网为突破口的传播新媒体的迅速普及，新媒体与传统媒体的联手共进，以及亿万国人参与大众传播能动性的不断强化，中国的新闻传媒事业有了全方位的跳跃式的大发展。人民群众对大众传媒的使用，从来没有像今天这样广泛、及时、须臾不可或缺，人们难以逃脱无处不在、无时不有的大众传媒的深刻影响。以全体国民为对象的新闻传播学大众化社会教育，已经刻不容缓地提到全社会，尤其是新闻传播教育者面前。为民众提供高质量的新闻传播学著作，已经成为当前新闻传播学界的一项迫切任务。

这一切都表明，出版一套满足学科建设、新闻传播专业教育和社会教育需求的高水平新闻传播学学术著作，是当前一项既有学术价值又有现实意义的重要工作。“新闻传播学文库”的问世，便是学者们朝着这个方向共同努力的成果之一。

“新闻传播学文库”希望对于新闻传播学学科建设有一些新的突破：探讨学科新体系，论证学术新观点，寻找研究新方法，使用论述新话语，摸索论文新写法。一句话，同原有的新闻学或传播学成果相比，应该有一点创新，说一些新话，文库的作品应该焕发出一点创新意识。

创新首先体现在对旧体系、旧观念和旧事物的扬弃。这种扬弃之所以必要，人文社会科学工作者之所以拥有理论创新的权利，就在于与时俱进是马克思主义的理论品质，弃旧扬新是学科发展的必由之路。恩格斯曾经指出，我们的理论是发展的理论，而不是必须背得烂熟并机械地加以重复的教条。一位俄国作家回忆他同恩格斯的一次谈话时说，恩格斯希望俄国人——不仅仅是俄国人——不要去生搬硬套马克思和他的话，而要根据自己的情况，像马克思那样去思考问题，只有在这个意义上，“马克思主义者”这个词才有存在的理由。中国与外国不同，旧中国与新中国不同，新中国前30年与后20年不同，在现在的历史条件下研究当前中国的新闻传播学，自然应该有不同于外国、不同于旧中国、不同于前30年的方法与结论。因此，“新闻传播学文库”对作者及其作品的要求是：把握时代特征，适应时代要求，紧跟时代步伐，站在时代前列，以马克思主义的理论勇气和理论魄力，深入计划经济到市场经济的社会转型期中去，深入党、政府、传媒与阅听人的复杂的传受关系中去，研究新问题，寻找新方法，获取新知识，发现新观点，论证新结论。这是本文库的宗旨，也是对作者的企盼。我们期待文库的每一部作品，每一位作者，都能有助于把读者引领到新闻传播学学术殿堂，向读者展开一片新的学术天地。

创新必然会有风险。创新意识与风险意识是共生一处的。创新就是做前人未做之事，说前人未说之语，或者是推翻前人已做之事，改正前人已说之语。这种对旧事物旧体系旧观念的否定，对传统习惯势力和陈腐学说的挑战，对曾经被多少人诵读过多少年的旧观点旧话语的批驳，必然会招致旧事物和旧势力的压制和打击。因此，执着于理论创新的学人们，又必须时时唤醒自己的风险意识。再说，当今的社会进步这么迅猛，新闻传媒事业发展这么飞速，新闻传播学学科建设显得相对迟缓和相对落后。这种情况下，“新闻传播学文库”作者和作品的一些新观点新见解的正确性和科学性有时难以得到鉴证，即便一些正确的新观点新见解要成为社会和学人的共识，也有待实践和时间。因此，张扬创新意识的同时，作者必须具备同样强烈的风险意识。我们呼吁社会与学人对文库作者及其作品给予最多的宽容与厚爱。这里并不排斥而是真诚欢迎对作品的批评，因为严厉而负责的批评，正是对作者及其作品的厚爱。

当然，“新闻传播学文库”有责任要求作者提供自己潜心钻研、深入探讨、精心撰写、有一定真知灼见的学术成果。这些作品或者是对新闻传播学学术新领域的拓展，或者是对某些旧体系旧观念的廓清，或者是向新闻传媒主管机构建言的论证，或者是作者运用中国语言和中国传统文化对海外新闻传播学著作的新的解读。总之，文库向人们提供的应该是而且必须是新闻传播学学术研究中的精品。这套文库的编辑出版贯彻少而精的原则，每年从中国人民大学校内外众多学者的研究成果中精选三至五种，三至四年之后，也可洋洋大观，可以昂然耸立于新闻传播学乃至人文社会科学学术研究成果之林。

新世纪刚刚翻去第一页，中国人民大学出版社经过精心策划和周全组织，推出这套文库。对于出版社的这种战略眼光和作者们齐心协力的精神，我表示敬佩和感谢。我期望同大家一起努力，把这套文库的工作做得越来越好。

以上絮言，是为序。

童　兵

序

黄河老师是那种典型的谦谦君子，面对人和事的繁复与反复，总是一笑了之。在你如沐春风时，他就站在春风里。这本书讨论了巨变年代的一个复杂主题，黄老师把所见所思铺展开来，一枝一叶，一株一簇，春风过处，林间花满。

移动互联和社交互联显现、成就了多元表达主体，意见竞争和话语权再分配于此发生。政府在公共决策和社会管理中也要参与意见竞争，政治认同和社会认同越来越取决于介入多元协商时可能获得的正当性、合理性和有效性。此中，政府形象——作为政府与多元社会主体对话的信任资本、接触界面和某种程度上的合法性来源，乃影响前述意见竞争的一个重大理论和现实问题。黄河老师这本新作正是通过聚焦政府形象传播问题，探讨了移动互联时代政治和社会系统的巨变。

本书于前两章确立了问题讨论的实践和逻辑起点：第一章对移动互联时代公共传播的现实图景做出描述，第二章对政府形象及其构成要素和形塑路径加以界定。第三章则转换视角，基于公众本位评估了政府形象的现状、问题与可能的解决方案。自第四章开始，本书进入专题分析，深入考察了信息公开、讲故事、网络问政、政务微博、政务微信、政务 App 等移动互联时代政府形象建设的一些重要通路和手段。

全书一气贯通，明白晓畅，实用性强。其观念新颖前沿，经验总结到位，教训阐发入微，政策、制度和路径设计合理，既有理想主义气质，又有强烈的操作化取向。“理论与实践相结合”的说法虽然老套，但一部应用性研究著作做到这一点并非易事。黄河老师以其扎实的理论研究、持续的实践观察、丰富的个案分析，把学理和现实精细地合在了一处，并因此有新的生发和创造。

本书提出的诸多问题仍需更多智慧的卷入才可能找到相对确定的答案，譬如政府形象的价值构成及其来源，又如官民对话中政府与公众各自主体性的构建及主体间性的培育，再如政府、政治传播与公共决策、公共管理之间关系的深度重构，以及与它们关联甚切的信任、合法性、公共理性等问题皆应得到学界、业界更坚实、深入的讨论。显然，这可能超出了本书的定位，也不是黄河老师一个人的使命。

作为黄河老师的同事，我一直赞叹他的正直、智慧、勇气、勤奋和达观。同很多人一样，我从他那里所学甚多——不只是专业知识，还有笑在春风里。趁着写这篇小序的机会，我郑重地向他表示感谢和祝福。祝美好、壮盛！

胡百精

2018 年 4 月 9 日

前　言

良好的政府形象意味着公众对政府的信任、认同与支持。孔子认为“政者，正也”，“其身正，不令而行；其身不正，虽令不从”。也就是说，假如为政者行为端正、形象积极，那么无须下令，百姓也会按他的意思去做；若是自身行为不端、形象糟糕，即便三令五申，百姓也不会听从。如今，我们“正处在一个大发展大变革大调整的时代”，如何基于移动互联网所带来的挑战和机遇，尽快优化政府形象的构建路径和体系，将在很大程度上影响政府深化改革、完善社会治理、提升国家软实力等目标的实现。这本书就是围绕这一重要议题做出的讨论和回应。

全书共九章，亦可分为三个部分。

第一章至第三章为第一部分，重点对移动互联时代的传播图景、舆论场域、政府形象构建体系、政府形象现状等关键背景和核心概念进行剖析、建构、描述。

移动互联网的快速发展，使传播越来越呈现出信息生产个体化、信息传递场景化、信息获取碎片化、信息使用共享化等特点。党和政府有必要进一步加强对移动舆论场的重视，并在研究、实践的过程中快速转变和优化对于政府形象构建的意识、观念、原则、体系，将执政之“道”与移动媒体之“器”融合起来。

政府形象包括顶层设计、政府行为与舆论反应三个部分。在移动互联时代，顶层设计上，政府形象可具象为法治、廉洁、服务和高效等形象；而政府行为与移动互联网紧密结合，除了为传统的行政工作提供便利，还催生出移动信息公开、移动舆论引导和移动网络问政等新形式；舆论反应的形式和内容也有所调整，政府部门必须重新审视其与大众媒体、意见领袖及社会公众之间的关系，同时优化沟通策略。

随着移动互联网的快速发展，公众的媒体接触行为发生了很大变化，并因此对政府形象的构建产生影响。我们通过对北京市居民展开随机问卷调查，探讨了公众新媒体接触行为对政府形象构建的影响程度和影响路径。研究发现，目前公众在获取政府相关信息时，更多依赖新媒体渠道，公众接触官方新媒体的频率对政府形象有正面效果。至于公众眼中的政府形象，尽管有不足之处，但总体上看发展绩效优异，多项工作善政善治，政府官员能力强、素质好，普通工作人员讲服务、水平高。

第四章至第六章为第二部分，该部分聚焦政府形象体系中的“政府行为”，结合移动互联网的大背景，论述了信息公开、舆论引导和网络问政的新变化、新挑战、新趋势。

移动互联时代的政府信息公开与之前相比面临更多、更新的挑战，比如来自得到更多赋权的公众的压力，需要积极回应公众的质疑、批评和驳斥，应对信息“裂变式”传播增强的社会震动，以及愈发凸显的网络安全问题。对此，作为政府宣传工作的重要组成部分，政府信息公开需更好地在把握时（不拖延、合时宜）度（不逾矩、有分寸）效（优化传播、促进施政）的基础上加以持续优化。

在吸引取代“轰炸”、共鸣优于灌输、长篇阔论让位于一见倾心的环境下，讲好民主施政、依法行政、勤廉从政的“中国故事”，既是事关社会和谐稳定和政府形象构建的战略性问题，也是如何做好舆论正向引导的技术性问题。好的故事应有价值主题、遵从“叙事弧线”选择和组织事件、注重人物塑造的圆形化、将具体叙事与抽象叙事相结合；而政府在讲故事时，尤其需要提升情节意识、重建对“故事”的认知，将榜样和典型还原为真实的人，并从微视角切入优化细节。

良好政府形象的构建离不开倾听民意、体察民情。与传统问政形式相比，网络问政可提供畅通的社情民意渠道，完善社会治理格局；利于促进服务型政府建设，推动政府职能转型；还能解决公众实际问题，优化社会治理效果。近年来，许多政府部门、新闻媒体运用移动互联网技术不断升级网络问政平台的功能、创新网络问政的方式，实现了全媒体平台互为补充、联动发展。

第七章至第九章为第三部分，这一部分分别围绕政务微博、政务微信和政务 App 三类移动政务新媒体在运营发展中面临的主要问题展开分析。

相对而言，政务微博起步较早、发展迅猛，近年呈现出规模化和矩阵化发展的新态势。然而，随着微信等移动应用程序的勃兴，用户迁移、注意力资源分流的形势愈发严重，政务微博不仅不再无法替代，反而频频受到有关存在必要性的质疑。笔者对政务微博的核心功能与发展价值做出讨论，认为其在信息维度上可以有效推进政务公开，快速辟谣止谣，强化舆论引导；在互动维度上一方面丰富了网络问政的形式和渠道，另一方面利于政府塑造自身亲民而不冰冷、具体而不抽象、鲜活而不呆板的良好形象；在服务维度上则可在垂直细分领域下功夫。

同样只用了几年时间，微信不仅成为广大用户青睐的社交平台，甚至渐渐重塑了人们的交流方式和生活图景，其在信息公开、提供服务、与民互动等方面的价值亦得到政府机构越来越多的重视。不过，由于一些政府官员的思想观念不到位，以及需求不明、资源不足、策略不当等，政务微信发展伊始即面临的定位受限、服务薄弱、运营不力、评估不妥等“老”

问题一直未得到有效破解。针对这一状况，笔者分析并回应了业界提出的“为什么要用政务微信”“有没有必要用政务微信”，以及“如何持续有效地用政务微信”等疑问。

作为“两微一端”的重要组成部分，政务App在政府的信息发布、优化服务、与民互动以及更进一步的形象塑造等方面也发挥着积极的作用。与政务微博和政务微信相比较，政务App由于是政府自建、自营的平台，运营起来较为灵活，功能也更加多样。但是，也正因为政务App需要自建、自营，从而要求政府部门必须投入充足的人力、物力和财力，还需要懂得运营的方法。在对政务App的现状加以梳理后，笔者从开设基础、平台搭建、角色定位、制度保障等方面对政务App的运营提出了建议。

从2010年开始，我和我的团队对政府新媒体的相关研究就从未间断。这八年间，我们先后开展了北京市社会科学基金项目“北京市新媒体发展与社会管理创新研究”和“移动互联网时代北京市政府形象传播与媒体沟通策略研究”，国家互联网信息办公室专项研究项目“移动新媒体创新融合发展研究”，以及国家社会科学基金项目“新媒体语境下环境公共议题的多元话语建构与互动研究”等课题的研究，参与创办并编写北京市内参《首都网络舆情》（周刊），出版了国内第一本全面而系统地梳理政府新媒体传播的理论知识和实践经验的著作《政府新媒体传播——直面新媒体带来的挑战和机遇》和第一本将新媒体与社会管理有机结合、详细论述新媒体在社会管理中的角色及功能的著作《新媒体发展与社会管理》。这本《移动互联时代的政府形象传播》既是前面这些研究的延续和深化，也是我们作为学术研究者对业界前沿课题做出的积极响应。

感谢中国人民大学新闻学院以“统筹推进世界一流大学和一流学科建设”专项经费资助本书出版。学院60余年的厚重积淀、海纳百川的胸怀气度、勇立潮头的进取之心，以及前辈同仁的教导勉励，均使我受益良多、不敢懈怠。

感谢中国人民大学新闻学院执行院长胡百精教授和中国传媒大学教授、国家广告研究院院长丁俊杰分别为本书作序、推荐。感谢国家互联网信息办公室移动网络管理局、网络新闻信息传播局对我们的研究所给予的支持。对于在研究过程中给予我们帮助的业界和学界的朋友们，在此一并致以诚挚的谢意。

感谢参与本课题研究的项目组成员即大连理工大学新闻与传播学系讲师王芳菲博士、清华大学新闻与传播学院博士后翁之颢博士、中国劳动关系学院文化传播学院讲师刘琳琳博士、美国锡拉丘兹大学博士候选人邵立，以及我的研究生薛昱琨、贾挺、常菲、杨小涵，正是有了你们在资料收集、实施调查、数据分析、案例梳理等方面的细致工作，这本书才得以顺利完成。

感谢中国人民大学出版社翟江虹老师耐心而专业的支持。

最后，感谢我的家人。

黄河

2017 年 10 月

目　录

第一章　移动互联时代的传播图景与舆论场域

2015年，旨在将互联网与传统行业相结合，于新领域创造新生态的"互联网＋"计划首次被写入我国的政府工作报告之中，上升到国家宏观发展战略的层面。作为"互联网＋"的核心，将移动通信与互联网融合到一起的移动互联网及其相关技术应用已经深刻渗入社会各个行业与公众的日常生活之中，颠覆了传统形态，促成全方位的创新。

网络接入方面，智能手机已经成为第一上网终端。截至2016年12月，我国手机网民规模达到6.95亿，增长连续三年超过10%；网民使用手机上网的比例达到95.1%，手机不断挤占其他上网设备的使用时长。①

用户使用方面，即时通信、网络新闻、搜索、网络音乐、网络视频、网络支付等移动互联网应用在公众日常生活中均有较高的渗透率和使用率，手机外卖、手机在线教育课程用户规模增长迅速。② 如今，仍不断有垂直细分市场的生活新应用融入公众的日常生活，用户在移动终端和应用上投入的时间和精力越来越多。

行业生态方面，我国移动互联网应用开发者人数已突破300万人，相当一部分移动应用开发团队已实现了盈利。③ 此外，依托移动互联网，移动金

① 中国互联网络信息中心．第39次中国互联网络发展状况调查统计报告［R/OL］．(2017-01-22)［2017-03-02］．http：//www.cnnic.net.cn/hlwfzyj/hlwxzbg/index.htm.

② 同①．

③ 何树煌．面向移动开发者的服务及平台发展分析［R］//官建文，唐胜宏，许丹丹．中国移动互联网发展报告（2015）．北京：社会科学文献出版社，2015：210-222.

融、移动电商、移动交通、移动游戏、移动阅读等新兴行业日益兴盛，产业链条日趋完善。根据波士顿咨询集团发布的数据，仅 2014 年一年全球移动产业的收入就突破 3.3 万亿美元。①

在传播领域，移动互联网带来了全新的信息表现形式、信息传播渠道和社会交往方式，使得社会舆论在传播主体构成、公众信息获取行为、信息流动走向、话语表达体系、传播效果评价手段等方面呈现出许多新特征，并由此引发了群体极化和网络暴力、网络谣言、“水军”遮蔽民意、隐私泄露、信息低俗等新问题。

第一节　移动互联时代的传播图景

与传统互联网时代相比，移动互联网背景下的传播越来越呈现出信息生产个体化、信息传递场景化、信息获取碎片化、信息使用共享化等特点。为了更加清晰地勾勒移动互联时代的传播图景，我们可以分别从传者、受众、路径、内容及效果评价等方面加以阐述。

一、传者：多元主体争夺注意力资源

移动互联网在我国的覆盖，以智能手机为代表的移动新媒体终端的普及，以及微博、微信、客户端等新型移动应用的推广，进一步降低了互联网的使用门槛，用户个体获得了更为便捷、畅通、多元的信息获取与发布渠道。这使得公众、社会组织、政府机构等传播主体，以开设微博账号、微信公众号等方式获得了一对多的发声渠道。各类自媒体随之蓬勃发展，呈现出如下特点。其一，新兴载体不断涌现，自媒体迈入多平台、多形式

① 腾讯科技．2014 年移动产业赚发了：收入 3.3 万亿美元［EB/OL］.（2015-01-16）［2017-03-02］. http://tech.qq.com/a/20150116/038470.htm.

的发展阶段。近两年，除了微博、微信等自媒体平台，视频媒体（如视频直播、短视频社区）、音频媒体（如聚合型网络广播）等媒体平台也快速兴起，不仅进一步降低了个体的内容生产门槛，提供了新的内容生产方式，激发了个体的创作热情，也为自媒体集聚了更广泛、更具规模、更活跃的用户。其二，既有新媒体平台积极布局自媒体。如今日头条于2014年推出了针对普通内容创作者的“头条号”，在次年9月又推出“千人万元计划”，确保至少1 000个“头条号”的内容创作者每月获得1万元以上的保底收入，2016年该平台还计划投入至少10亿元人民币补贴给“头条号”上的短视频创作者。此外，百度的“百度百家”、腾讯的“大家”、网易的“网易号”等也均是近年来新上线的、可供普通创作者入驻的资讯平台。其三，资本机构对自媒体价值的认可度与投资力度不断提升。从2015年1月至2016年11月，有69个自媒体获得了金额不等的融资，其中有33个自媒体项目的融资金额超过了千万元。①

与此同时，传统媒体在受到移动互联网发展的巨大冲击之后，亦有意识地将“两微一端”作为重要的传播渠道，加速了其在移动端的转型进程。依托于传统媒体本身所具有的资源优势、专业能力和公信力，它们的移动端与大多数自媒体相比粉丝基数更大，传播范围更广，影响力更强。以《人民日报》为例，其在人民网、新浪网、腾讯网三大微博平台上的粉丝总数已经超过6 000万。其新浪微博账号“@人民日报”在报道2015年的“习马会”时所发布的20条相关博文，累计获得转发、评论、点赞的总数约为17万次，阅读总量接近2 500万次，该账号主持的微话题＃习马会＃的阅读量更是达到4.3亿次，并引发了共计21.5万次的讨论②；而《人民日

① TalkingData移动数据研究中心．2016年度自媒体行业发展报告［R/OL］．（2016-12-05）［2017-03-02］．http：//mi. talkingdata. com/report-detail. html? id=486.

② 人民网研究院．2015中国媒体移动传播指数报告［R/OL］．（2016-03-24）［2017-03-02］．http：//media. people. com. cn/n1/2016/0324/c14677-28222730. html.

报》于 2014 年推出的 App，在上线第一周的下载量便达到 200 万次[①]。

上述这些因素均促成当前的信息传播呈现出多元传播主体并存、多种传播渠道交织的格局（见表 1-1）。而由于公众在媒体使用、信息获取等方面具有碎片化接触、多任务处理的特征，他们对每一类主体、每一个渠道所分配的注意力亦十分有限。相应的，对于诸多传播主体来说，“他们更多的是争夺在某一时空下用户大脑的‘多任务处理系统’中的有限资源”，当传播主体与传播渠道愈发多元时，他们“获得用户‘脑力资源’的挑战变得更大”[②]。

表 1-1　代表性传播主体及其发展情况

主体	渠道	账号数量	其他情况（影响力、活跃度）
政府机构	新浪微博、腾讯微博	28.9 万+	2015 年发布量为 2 102.7 万条，转发、评论量达到 2.7 亿条，累计覆盖人次超过 40 亿
	微信	10 万+	单篇文章阅读数超过 10 万人次已是常态
	App	69 个城市开通了政务 App 316 个；26 家中央部委办局开通政务 App35 个	城市政务 App 平均下载量 7.8 万次；过半中央部委办局的 App 下载不足万次，仅有 6 个 App 下载次数突破 10 万
	第三方平台（“头条号”）	3 754 个	总发布量达 23 万篇，总推荐量超过 109 亿，总阅读量超过 10 亿[③]

① 刘鹏飞，周亚琼，张力．2014 年中国移动舆论场舆情发展报告［R］//唐绪军，吴信训，黄楚新，等．中国新媒体发展报告 No.6（2015）．北京：社会科学文献出版社，2015：93-109.

② 彭兰．重构的时空——移动互联网新趋向及其影响［R］//官建文，唐胜宏，许丹丹．中国移动互联网发展报告（2016）．北京：社会科学文献出版社，2016：22-40.

③ 发展至 2016 年底，政务头条号数量已经突破 3.5 万，共发布图文和视频 240 万篇，总阅读量达 82 亿、单篇阅读量最高为 1 060 万，为发展速度最快的政务新媒体形态。

续前表

主体	渠道	账号数量	其他情况（影响力、活跃度）
媒体组织	新浪微博	经认证的媒体类微博为 26 259 个，传统媒体微博约 17 323 个	4%的媒体微博粉丝超 1 000 万，82%的媒体微博粉丝超过 10 万
	微信	泛媒体类公众号 250 万＋	18%的媒体微信用户量超过 10 万
	App	主流传统媒体的 App 达 231 个	总下载量在亿级别，平均下载量超过 36.7 万次
	第三方平台（“头条号”）	1 000＋	知名媒体的文章总阅读量平均超过 2 亿
自媒体（公众，企业、事业单位等社会组织）	新浪微博	认证企业微博数量 96 万＋	企业微博覆盖粉丝人数近 6.6 亿，评论、转发、点赞等互动总量近 20 亿
	微信	2 300 万＋（个人占比 27.3%，组织机构占比 72.7%）	活跃账号数量约为 280 万，每日新增认证公众号 1 万
	第三方平台（“头条号”）	27 万＋	日均内容发布总量为 19 万，日均内容阅读总量超过 21 亿

注：数据综合整理自网络，统计时间截至 2015 年底。

二、受众：碎片化信息获取与社群依赖

便携的移动终端、无处不在的网络覆盖、无所不能的移动应用，促使公众对媒体的接触与使用时间更久、频次更高、黏性更强，无论是工作、学习、出行还是休闲，人们会在一切可以利用的零散时间里使用移动媒体查阅信息、实时会话、浏览视频、分享互动……这样的媒体接触与使用特征，又会引起公众信息获取行为的变化：

第一，公众的信息获取更加“碎片化”。这既体现为信息获取行为的“碎片”，也意味着所获取的内容呈现出凌乱无关联的“碎片”状态。在行为方面，2016 年上半年，移动互联网用户平均每月打开 App 1 199.77 次，

平均接触时间为10 774.07分钟，这两个数据较2015年上半年均有20%左右的增幅。[①] 在内容方面，为了适应公众零散、高频的媒体接触特征，媒体不仅通过全天候的密集"消息提醒"、算法推送、"场景"（包括空间与环境、用户实时状态、社交活动等）匹配和简短易读的内容来不断吸引公众的注意力，捕获他们的碎片化时间，满足他们随时都可"完整"阅读的需求，而且也有意识地变革其信息生产流程和传播策略。如以往媒体在做报道时通常会在事件结束后才进行"完整报道"，而现在则更多地随着事件的发展不断推送报道，甚至是报道"进展中的事物的某一个片段"[②]，这无疑又进一步加剧了公众信息获取的碎片化趋势。

第二，在信息快速增殖的环境中，公众的注意力资源相对更为稀缺，加之移动新媒体应用可以令公众根据自己的偏好来接收自己需要或期待的信息，这使他们更倾向于将注意力分配至其所信任、偏好的渠道。其中，基于共同的需求、兴趣、爱好、利益等，通过互动而聚合成的"社群"，对公众的影响力日渐彰显，正逐步取代媒体成为公众获取信息时所依赖的重要渠道。以社群的主要入驻平台移动社交应用为例，2016年，有49.4%的移动互联网用户将社交应用作为其新闻获取的渠道，该比例超过了传统媒体，认为社交平台在其信息获取时发挥重要作用的用户占比达到57.3%，并且年龄越低的用户对社交应用的依赖就越明显。[③]

---

① 易观．中国移动互联网用户分析专题报告（2016年上半年）[R/OL]．(2016-09-12) [2017-03-02]．https：//www.analysys.cn/analysis/8/detail/1000266/.

② 彭兰．重构的时空——移动互联网新趋向及其影响 [R] //官建文，唐胜宏，许丹丹．中国移动互联网发展报告（2016）．北京：社会科学文献出版社，2016：22-40.

③ 企鹅智酷，清华大学新闻与传播学院新媒体研究中心．智媒来临与人机边界：中国新媒体趋势报告（2016）[R/OL]．(2016-11-15) [2017-03-02]．http：//tech.qq.com/a/20161115/003171.htm#p=1.

三、路径：由“圈子”到“圈子”的关系传播

与传统互联网多以兴趣、爱好、行动目标等将分散的网民聚合为一个个“圈子”（如汇集日本动漫作品《海贼王》爱好者的“海贼王”贴吧、专注于明星八卦爆料的“扒皮”贴吧）不同，微信群等社交应用将现实的社会关系、权力关系等强关系复制到虚拟空间中，形成了与现实社会密切关联的“家庭圈”“单位圈”“同学圈”“项目圈”……通常，移动互联网用户仍然在这些相对来说可信任、可依赖的“圈子”内扮演现实社会中的多元角色，从而使移动“圈子”成为真实生活的延伸。另外，移动互联网用户在某些“圈子”里可能只是被动的信息接收者或是他人的迎合者，但在另一些“圈子”中却会以意见领袖或引领者的身份出现。信息流由“圈子”到“圈子”进行传递与扩散是移动互联时代的显著特征。有研究发现，在中国，人们的传播对象多限定在自己的朋友范围内，而传播途径多集中于微信或 QQ，他们更加重视朋友或“圈子”间传递的信息，这主要是因为：第一，相比陌生人，朋友说的比较可信；第二，从朋友那里可以得到一些最新的信息；第三，朋友会推荐一些比较适合自己的信息，自己在面对信息泛滥时就不用再烦恼了。[①] 其他的数据也能说明“圈子”对于信息传递的重要性，2016 年的一项针对全国网民的调研显示，94%的网民每天都会登录微信，36%的网民是微信的重度使用者，每天打开微信 App 超过 30 次；在微信用户中，55.1%的用户在微信上有超过 100 位好友，过半数的用户每天都会从朋友圈或是微信群（58%）、好友的对话窗口（53.5%）等渠道浏览或发布信息。[②]

---

① 博报堂生活综研（上海）. 信蜂：中国信息传播的新兴群体［M］. 上海：文汇出版社，2012：18-19.

② 企鹅智酷，中国信息通信研究院产业与规划研究所. “微信”影响力报告［R/OL］. (2016-03-21)［2017-03-02］. http://tech.qq.com/a/20160321/030364.htm.

基于上述这些研究，我们可以一定程度上认为，那些无法进入社会关系网络及“圈子”的信息，将很难获得移动互联网用户的普遍关注和深度解读。而当信息在“圈子”中进行流动时，我们也须关注以下现象：第一，“圈子”的权力中心，因占据更多的社会资本，往往会对信息与意见的走向构成直接影响；第二，顾忌到现实的人际关系与社会资本，“圈子”中的主流意见一旦形成，“圈子”内部的反对声音通常会很微弱，“沉默的螺旋”发生的概率更高，相应的，对一些信息的质疑、查证会变得更困难；第三，基于专业、学历背景、职业背景等形成的“圈子”，其成员对相关专业的话题讨论可以非常深入，这时同类群体的声音相较以往得到更大程度的放大和彰显。①

四、内容：“简”“微”“趣”“关”

公众对移动媒体的碎片化接触行为，令其对内容的偏好较传统媒体时期有所不同；加之近年来使用移动媒体的年轻用户占比不断攀升，他们更有创造力，青睐新鲜事物与生动、简洁的表达——这均促使移动互联网用户的内容偏好发生了很大的变化，继而重构了移动平台上的话语体系。从当前移动平台上经常引起转发、热议的内容观之，具有如下特征的话语表达方式更受用户喜爱：

第一，简洁明了（“简”）。受移动媒体屏幕尺寸以及用户分配的时间、注意力有限等因素的影响，在移动平台上，公众更希望能快速掌握信息要点，倾向于阅读短小精练、简明扼要、一目了然、一见倾心的信息。如有调查显示，2015年超过半数（52.2%）的用户阅读长文章的频率偏低，仅

---

① 彭兰．重构的时空——移动互联网新趋向及其影响［R］//官建文，唐胜宏，许丹丹．中国移动互联网发展报告（2016）．北京：社会科学文献出版社，2016：22-40.

是“每月偶尔”或“基本不阅读”。[①] 对此，各类传播主体着力通过匹配上述特征的形式传播关键信息，这亦带动了诸如微视频、信息图、表情包以及网络缩略语（如“睡起嗨”“然并卵”“城会玩”）等表达方式的流行。

第二，带有“温度”的微表达（“微”）。移动互联时代，高高在上的单向信息轰炸日渐式微，人们对移动社交的依赖也反映出其对情感、关爱、信任和认同的需求。对于传播者而言，面对受众的“冷漠”和“挑剔”，绝不应当再以冷冰冰的机构形象示人，而须进行人格化的塑造，让自己更有人情味，让自己说的话更有人的温度、更能满足受众的需求或符合受众的期待——相较于传统媒体以群体抽象为基础的“宏大叙事”，更青睐采用以个体经验为视角的“微视角”；相较于千篇一律、刻意拔高的宣传，更偏好真实的、可感知的、带有情节与情感的“微故事”；相较于生硬说教、单向灌输，更关注涵盖价值理念、彰显人文关怀的“微情怀”。在实践中，许多传播主体有意识地变革了其叙事策略。比如，北京市卫生局直属医疗救援机构北京120急救中心，在运营其官方微博“@我在120上班”的过程中发现，若想吸引网民的关注、评论和转发，“真实的案例比简单的说教更重要，小孩和孕妇的事情比大人的事情更重要，突发性事件比日常普通事件更重要，与每个人自身相关的事情比他人的事情更重要”[②]。又如，北京市公安局自2014年起便在其微信“平安北京”上连续推出的“警察故事”系列栏目，或讲述身边平凡的人物，或讲述首都公安日常工作中的“酸甜苦辣”，凭借增加公众的接近性获得了较多关注，迅速成为宣传北京公安形象的品牌栏目。

第三，风趣幽默接地气（“趣”）。风趣幽默的话语表达，或因向公众提

---

① 企鹅智酷，清华大学新闻与传播学院新媒体研究中心．众媒时代：2015中国新媒体发展趋势报告［R/OL］.（2015-11-12）［2017-03-02］. http：//ln. qq. com/a/20151112/019928. htm.

② 内容源自笔者研究团队的调研访谈资料。

供了一些新奇、有趣的关注点，或因其本身带有的“人格化”特征而拉近了与公众的心理距离，一般更容易让公众认同和喜爱，从而成为许多传播主体经常使用的表达方式。比如，在称谓方面，《人民日报》旗下微信公众号“侠客岛”自称为“岛君”，《新京报》微信公众号自称“新君”。又如，在语言风格上，北京市公安局于 2016 年 5 月 2 日在其官方微信上推出了一篇题为《那些接过的“奇葩”警》的文章，以幽默俏皮的文风和大量网络搞怪插图迅速“引爆”了朋友圈——“银河系富二代怎么样？微博五十万粉丝又如何？有人说这只是个例，别拿个例说民警执法环境复杂……其实，民警碰见的类似事可以跟你聊三天三夜，但是我们膨胀了吗？我们骄傲了吗？今天，就聊聊我们见过的那些‘奇葩’警事。”

第四，与用户利益或情感发生关联（“关”）。因为公众的注意力有限，他们更愿意去主动关注、传播那些与他们的衣食住行、政治关切（如民主、法治、公平）、生命主张（如真我、自由、幸福）等有所关联的“有价值”的内容。如针对微信用户的调查结果显示，近半数（48.8%）的用户会因为文章有价值而将之转发给好友或朋友圈，趣味性（39.2%）和情感触动（38.6%）是紧随其后、影响文章被转发的重要因素。[①]

五、效果评价：“入耳、入脑、入心”取代“大稿、大报、大力”

与多元主体都在生产、发布内容而引致的“信息爆炸”相对应的是，公众信息获取的主动性和过滤能力愈来愈强，并会制造“信息茧房”去屏蔽那些与他们无关或他们不感兴趣的信息。这时，以往企业、政府等传播主体使用的传统传播方式——在主流媒体上投下的“重磅宣传炸弹”，常常会因被公众过滤掉或自动排斥，而化作对社会几无影响的“空中飞沫”，收

① 企鹅智酷，中国信息通信研究院产业与规划研究所．“微信”影响力报告［R/OL］．(2016-03-21)［2017-03-02］．http：//tech.qq.com/a/20160321/030364.htm.

效甚微。这迫切要求各传播主体对其传播效果评价体系进行革新，不能再以传统的大稿、大报、大台、大力轰炸等作为主要评价标准，而应强调传播内容的实效——在受众那里入耳、入脑、入心。实践中，传播主体的传播活动须把握时度效，根据各类传播活动的特定目标（如告知、说服、达成共识、促进行动）设定效果评价标准和测量方法。

例如，对于传播主体在移动新媒体平台展开的日常宣传工作，大致可从传播速度、传播广度、传播深度三个方面加以评测：（1）传播速度，指传播主体的信息传达至用户的时间长短，通常用固定时间内传播主体所发布的信息被转发的次数和阅读量来衡量。（2）传播广度，关涉的是传播主体所发布信息的覆盖范围，一般通过信息在移动平台上引起的阅读、转发、分享次数加以评测。（3）传播深度，考量的是传播主体所发布的信息对舆论场以及公众的影响。前者可通过信息在被用户个体转发、进入用户的社交网络后获得的后续转发、分享次数来测量；后者重在考察公众对传播主体的态度变化，如认可度、信任度、认同度与好感度，这可通过对公众的评论、转发的内容进行文本分析或聚焦公众对信息内容的点赞次数、点赞率加以评测，也可借助焦点访谈、问卷调查等方式做出判断。

此外，针对不同移动平台的传播特征以及各类平台提供的传播数据，也可以设计差异化的指标体系。如某数据机构分别针对各类渠道设计出微信传播指数（WCI）、微博传播指数（BCI）、头条号传播指数（TGI）和“网红”在各大传播平台的传播指数（OCI）等指标体系。其中，微信传播指数由阅读指数和点赞指数两个一级指标构成，各占80%和20%的权重。而阅读指数又包含日均阅读数、篇均阅读数、最高阅读数三个二级指标，权重分别为40%、45%、15%；点赞指数则由日均点赞数、篇均点赞数和最高点赞数三个二级指标构成，权重分别为40%、45%、15%。微博传播指数的一级指标是活跃度和传播度。活跃度占20%的权重，下含发博数（30%）和原创微博数（70%）两个二级指标；传播度的权重为80%，其二级指标为转发数（20%）、评论数（20%）、原创微博转发数（25%）、原创微博评论数（25%）和点赞数（10%）。[①]

第二节　移动舆论场的特征与核心问题

若将移动互联时代的全新传播图景映射到移动舆论场，我们可以发现移动舆论场在舆论主体、关涉领域、舆论形态和舆论演进机制等方面较传统的网络舆论场而言均有较大区别，而这样的特征也使移动舆论场中的一些问题不断凸显。

一、移动舆论场的特征

（一）舆论主体的“去中心化”趋势进一步加强，意见领袖的影响力减弱

新媒体带来了“所有人对所有人传播”的全民传播时代，促进了话语权力的再分配，从而形成了“去中心化”的舆论格局——政府、传统媒体作为传统的权力中心影响不断弱化，普通公众的传播资源与话语权力有所提升。而移动新媒体及自媒体的发展，又使得“去中心化”的趋势进一步加强。如今，草根网民由于其表达的内容和方式更能反映公众的诉求，更接近公众的视角，更易赢得公众的认同和认可，因而在舆论场中发挥着较传统互联网时代更为重要的作用，扮演了舆论的制造者、推动者等角色。如在 2015 年 6 月的“东方之星”沉船事件中，草根网民“@动脉影”发布的“三峡主动蓄水降水位”的微博获得了超过 11 300 条评论以及近 13 万次的转发（不包括将该微博截图后制作成新闻的转发），甚至超过媒体组织，成为该事件中转发量最多的微博。又如在 2015 年 9 月 3 日“中国人民抗日战争暨世界反法西斯战争胜利 70 周年阅兵”中，网民“@周顾北的周”在

① 指标来源为清博指数官网：http：//www.gsdata.cn/site/usage。

微博话题#9.3胜利日大阅兵#中贴出周恩来的一张黑白照片，并配发文字说明“这盛世，如你所愿”，激起了网民的爱国热情与民族自豪感。截至9月3日晚上8点，该微博的转发量达到93万，评论、点赞量也有79万，热度超过了许多意见领袖的发言（见图1-1）。

图1-1　“@周顾北的周”的微博截图

与普通公众的影响力持续走强不同，于传统互联网上形成的意见领袖群体，如今在移动舆论场中的影响力却有所弱化。这或许与意见领袖的发展现状有关：其一，在群体构成上，早前我国微博上的意见领袖主要由明星（如姚晨、何炅）、段子手（如作业本）、公共知识分子（如石述思、于海青）、媒体人（如刘春、王克勤）等构成①，其中公共知识分子和媒体人在公共事务的讨论上较其他群体发声更为积极，并凭借其众多的粉丝、专业的知识、独到的见解等对公众的观点确立与意见走向形成巨大影响。然而自2014年以来公共知识分子和媒体人在新媒体平台上互动关系减少、影

---

① 李彪．微博意见领袖群体“肖像素描”——以40个微博事件中的意见领袖为例［J］．新闻记者，2012（9）：19-25.

响力减弱，使得当前意见领袖以明星和段子手为活跃群体[①]，但这两类群体针对公共事务的发言数量与发言质量均普遍偏低。其二，在活跃度上，伴随我国自2015年起加强对互联网的管制、传统媒体转型过程中对“两微一端”的运营，以及意见领袖增强了自律和自治，意见领袖群体的活跃度明显下降。[②] 如一项对315名具有舆论影响力的意见领袖分析显示，其中296名曾经开通实名认证的微博，截至2015年11月，已有33位的微博停止更新；39位活跃度较低，一年以内日均发微博数量不超过1条；而有25%的意见领袖开通了个人微信公众号，但日均文章推送量仅为0.4～0.6篇。[③]这又在一定程度上制约了公众在获取信息时对意见领袖给予的关注度。

（二）声音多元，“泛娱乐化”特征显现

在博客、论坛、贴吧等传统的互联网舆论场中，公众进行的是开放的、人人都可以参与的“广场式”讨论，此时人声鼎沸，个体发言很容易被淹没。与之相比，移动舆论场中的讨论则大多在空间相对封闭、成员相似度更高的社交网络中进行，持有类似兴趣、相同观点、专业背景或利益诉求的人更容易聚集成互相信赖、彼此依赖的“圈子”，并进行更加深入、专业的讨论，从而不断扩大该群体的声量。这样，针对某个议题，可能会有多个“圈子”从不同维度、视角、层面发出自身响亮的、难以被忽视的声音。因此，相较于传统互联网舆论场，移动舆论场的声音更加多元，不同社会阶层的利益诉求可以更好地凸显。

另外，由于年轻群体是移动互联网的主要用户，他们相较于严肃的政治和经济议题，更倾向于浏览、发布或分享轻松、休闲、个性化的内容，

---

① 中山大学大数据传播实验室．谁在影响中国？2015百大事件意见领袖分析［R/OL］.(2016-02-01)［2017-03-02］. https：//computational-communication. com/zhiwei-china/.

② 上海交通大学舆情研究实验室．2015年中国网络舆情年度报告［R］//谢耘耕．中国社会舆情与危机管理报告（2016）．北京：社会科学文献出版社，2016：1-72.

③ 祝华新，潘宇峰，陈晓冉．2015年中国互联网舆情分析报告［R］//李培林，陈光金，张翼．2016年中国社会形势分析与预测．北京：社会科学文献出版社，2015：238-259.

而专业的媒体组织、自媒体等在移动新媒体平台上也更注重迎合用户的信息需求，着重生产、发布、推送目标受众偏好的那些内容。这最终使得移动舆论场虽然关涉领域多元、主体多样，但舆论内容表达却带有明显的"泛娱乐化"特征，这体现在如下两个方面：其一，近两年涉及体育娱乐、公众人物的舆情热度有较大上升，并成为公众关注的重点领域。这通过2016年"王宝强离婚"事件的舆论反应即可看出。2016年8月14日凌晨，王宝强在新浪微博上发布离婚声明，随后迅速引爆舆论场，1小时后，新浪微博每秒查询率瞬间增长2倍之多，24小时热议度较同期增长20 348%，热度完全超过了里约奥运会；在当天"今日头条"上各自媒体账号发布的相关文章达10 629篇，有106篇的阅读量超过100万，占据全天百万级阅读量文章的2/3。① 其二，在热点事件的讨论中，移动互联网用户总是能生发出娱乐化的衍生话题，比如针对2016年奥运会，"击剑队开幕式帅翻全场""傅园慧爆发洪荒之力""秦凯求婚何姿"等均是引起舆情热度出现拐点的话题。②

（三）形态上显性舆情与隐性舆情并存

在以传统互联网为平台的网络舆论场中，公众的信息发布与讨论通常是他人可见的公开状态，并且由于发布者可以匿名，大多数网民会自然、积极地表达自己的真实观点和情绪，因此网络舆情成为反映现实社会矛盾、体现不同群体的价值观念和情绪心态的显性存在，能够被直接观测、追踪。

反观由移动互联网及各类移动应用创建的移动舆论场，一方面，以微博为代表的可发声、可围观的移动"广播式"社交平台尽管同样具备信息

---

① 郭全中．新媒体时代的"王宝强事件"[EB/OL].（2016-08-20）[2017-03-02]. http://opinion.huanqiu.com/1152/2016-08/9335663.html.

② 腾讯指数，中国社科院舆情调查实验室．2016年网络舆情生态研究报告[R/OL].（2016-12-01）[2017-03-02]. http://sky.cssn.cn/xwcbx/xwcbx_pdsf/201612/t20161201_3298506.shtml.

可见和舆情生发可回溯、可预测的显性特征，但不可否认的是，随着微博实名制的推行，无论是意见领袖还是普通公众，或出于群体压力的考虑，或因为被打击报复的顾虑，或已然遭受删帖禁言的管制，较之以往不太愿意在此类平台上积极发声了，同时对于政治和公共事务的讨论也不再那么热烈，造成很多真实的想法、观点、意见及情绪被“隐匿”起来。另一方面，以微信为代表的依赖“圈子”、交流相对封闭的移动社交平台，也有着显性舆情与隐性舆情并存的特征：第一，人们在朋友圈、微信群中发布的信息虽然也能被很多人看到（尤其是那些“好友”众多的用户），但往往这样的内容也只是在“好友”或“好友的朋友”的范围内可见，若非微信开放后台数据，我们很难得知相关信息和观点的真实传播力及传播路径。第二，虽然一些微信公众号在其发表的文章后开放了评论功能，但页面所显示的评论都是经发布者筛选后所得，很多用户提供的信息与观点可能因此被过滤掉而无法示人。

因此，移动舆论场虽然传播者众、议题多元、意见多样，但舆情隐匿化的状况也在多种因素的驱动下愈发堪忧——不仅为把握真实舆情、研判舆情走向增设了许多困难，还因私密性较强、“圈子”中的群体彼此较为信任、不方便监测监管，更容易滋生群体极化、网络暴力、网络谣言等问题。

(四) 舆情生发显现新路径，“舆论反转”频频上演

传统互联网时期，网络舆论的生成多以网民爆料或媒体曝光为起点，然而近年来基于快速发展的移动互联网，微信公众号、“头条号”等自媒体迅速崛起，凭借其所集聚的受众规模和影响力，逐渐改变着移动舆论场的信息流向，成为新的舆情生发源。现今，移动舆论场舆情的生成、发酵还出现了如下新路径：自媒体爆料→多媒介信息扩散、网民议论→形成舆论压力→大众媒体跟进呼应、挖掘新的事实→事件相关方应对→（再掀波澜→再次应对→）网民注意力转移→网络舆论消解。[①] 此外，在舆情演进过程中，得益于移动新媒体便捷的跨平台“一键分享”机制，新媒体与传统媒体等多元渠道、自媒体与专业媒体等多元主体会密切联动，交织在一起开展融合化传播，最终使得与某一议题或事件相关的信息在短时间内实现规模化的增殖和大范围的扩散，并迅速酝酿成公共舆情事件。

由于一些自媒体对事件的认知与判断有所偏差、部分传统媒体报道不够严谨、网络媒体为吸引眼球而刻意夸大或歪曲事实的“标题党”行为，以及移动用户不易掌握充分的信息、媒介素养不高等多种因素，如今移动新媒体平台上的舆论发展极不稳定，公众容易被各种碎片化、非理性的信息误导，又常常陷入盲从、极化、狂欢和狂怒的非理性状态，刚刚还为自己的善良和正义而感动，下一秒则变成参与道德审判的“暴徒”，从而造成舆论演进一波三折、网民态度前后矛盾的“舆论反转”现象频频上演。例如 2015 年底发生的“三亚城管‘欺负’厅官”事件。2015 年 12 月 4 日，中央人民广播电台黑龙江记者站原站长毕国昌通过哈尔滨交通广播微信公众号发布标题为《一厅级干部在三亚被城管弄得没了尊严》的文章，称他在三亚天涯区海边游泳时，自行车及衣物被城管拿走，事发后他多方联系未果，最后只能穿裤头徒步去三亚市政府。文章一经发出便在微信平台上被大量转发，阅读量快速突破 10 万，并引起了搜狐、新浪等门户网站的转载，舆论持续发酵，直至演变成全国性公共事件。其后，毕国昌和三亚政府双方以在微博、微信等平台发文的形式多次“隔空”对话，直至 8 日三亚一位副区长和涉事城管向毕国昌道歉，双方达成和解，舆情热度方逐渐减退。然而，在两天后，事件却出现了转折——11 日，微信公众号“三贱客”发表文章，以视频截图方式指出毕国昌之前对外爆料的多处内容涉嫌作假。

---

① 单学刚，卢永春，朱燕．2015 年中国移动舆论场研究报告［R］//官建文，唐胜宏，许丹丹．中国移动互联网发展报告（2016）．北京：社会科学文献出版社，2016：50-64.

该文一经发布便引发舆论哗然，迅速被各大媒体、网民转发扩散。网民对各涉事主体的态度也于此时发生了一定程度的“反转”。①

二、移动舆论场的核心问题

（一）狂欢，狂怒，围观，围猎

移动舆论场一方面为个体的集聚和在公共领域内的意见表达创造了条件，另一方面也使网络群体的去个体化、群体极化效应更为明显。去个体化使得个体弱化甚至丧失个人意识和判断理解能力，从而导致其行为脱离社会规范的制约；群体极化则使得群体的判断和决策更趋向于走极端，这极易引发网络群体的分裂和对抗，造成较大规模的混乱，体现在意见和情绪的表达上，主要会有以下四种状态。

第一，狂欢。出于针砭时弊、释放情绪、调节气氛、吸引关注、表达诉求等目的，移动舆论场中的网民会针对热点编写各式“段子”，而这些“段子”凭借其形象、有趣、容易引发他人共鸣等特征，在移动新媒体平台上会得到大量转发和分享，制造一次次网民的精神狂欢。虽然“段子”往往都比较夸张，但其中那些关涉社会、经济、政治话题的“段子”，恰恰也是社会舆情的放大镜，能凸显社会发展中存在的问题，反映真实的社会心态和社会情绪（如不满、无奈、焦虑、愤怒等）。2015 年国庆假期期间，一名前往青岛旅游的游客在一家饭店吃完饭结账时发现，他所吃的本来是 38 元/份的普通海虾，竟然被店家要价 38 元/只。该事在网上被曝光后，网民不仅设计了用来调侃店家恶劣行径的“虾币”，还在微博、微信上发布了很多“段子”，例如这一则：“我在青岛要喝青岛啤酒，再点一盘花生米，完了买单，边数瓶子边起身：‘老板，几瓶啤酒多少钱?’老板答：‘我们青岛

---

① 中国警察网．“毕国昌”事件舆情：微信再次成热门事件发源地［EB/OL］．（2015-12-23）［2017-03-02］．http://www.cpd.com.cn/n15737398/n26490097/c31475212/content.html.

人好客，啤酒不要钱白送，我们来数一下花生米。'”

第二，狂怒。虽然我国的社会与经济保持着较为稳定的增长态势，但在社会转型的过程中，贫富差距持续扩大，社会矛盾更为多元、突出，人们与他人相比时产生的“受剥夺感”、长期忍受各种社会压力所形成的狂躁感、利益受损或遭受不公对待时申诉无门引发的失望与愤怒，都使得社会积蓄了大量的牢骚和怨气。通过移动舆论场这样的公共讨论空间，这些牢骚和怨气常常会随着某个议题或事件的发酵而以网络谩骂、道德审判、民意绑架，或者侵犯隐私、伤害他人尊严的“人肉搜索”，又或是由虚拟空间延伸到现实生活中的伤害等形式发泄出来，从而进入戾气横生的“众怒”或“狂怒”状态。

第三，围观。围观是一种相当数量的并无预设关联的人共同对特殊的人或事件进行高密度关注的行为。由互联网及移动互联网构建的舆论场域，很多时候就像古罗马竞技场，一旦发生了热点事件，人们就会借助网络平台上的信息分发及社会交往机制奔走相告，快速形成众人围观的形势。此时作为涉事主体的政府、企业，则像角斗士一样被困于竞技场的中央，他们根本没有选择“表演”或不“表演”的权利，只有主动“表演”或被动“表演”的状态；而位于“看台”上的公众，则一方面密集审视“表演者”的一言一行，甚至用“显微镜”放大每一个细微环节，另一方面还会互相沟通、交换意见，并最终形成舆论决定着“表演者”的命运。典型的例子如2011年的“郭美美事件”，在这起引发网民规模化围观的事件中，中国红十字会遭受了大量的质疑甚至非议，一度陷入非常被动的状态。

第四，围猎。在围观的过程中，人们不会只是关注和评论，也不会因为舆情一时的衰退而对某一议题或事件不再理会。实际情况是，针对一些存疑的人或事，网民常常自发地寻找证据，展开质疑，遥相呼应甚至分工协作，从而形成“围猎”之势，死死揪着问题不放，直到真相得以还原、涉事主体得到应有的处置之后方才罢休。这方面的例子比如2012年的“表哥”杨达才事件，网民在看到陕西省安监局局长杨达才在车祸现场面露微笑的照片后，便快速展开了“围猎”，循着他的笑，相继曝光他的多只名表、昂贵的眼镜、价值不菲的皮带以及来源不明的巨额财产，直至杨达才落马后，舆论才逐渐平息。

（二）信息噪音与网络谣言

移动互联网、移动终端和传感设备的发展，使得多元主体可以随时随地接入网络、生成数据，从而迎来了“大数据”时代。近年来数据正以超出想象的速度快速增长、传播，2015年全球数据总量达到8.6ZB，且年均增长速度为40%，有研究者预计到2020年时全球的数据总量将达到40ZB。[①] 然而信息快速增殖的另一面则是出现了大量的冗余与噪音，有的传播主体为了获得更多的关注，常常对信息进行“冲击力加工”，导致传播的信息数量庞大、内容夸张而杂乱，为人们的信息获取增添了障碍。

以对《疫苗之殇》报道的讨论为例。2016年3月22日，一篇《南方都市报》记者写于2013年的报道《疫苗之殇》被网民翻出来放在网上，各类自媒体平台纷纷转发。许多微信公众号在转发这篇文章时，对内容和标题做了夸张式的处理；一些报道没有厘清一类疫苗和二类疫苗的区别，并把有毒疫苗和失效疫苗混为一谈，夸大危害性，误导了受众进而引起恐慌。

出现这一问题的原因主要有两点：第一，与传统媒体不同，移动新媒体平台的市场化程度更高。通过获得更高的关注度和浏览量进一步得到更多的广告收入，是各平台上多数账号运营的首要任务。大部分移动新媒体本身不是一个独立的内容生产商，它们必须根据市场需求、遵循商业盈利原则来对内容进行设计。在市场利益的驱动下，用户喜欢、利润丰厚的内

---

① 中商产业研究院．中国大数据市场规模及应用前景研究报告［R/OL］．（2016-12-05）［2017-03-02］．http：//smart.huanqiu.com/roll/2016-12/9773401.html.

容模式会被广泛采用，从而易于引发篡改、盲从和抄袭的行为。第二，专业的传统媒体在移动互联网上面临话语权挑战。在上述《疫苗之殇》的案例中，尽管传统媒体发出的报道几乎都在奉劝人们不要恐慌，却很难转变移动互联网平台上整体的舆论走向。在信息过载的传播环境中，科学、权威的见解与观点不能及时传递给受众，从而带来了舆论混乱。①

在爆炸式增殖的信息中，网络谣言随之增多。在门户网站、论坛、贴吧等传统互联网平台上，依托于可匿名的发言机制、实时的信息生产、在社交网络上的裂变传播等条件，网络谣言具备了滋生更容易、传播速度更快、扩散范围更广、可控性降低等特征，对人们的日常生活、社会生产和社会稳定造成威胁。而移动舆论场中的谣言，在继承了以往“网络谣言”相似特征的基础上，又呈现出新的传播特点：（1）影响程度更深。例如微信“谣言”是在由强关系网络形成的朋友圈内和群组中传播的，群组内成员互动密切、彼此较为信任，其中一些媒介素养不高的人群更容易对谣言深信不疑。另外，由于移动舆论场的社会动员能力更强，公众更倾向于受谣言诱导而采取实际行动。（2）谣言主题更注重迎合公众的心理诉求。在对微信公众号中被举报次数较多且阅读量较高的谣言文章进行分析时发现，移动舆论场中的热门谣言以唤起公众“焦虑与恐惧”“希望与欲望”两类心理感受为主要出发点。前者以健康养生类、人身安全类、财产安全类谣言为代表，后者则主要包括一些广告营销、色情主题的谣言。此外，一些财经与社会秩序类的谣言，还着重引发公众的仇恨与憎恶情绪，如关于民族仇恨、社会不公平等。②（3）谣言更侧重诱导公众的转发与分享。为了取得更好的传播效果，自媒体在发布谣言时，往往会采取一些诱导公众分享的

① 董天策，班志斌．自媒体传播在公共卫生事件中的信息噪音——以《疫苗之殇》大讨论为例［J］．新闻记者，2016（5）：64-66.

② 中山大学大数据传播实验室．微信谣言年度报告（2016）［R/OL］．（2016-04-01）［2017-03-02］．http：//www.360doc.com/content/16/0418/15/7863900_551650268.shtml.

策略，常见的如道德捆绑式诱导（如强调为爱国转发，“不转不是中国人”）、迷信式诱导（如声称转发后会有好运或不转发会遭厄运）、物质奖励式诱导等。

（三）网络水军遮蔽民意

网络水军通常是指受雇于网络公关公司等组织，为他人发帖、回帖造势的人员。他们分散于全国各地，遍布在社会各个群体中，主要进行如下两方面的工作：一是制造公共话题、炒作公共人物，借助网络媒介（如网络论坛、贴吧、博客、微博、QQ群、聊天室、网络视频等）进行策划并按方案实施，使之知名度和影响力飙升；二是按照客户的指令密集发帖或进行评论，抑制负面信息，转移话题，或诋毁、诽谤竞争对手。伴随移动新媒体的发展，网络水军将阵地转移到微信平台上，如找多个微信公众号集中发布营销文章、将客户文章的阅读量刷到“10万＋”等。

虽然网络水军可能对某些社会经济活动起到一定的推进作用，但对真实的网络舆情暂时形成抑制，对真实民意的捕捉、隐性舆论的显性化、协商对话的开展，甚至整个社会的健康产生消极影响。现今，一些网络水军借助网民所持有的仇富、仇官、悯弱、猎奇等社会心态人为制造网络热点事件，不单愚弄了广大公众的同情心、正义感，让公众在不知不觉中充当炒作者的“托儿”或“打手”，更会令社会信任、社会爱心在无形中被透支。以2016年11月的“罗尔事件”为例，11月27日微信公众号“P2P观察”发表了题为《耶稣，请别让我做你的敌人》的文章，以父亲罗尔的视角讲述女儿罗某某患病，但自己因所在杂志社效益不佳、收入低而无力给女儿看病的悲惨故事。文章还提到，每转发一次，可获得“小铜人”（深圳市小铜人金融服务有限公司，互联网垂直领域的品牌策划营销机构）的捐款1元，捐款以2万元保底、50万元封顶。这篇文章在微信朋友圈快速“刷屏”，并很快突破了50万次转发。然而，不久后公众发现事件是由“小铜人”在背后作为推手策划而成的，许多网民对此表示了失望甚至是愤怒。

（四）信息安全与隐私泄露

网络信息安全主要是指保护网络系统的硬件、软件及其系统中的数据不受偶然的或恶意的原因被修改、破坏和泄露，避免未授权的访问和使用，从而确保网络信息完整、可靠、正常、连续地运行，网络服务不被中断。我国近年来对网络信息安全保护的重视不断提升：2014 年中央网络安全和信息化领导小组成立，由习近平总书记担任组长，将网络安全与信息化建设提至国家战略的层面加以规划；2015 年我国加快了网络空间法制化进程，如 7 月 1 日新的《国家安全法》颁布，明确提出国家建设网络与信息安全保障体系，7 月 6 日《网络安全法（草案）》面向社会各界公开征求意见；此外还不断完善网络安全保障措施，提高防护水平。

然而，由于互联网具有无主管性、跨越国界、设防不足和缺少法律约束等特点，木马和僵尸网络、移动互联网恶意程序、安全漏洞、网页仿冒、网页篡改等网络安全问题仍然难以避免，且会伴随新平台、新技术的发展而表现出新特点，如利用网页篡改获得经济利益的现象更加普遍，盗取个人信息进行精准网络诈骗和勒索，智能终端的漏洞风险增大，移动互联网恶意程序的传播渠道转移到网盘或广告平台等网站，等等。①

其中，公众的个人数据与隐私安全保护须格外引起我们的关注。伴随电子政务、电子商务、电子支付等移动应用不断普及，移动用户在使用信息与服务的过程中，将产生大量涉及其隐私的数据（如手机号、身份证号、银行卡号等）以及关涉政府行政乃至国家安全的数据。近年来有许多不法分子窃取用户信息，并将之用于诈骗、勒索等犯罪，极大地危害了公众的财产乃至生命安全。如仅在 2015 年，我国便有约 10 万条应届高考考生信息

---

① 国家互联网应急中心 .2015 年我国互联网网络安全态势综述［R/OL］.（2016-04-21）［2017-03-02］. http：//www.cert.org.cn/publish/main/46/2016/20160421153645275634722/20160421153645275634722_.html.

泄露事件、多家酒店客户入住信息泄露事件、票务网站大麦网 600 余万用户账户密码泄露事件等多起危害严重的个人隐私泄露事件发生；2015 年 4 月“补天漏洞响应平台”发布信息称，30 余个省市的社保、户籍查询、疾控中心等系统存在高危漏洞，仅社保类信息安全漏洞涉及数据就达到 5 279.4 万条，包括身份证、社保参保信息、财务、薪酬、房屋等敏感信息。上述安全问题直接影响着移动舆论场健康、稳定地发展，这要求政府必须特别重视对移动媒体平台上的数据安全和用户隐私的管理及保护。

（五）迎合背后的低俗和对抗

为了迎合移动新媒体用户的喜好，获得更多的阅读量和点击量，一些媒体组织和自媒体故意运用谩骂侮辱、黄色下流、歪曲事实、颠覆主流权威等方式来制作和传播信息，这不仅造成移动舆论场低俗文化泛滥，严重地误导了广大公众尤其是青少年的价值观和审美观，更加剧了社会矛盾与社会冲突，为社会的有序运行造成了诸多阻碍。

对此，我们从网络媒体的“标题党”行为即可窥一斑而见全豹。为了吸引公众的点击以及广告主的广告投放，一些网络媒体采用“断章取义”“夸大事实”“无中生有”“偷换概念”等方式设计新闻标题，由此带来了极为严重的负面影响。比如，搜狐网在转载《西城区北京第二实验小学白云路分校多名学生同天流鼻血请假》这篇报道时，编辑擅自添加内容，将标题改为《北京西城多名小学生同天流鼻血白细胞计数不正常》，这引起了公众的极大误解，甚至引发了社会恐慌；再如，凤凰网转载新华网《我国公布建设网络强国的时间表和路线图》报道时，为了夸大事实、制造话题，将标题改为《中国将成为网络强国：2050 年世界无敌》；又如，网易在转载新华网报道的《多地整治网约车探索“规范路径”》时，将标题改为《官方：网约车属高端服务不应每人打得起》，改后标题与文章原意完全相反，使得社会矛盾加剧。[1]

基于前文对移动互联时代传播图景及移动舆论场的阐述，党和政府有必要进一步加强对移动舆论场的重视，并在研究、实践的过程中快速转变和优化对于政府形象构建的意识、观念、原则、体系，将执政之“道”与移动媒体之“器”融合起来，通过人本传播、引领对话、关系管理、激励分享等方式，于推进政府职能转变、深化政府改革的同时，获得民众客观全面的认知、广泛深层的认同以及持久牢固的信任。

---

① 张伟泽，邓煜洲．北京市网信办通报多起网络媒体“标题党”违规案例［EB/OL］.（2016-12-05）［2017-03-02］. http：//m. news. cctv. com/2016/12/05/ARTIniJaZsjmOXWYVfMW-WjmD161205. shtml.

第二章　政府形象构建的环境、路径及体系

在我国社会转型的关键期，政府形象作为一种特殊的政治资源作用突出。良好的政府形象意味着公众对政府的信任、认同与支持。一方面能为政府权威的合法性奠定基础，继而促进政府实现深化改革、完善公共服务体系、提升行政效率、优化社会治理等目标；另一方面也是政府有效对外传播、提升国家软实力和影响力的重要前提。伴随着移动互联网的快速发展，政府形象构建的外部环境、内容和手段都发生了很大的变化。对政府形象而言，移动互联网既是形象构建的外部环境，也是具体的实现手段和方式，同时还提供了全新的内容和载体。重新审视政府形象的构成要素，规划设计与移动互联网环境相匹配的政府形象体系和构建路径，具有迫切而重要的现实意义。

第一节　政府形象构建的变化与挑战

随着新媒体技术的日益革新，全球范围内信息传播的环境和方式都发生了巨大变化：信息的总量呈现出“裂变式”的增长态势，信息传播渠道更加多元、融合、通畅，传播“去中心化”和“泛中心化”并存，所有人对所有人传播的特征愈发明显。基于网络平台的信息交互、参照示范、分享动员、集体行动等特点，社会公众的公民意识和行动能力大幅度提升，对政府等社会治理主体的角色和形象的认知及期待更加全面而深刻，长期

以传者为中心、单向表达、垂直灌输所构建的政府形象由此被赋予更多社会认知、社会态度和价值选择的元素。

一、政府形象的界定及构成要素

20世纪七八十年代，伴随西方传统官僚体制失效、经济全球化和信息技术革命的推进，以及政府行政改革的“政府再造”运动，“政府形象管理”开始为西方政治学界所关注。随后，来自心理学、社会学、传播学、管理学等领域的学者相继加入相关研究中，结合认知构建、角色期待、议程设置与权变管理等理论体系探讨政府形象传播问题。

我国政府形象构建及传播的研究在20世纪80年代末期起步，进入新世纪后该话题才逐渐引起国内学者的高度关注，相关的研究成果便多了起来。总体而言，国内学者的研究集中在下述两方面：其一，伴随我国市场经济的推进和政府职能的转型，围绕政府职能及工作实践探讨政府形象的构成要素；其二，在“非典”疫情暴发、国内外对我国政府信息发布及施政举措的关注度提升后，从传播视角探讨政府形象传播、信息发布的策略与方法。

作为组织形象的一种，政府形象可以被理解成公众对政府这一组织的总体评价，具体包括政府的行政行为表现、素质能力、理念业绩、精神风貌等内容在公众处形成的看法，并以政府在公众中的知晓度和美誉度为表现①，或者是政府这一巨型组织系统在自身的行为与活动中产生出来的总体表现与客观效应，以及公众对总体表现与客观效应所作的较为稳定与公认的评价②，它需要从“做”和“说”两方面进行建设③。依循上述界定，本

① 刘小燕．政府形象传播的本质内涵［J］．国际新闻界，2003（6）：49-54.
② 胡宁生．中国政府形象战略：上册［M］．北京：中共中央党校出版社，1998：18.
③ 廖为建．论政府形象的构成与传播［J］．中国行政管理，2001（3）：36-37.

章重点讨论移动互联时代政府的行政理念与行为，以及公众对政府在运作过程中体现出的价值理念、综合能力、执政方式和执政绩效的认知与反馈。

从类型上看，有研究者认为政府形象包括层次形象（含有中央政府形象、地方政府形象、级届政府形象、官员个人形象）、部门形象、实力形象、关系形象、时间形象等维度①；亦可以细化为行政过程中的政策形象、组织形象、人员形象、环境形象、宣传形象、标识形象、文化形象、社区形象等八个子系统②；还可将政府形象划分为主要公众中的与次要公众中的、单一性的与综合性的、真实的与虚假的、现实的与理想的、有形的与无形的、本质的与非本质的、良好的与不良的、自觉的与不自觉的政府形象③。

至于政府形象构建的过程，其一般会经历政府执政理念、行为与传播话语的输出，大众媒体的宣传与报道，公众的认知与反馈三个步骤。在传统的话语体系中，政府充当"信息的垄断者"，更偏重于单向输出其权威性形象。大众媒体被当作宣传的工具。公众缺乏发声渠道，在传播过程中处于弱势地位，意见领袖的作用亦不明显，政府形象的受众反馈部分是零碎的、不成体系的。但伴随我国社会经济快速发展、行政体制改革持续推进以及媒介环境的不断演变，政府对信息来源的控制逐步弱化，日益注重在传播中主动与媒体、公众形成良性互动。④ 大众媒体开始调整策略，社会监督角色增强，以往单向轰炸式的宣传话语渐渐转变为更加注重公众本体的多元对话与讨论。同时，网络意见领袖拥有左右舆论走向的能力，而公众也获得更多的发声渠道。与此相对应，"大众媒体对政府行为的宣传与解读""意见领袖对政府行为的评判"以及"公众对政府行为的讨论"应被纳

---

① 张勤．政府形象——社会关注的新焦点［J］．新视野，1998（2）：53-55.

② 廖为建．论政府形象的构成与传播［J］．中国行政管理，2001（3）：36-37.

③ 黎祖交．政府形象刍议［J］．浙江大学学报，1992（3）：65-69.

④ 刘小燕．中国政府形象传播［M］．太原：山西人民出版社，2005：219.

入政府形象的舆论反应部分，成为政府形象的构成要素。

综合上述判断，笔者认为政府形象应该包括顶层设计（执政、施政理念）、政府行为（行政与传播行为）与舆论反应三个部分，而不同时期这三个部分的具体内涵会有所差别。这也是本章探讨移动互联网背景下政府形象构建实现路径的基本模型。

二、政府形象构建的变化与挑战

新时期我国政府的形象构建正面临种种新变化、新挑战。在“顶层设计”部分，随着行政体制改革的深入，政府施政理念由“全能政府”向“有限政府”、由“管理型政府”向“服务型政府”转型，这赋予了政府形象更多的内涵。在“政府行为”部分，一方面政府的行政行为由权力本位向公民本位转变，另一方面移动互联网催生的诸多新媒体平台强化了自媒体的传播形态，形塑了多元渠道、多个声音交织融合的传播格局，这又要求政府形象传播的策略和方法必须做出相应调整。在“舆论反应”部分，受去中心化和对等沟通等传播特点的影响，与移动互联网相伴而生的是公民意识的崛起、价值观念的多元和对话协商的勃兴，如何有效捕捉和回应公众的关切及需求成为成功规划和传播政府形象的重要前提。

（一）行政体制改革对政府理念转变提出了新要求

长期以来，我国政府对社会资源过度控制，行政规制和行政审批缺乏有效的监管和问责，行政机构臃肿，致使政府职能无限放大，政府效能却持续低下。① 而由此带来的政府职能不明晰、公共决策流程不完善、政务信息不透明、监督机制不健全等一系列问题，成为束缚政府形象塑造和传播的主要障碍。随着改革的深入，通过行政体制改革实现政府职能由“无限政府”向“有限政府”转型的呼声日渐高涨。“有限政府”实质上是寻求个

---

① 许正中．协同治理视角下的政府市场化改革［J］．理论探索，2014（2）：5-9.

人自由权利与政府权力平衡之下的政府职能理论，是对“社会契约”观点的深化和实证。“作为现代政府治理与角色定位的共识，以有限政府思想所表达的内核诉求，规范政府行为、推动政府服务转型，具有现实而紧迫的时代意义。”①

在推进政府转型的同时，我们亦须意识到我国在经济社会发展中面临的一个主要矛盾是公共需求的全面、快速增长与公共产品、公共服务供应严重不足的矛盾。这是社会主义社会的主要矛盾在改革发展新阶段的突出反映。② 公共服务能够为社会公众生活和参与社会经济、政治、文化活动提供保障和创造条件。事实上，我国政府早在 2004 年就提出了服务型政府的建设目标，要把政府的主要职能“转向社会管理和公共服务”。“有限政府”在削减政府权力、弱化政府管理职能的同时，也要相应增加其服务职能。“以为公民服务为宗旨，实现着服务职能并承担着服务责任”③ 是服务型政府的本质。

2015 年 5 月，李克强总理在国务院召开的“推进简政放权放管结合职能转变工作电视电话会议”上发表讲话，明确提出转变政府职能是深化行政体制改革的核心，关键是处理好政府和市场的关系，在实践中必须坚持简政放权、放管结合、优化服务“三管齐下”，把转变政府职能持续推向深入，从而让所有社会成员拥有施展才能的公平机会，共享改革红利和发展成果。④ 这是中央高层对行政体制改革的含义、路径和目标做出的直接指示，也在政策层面给新时期的政府形象构建提出了明确要求。

---

① 官茂元．政府角色与职能转变——基于有限政府理论的思考［J］．理论观察，2013（10）：13-14.

② 高尚全．关于建设公共服务型政府的思考［N］．人民日报，2005-10-07（2）．

③ 刘熙瑞，段龙飞．服务型政府：本质及其理论基础［J］．国家行政学院学报，2004（5）：25-29.

④ 李克强．深化简政放权放管结合优化服务　推进行政体制改革切实转变政府职能［N］．人民日报，2015-05-12（2）.

（二）移动互联生态初步形成为政府行为提供了新思路

根据中国互联网络信息中心统计，截至 2016 年 12 月，我国手机网民规模达 6.95 亿，有 95.1%的网民通过手机上网，较 2015 年度提高了 5 个百分点；网民使用台式电脑和笔记本电脑上网的比例继续下滑，其上网设备进一步向手机端集中。[①] 整个移动互联网呈现持续、稳定的发展态势，网络连接、移动设备、应用服务、开发者及开发平台这五大要素共同构建了以移动互联网为纽带的资讯、服务与商业生态系统。这一生态系统又以生活场景化、高黏着度和自媒体崛起为核心特征，影响力日益增强。

其一，移动 App 渗透率高，公众生活被“场景化”。作为世界第二大移动应用市场，即时通信、社交、旅游、视频等移动 App 在中国移动互联网中具有很高的渗透率。移动 App 已经成为中国公众日常生活不可或缺的元素。据统计，全国平均每部移动终端上的 App 数量为 34 个。[②] 人们通过微信就能完成就医过程中的排队挂号、缴费、打印电子病历等环节（见图 2-1），或者借助手机应用定位到附近的餐厅，使用订座、点餐、支付等服务，由此，移动互联网这种强调对场景（情境）的感知及场景与信息、服务相适配的特质对公众的生活产生了越来越大的影响。在此基础上，不同于门户网站以话题为基础的信息组织模式、社会化媒体以关系为纽带产生的信息流动方式，移动互联网带来了“空间信息流”这一全新信息组织模式——在特定的地理位置上产生与某一特定空间有关的所有信息的汇聚。[③]

其二，用户对移动互联网的依赖度大、黏着度高。近年来，移动互联网用户在移动终端上投入的时间和精力不断增加。数据显示，2014 年我国

---

① 中国互联网络信息中心．第 39 次中国互联网络发展状况统计报告［R/OL］．(2017-01-22)［2017-03-13］．http：//www.cnnic.net.cn/hlwfzyj/hlwxzbg/index.htm.

② 官建文，唐胜宏，王培志．正在形成的移动互联网生态系统［R］//官建文，唐胜宏，许丹丹．中国移动互联网发展报告（2015）．北京：社会科学文献出版社，2015：1-23.

③ 彭兰．场景：移动时代媒体的新要素［J］．新闻记者，2015（3）：20-27.

图 2-1　生活“场景化”的代表——微信挂号

移动互联网用户平均每天打开移动 App 的时间长达 116 分钟，每天通过移动终端上网超过 4 小时的重度用户比例达到 36.4%。与此同时，移动 App 的使用集中度很高，QQ 和微信的覆盖率超过 70%。以微信为例，55.2%的用户每天打开 10 次以上，25%的用户每天打开 30 次以上。①

其三，传统媒体在移动端转型加速，自媒体蓬勃发展。在受到移动互联网发展的巨大冲击之后，微信公众账号和新闻 App 已经成为传统媒体在移动互联时代转型的重要阵地。2014 年底，移动互联网新闻用户的规模达到 4.1 亿，“今日头条”App 成为最受欢迎的移动新闻应用，累计下载量超过 3.5 亿。② 2014 年也是自媒体井喷式发展的一年，截至该年底，微信平台

① 官建文，唐胜宏，王培志．正在形成的移动互联网生态系统［R］//官建文，唐胜宏，许丹丹．中国移动互联网发展报告（2015）．北京：社会科学文献出版社，2015：1-23.

② 丁道师，郑春晖，李国琦．2014 年移动新闻客户端发展现状与趋势分析［R］//官建文，唐胜宏，许丹丹．中国移动互联网发展报告（2015）．北京：社会科学文献出版社，2015：267-277.

上各类公众账号总数已经超过 800 万。①

这些现象为形象构建框架中政府的主体行为提供了全新的思路。比如，考虑到“场景”对公众日常生活的重要影响，政府部门一方面可以结合公众在不同时间、不同地点、不同情境的差异化需求，推送个性化的信息与服务，另一方面也可将传统政府工作的场景复制到移动平台（如政务微信、政务 App）之上，并向公众提供政务查询、申请、办理等多元服务，从而增强公众使用政务新媒体平台和享用政务服务的体验。又如，考虑到公众对移动互联网的重度依赖，且在移动终端发布的信息具有即时到达和精准推送等特点，政府部门可以将信息公开工作向移动互联网端迁移，尤其是在突发状况下通过移动互联网向目标公众实时公开重要信息。再如，既然微信公众账号已经成为公众日常获取信息的重要渠道，政府部门可以参考传统媒体在移动互联网时代的转型模式，将传统的政务公开内容以微信图文专题、可视化信息图表等适合移动终端“轻阅读”的形式向公众传播，等等。

（三）开放多元的传播环境塑造舆论新格局

将移动互联网高速发展的特征与我国社会转型、行政体制改革的现实国情结合起来看，新时期政府形象的构建与传播面临着巨大挑战，长期以单向表达和垂直灌输方式进行形象传播的政府部门必须重新思考自己与大众媒体、意见领袖及普通公众的关系。这些挑战具体表现如下：技术民主打破了传统媒体的话语垄断；碎片化加剧了信息混乱，网络意见领袖地位提升；公民意识觉醒引发舆情危机常态化，通过倾听和对话达成共识变得愈发重要。

1. 技术民主与话语再分配

基于 PC 的互联网曾经使社会中信息不对称的现象发生了巨大改观，但

① 杨淑娟，张文乐．媒体微信公众号现状与发展研究［R］//官建文，唐胜宏，许丹丹．中国移动互联网发展报告（2015）．北京：社会科学文献出版社，2015：305-324.

由于其总体使用门槛相对较高，并且需要一定的学习成本，普通公众尤其是欠发达地区公众的信息获取与发布渠道仍然受到较多的限制。以“光纤入户”为例，受成本高、周期长、回报率低等因素的制约，目前我国村一级的光纤覆盖率和网速仍然相对较低，实现互联网在这些地区的普及还有待时日。但在互联网基础较差的欠发达地区，移动互联网的发展速度要远远高于传统互联网；在农村，移动互联网不仅用户规模迅速扩大，其对各个领域的渗透也在全面展开。作为移动互联网终端的代表，智能手机与电脑相比具有价格低廉、随时随地可用的特征，其信息接收与发送更加便捷，公众借此获取信息和发声的渠道更为畅通、多元，信息传播的地域差异明显缩小。

从这一点来看，移动互联网尤其是移动社交网络的出现，本质上是一种由技术进步与门槛降低推进的民主进程，其带来的最为重要的影响是促进话语权的再分配——在移动互联网平台上，普通公众从以往大多只是被动的信息接收者角色演变为更加积极主动的信息发布者、问题质疑者、社会监督者、活动动员者和决策参与者。

技术民主与话语权的再分配又引发了网络空间的去中心化。第一章曾经提到，去中心化描述的是政府、传统媒体作为传统的话语权力中心影响弱化的过程。大众媒体对于政府行为的宣传和解读不再是公众获知政府信息的唯一途径，大众媒体尤其是官方媒体传统的“告知”和“宣传”话语体系不再必然有效。这使得政府部门长期以来依靠传统媒体、运用官方话语体系进行的单向、垂直的形象传播不仅难以取得良好效果，反而还可能在塑造政府形象上起到反作用，正面宣传遭到负面解读的现象比比皆是。例如，在“1·2”哈尔滨仓库火灾事故、“11·22”青岛输油管道爆炸事件和“8·12”天津滨海新区爆炸事故等突发事件中，传统媒体过多地强调领导的重视、批示、指示，不合时宜地自我表扬、输出“正能量”，激起公众强烈的不满，“丧事喜办”的批评不绝于耳。这里可以简要回顾一下 2013 年的吉林宝源“6·3”特别重大火灾爆炸事故。2013年6月3日清晨，位于吉林省德惠市米沙子镇的吉林宝源丰禽业公司发生爆炸火灾，当班300余名工人被困。这场事故最终造成121人遇难，76人受伤。在6月6日下午2点举行的关于此次事件的新闻发布会上，吉林省卫生厅相关负责人对于伤亡情况基本未作介绍，却花了一个小时来称赞和感谢政府以及社会各界对救火所做的工作。该负责人对医务人员“紧张忙碌、夜以继日地工作作出的巨大牺牲”表示“骄傲”，赞叹长春市救护车在40分钟内就赶到事故现场“有多么不容易”，声称专家们当晚就从北京乘飞机过来非常令人“感动”……当有记者请他描述他当天8点在现场看到的情况，以及从医学角度判断伤者受伤原因是氨气中毒还是大火灼伤时，他的回答却偏题了。这场“1小时的致谢会”在网络空间迅速引爆舆论，对该负责人和参与事故处理的政府部门的质疑和批评之声比比皆是，政府官员和部门的形象大大受损。《生活新报》评论道：“多承担责任，少说拜年的话；多一些真诚，少一些浮夸——如果官员对于公众的这两项基本要求不管不顾，官方的语态永远会高于公众的疑问和诉求之上。如此一来，媒体和公众想了解的问题，既得不到回答，还可能因为话语系统的不匹配造成公众对政府和官员的不信任。”①

政府部门需要认识到，“传统意义上的受众如边缘弱势群体、NGO组织、民间压力团体，凭借新媒体获得话语权，形成多级化的传播格局，原来处于绝对‘支配’地位的政府从‘单级’转化为‘多级’”②。这种描述在移动互联时代被证实是准确且不可逆的。移动互联网本身在技术属性上就具备开放、分享、平等的民主“基因”，这也是本书所提倡的在政府形象构

① 生活新报．“1小时致谢”是权力“丧事喜办”的逻辑［N/OL］．(2013-06-08)［2017-03-13］．http://www.shxb.net/html/20130608/20130608_355683.shtml.

② 史安斌．危机传播研究的“西方范式”及其在中国语境下的“本土化”问题［J］．国际新闻界，2008 (6)：22-27.

建中注重“多元协商”和“合作民主”的技术前提。

2. 信息碎片与新兴“话语权力中心”的形成

“碎片化”是描述互联网社会传播语境的一个形象的说法，即诸多信息如同凌乱的、无关联的碎片。在移动互联时代，信息的实时生产和裂变式扩散成了常态，这使得信息集散的时间大幅缩短、影响范围迅速扩大，社会意见离散且多元，“碎片化”的倾向和程度要比互联网时期更甚。

信息“碎片”如果不加以统合、过滤、去噪、去重，公众就可能陷入信息汪洋中不知所措，这时他们要么把自己封闭起来排斥信息的灌输，要么根据经验和自己认可的意见领袖的观点做出判断，要么对事物先定义后理解而贴上感性的标签。这些情形都不利于政府形象的构建。

斯蒂贝尔的“断点”理论可以很好地描述移动互联网带来的这种信息困境。该理论认为所有成功的网络都会经历三个阶段：首先，网络会呈指数式增长；接着，网络会到达断点，这时候它的大小已经明显超过了负荷，必须有所降低（轻微或者显著地）；最后，网络达到平衡状态，会理智地在质量上（而不是数量上）继续增长。但如果到达断点后的处理有所偏差，不能使网络恢复平衡状态，网络就会不可逆地迅速崩塌。① 在移动互联网接近“断点”之时，有着众多追随者的意见领袖依托网络平台上的新型社会关系，在帮助公众筛选信息、构建认知和形成意见等方面所发挥的作用会愈发突出，从而成为新兴的“话语权力中心”。

移动互联网复制了现实社会的“差序格局”形态。在这里，每个人都有一个以自己为中心的圈子，同时又从属于以优于自己的人为中心的圈子。② 中心人物一般有着良好的判断力和信息搜索识别的能力，故其圈内人

---

① 斯蒂贝尔．断点——互联网进化启示录［M］．师蓉，译．北京：中国人民大学出版社，2015：19-26.

② 费孝通．乡土中国［M］．上海：上海人民出版社，2006：23.

员总能从中获得有用或有益的信息，因此人们就越来越离不开中心人物的“二次传播”。对政府部门来说，这意味着移动互联时代要特别重视与意见领袖的对话，以有效地影响“中心人物”，并通过他们在公众脑海里构建出良好的政府形象。

3. 公民意识与危机“常态化”

公民意识即公民对自身政治地位和法律地位的自觉意识，同时也是公民对自身权利和应承担义务的认识。① 互联网提供的互动交流机制，弥补了现代社会中面对面交往的不便，为公众的政治讨论和团体内沟通带来更多机会，也为新型的政治沟通、动员和活动方式的出现创造可能，这又在无形中降低了公众政治参与的壁垒，减少了他们政治参与的时间、金钱、精力等成本。②

随着移动互联网的快速发展，公民意识进一步增强，这使得人们获取信息更主动、互动欲望更强烈、质疑与批判意识更明显，政府不得不面对危机“常态化”的局面——人人都可以便捷地上传和分享信息，人们由被动的信息接收者变成问题的提出者和质疑者，甚至是对抗行动的组织者，这使得无论是政府的内部还是外部，都充满了可以随时引爆舆情危机的“火药桶”，这些“火药桶”一经点燃，就会产生“核裂变”式的传播，迅速引发网民基于虚拟世界的规模化围观及现实当中的对抗和发难。③

在移动互联网背景下，“郭美美炫富”“青岛 38 元天价虾”等事件已经警示政府部门绝不可小觑舆情危机的破坏力：其一，一旦发生针对某政府部门的负面舆情，总会或多或少地对其形象造成损害；其二，这样的损害

---

① 刘琅琅，陈九龙．公民意识在互联网中的发展探析［J］．西安交通大学学报（社会科学版），2014（1）：92-96.

② 本奈特，恩特曼．媒介化政治：政治传播新论［M］．董关鹏，译．北京：清华大学出版社，2011：11.

③ 黄河，王芳菲．新媒体如何影响社会管理——兼论新媒体在社会管理中的角色与功能［J］．国际新闻界，2013（1）：100-109.

会消解人们对政府部门的信任，如若信任不在，则又将直接削弱政府部门的传播力和执政力；其三，假如此类负面舆情频发，公众将对政府形成刻板印象，这不仅会长期使政府部门的宣传处于难以被倾听的状态，还有可能触及政府合法性等核心问题。

第二节 移动互联网背景下政府形象构建的路径和体系

在新时期政府应围绕职能转型的目标和“服务型政府”的定位，构建集法治形象、廉洁形象、服务形象与高效形象于一体的新型立体形象。同时，针对政府形象的传播不应“单向度”“一刀切”，而应依据传播对象、传播情境、传播渠道、政府部门层级等差异特征，形成容纳多元主题、多样内容、多种形式的形象传播体系，从而更好地提升公众的认知、认同和认可。

一、政府形象的顶层设计：寻求价值认同

“认同”（identification）是社会心理学的概念，指个体因希望与影响施加者相像而对社会影响做出的反应。E. 阿伦森提出：“认同”和“依从”（或“服从”）最大的区别在于，在认同中个体会明确相信自身所采纳的意见或价值。[①] 在信息沟通过程中，人们不可避免地渴望创造一个有关态度、情感、尊严、理想、信念等要素的共同世界（共同体），以实现信息沟通、利益互惠和价值同构的三维均衡。[②] 在移动互联时代，信息沟通和利益交往的频率已经可以用“毫秒”来度量，此时价值匮乏的危机就暴露得更加明

① 阿伦森．社会性动物：第9版[M]．邢占军，译．上海：华东师范大学出版社，2007：26-30.

② 胡百精．说服与认同［M］．北京：中国传媒大学出版社，2014：38-39.

显——“利益共同体沦为由物质、世俗欲望驱动的‘乌合之众’；信息共同体变成众声喧哗、偏见与偏见交锋的场域”，如果不能构建一个“价值共同体”，各类社会问题出现的频率会大大增加，公众亦会在许多基本价值观上缺乏共识而产生价值迷失与困惑。①

受文化传统、地域空间、经济发展水平等条件的影响，不同时期、不同地方的政府的执政、施政理念会有所区别。但作为具有公权力的社会组织，各级政府都应该承袭或吸纳一些具有进步意义的价值元素，以此设计政府形象的顶层部分；进而通过移动互联网有效地向公众传播这些价值元素，构建社会的价值认同，使政府与公众形成牢固的“价值共同体”——通过共同体明晰的价值规范和道德约束，发挥其在政府形象的生产、表征、传播和修复中特定的作用。结合我国的现实国情，这些价值元素可以主要归纳为法治、廉洁、服务与高效。

（一）法治形象

在现代社会，法治是国家治理的基本方式，是国家治理现代化的重要标志。法治本质上是对政府权力的监督和控制，是政府形象顶层设计等其他诸多方面的基础和前提。政府构建法治形象，能够对外传达有序、公正、人权、和谐的价值理念。

2014 年，党的十八届四中全会发布了《中共中央关于全面推进依法治国若干重大问题的决定》，其中提到要“深入推进科学立法、民主立法”，“健全立法机关和社会公众沟通机制，开展立法协商”，“拓宽公民有序参与立法途径，健全法律法规规章草案公开征求意见和公众意见采纳情况反馈机制，广泛凝聚社会共识”。

移动互联网为公民有序参与立法提供了多元的选择和通畅的途径。仅

① 麦尚文．价值传播与社会认同——“感动中国”年度人物价值观呈现与传播分析［J］．国际新闻界，2009（5）：71-75.

在 2014 年，通过中国政府法制信息网 PC 端和移动端，就完成了 7 部法律草案、15 部行政法规草案和 108 部部门规章草案的公开征求意见工作，网民提交意见超过 12 万条次。[①] 除此以外，法治形象还体现在政府的政策法规及政府对法律知识的普及之中。数据显示，“十二五”期间，有 92%的政府网站开设了“政策法规”栏目，旨在向公众宣传、普及法律知识，以及对政策法规进行深入解读。[②]

(二) 廉洁形象

在社会转型进程中，对公权力监督的薄弱、权力资源的异化使得腐败问题成为制约社会发展、激化社会矛盾的重要原因。廉洁的政府形象关乎政府权威的合法性、政府施政的有效性以及公众对政府的信赖度。

移动互联网能够成为政府信息公开的重要平台，也为舆论监督提供了丰富的手段和渠道，进而能有效推进“阳光政府”的建设工作，强化公众对政府公权力的监督，减少腐败现象的产生。2015 年以来，多地政府开通了廉政微信公众号，向公众通报违规案件及处置结果，并提供有效的监督、举报途径，邀请公众共同参与廉政建设工作之中（见图 2 - 2）。

(三) 服务形象

服务型政府以“为社会、为公众服务”作为政府存在、运行和发展的宗旨。服务形象向外传递着社会本位、公民本位和权利本位的执政理念，以求实现社会公共利益的最大化。目前，在移动平台和终端上已经涌现了大量政务服务平台。

塑造新时期的服务形象，需要政府完成理念和文化的重塑，并通过移动互联网进行职能和结构优化。具体来看，移动互联网既能有效延展传统

---

① 中国互联网络信息中心 . CNNIC（中国互联网络信息中心）正式发布：“十二五”中国互联网发展十大亮点［EB/OL］. (2015-10-29)［2017-03-13］. http：//www. cnnic. net. cn/gywm/xwzx/rdxw/2015/201510/t20151028 _ 52960. htm.

② 同①.

图 2-2　“清风北京”微信监督举报平台

操作层面的形象建设，又能实现路径创新；政府在对为民服务加以投入时，可有效控制行政成本；通过“互联”的方式，在单一部门形象建设的基础上，实现跨部门的合作；最后，依靠移动互联网带来的多种交互方式，公众能够直接参与政府主导的服务形象建设之中。

（四）高效形象

政府效能直接决定着公共利益实现的顺畅与否，舆论对政府形象的诸多评判也直接以政府的行政效率为依据。长期以来，公众对我国各级政府普遍持有“行政效率低下”的刻板印象，亟须加以扭转。

高效形象的重要依托是技术创新。以移动政务平台为代表的新型办公系统能够有效地优化审批流程、缩短审批周期、提升审批效能，帮助政府积极推行信息公开，逐步提高信息透明度，增强执行力。与微信、移动App等社交工具的有效对接，可加强政府与公众的信息沟通，建立完整的信息反馈和舆论监督体系，从而协助政府完善监督考核机制，提升服务质量；借助移动互联时代的大数据技术，还可有效提升政府的决策能力和决策效果。

上海微信“城市服务”平台就是一个典型的例子。自 2014 年起，上海市部分职能部门不断推进一些便民项目的“移动互联网化”。2014 年 5 月上线的“上海公安出入境管理”微信公众号，具备了护照及签证的在线申请办理功能；2015 年初上线的“上海公交”App 提供了可实时查询全市公交路线到站时间的服务；2015 年 3 月底上线的“上海公安”App 推出了护照、签证办理以及相关信息的查询功能。2015 年 4 月，上海市利用微信将上述便民 App 的相关功能融入一个整体窗口，“城市服务”平台正式上线，首批开通了 14 项便民服务，其中包括出入境护照、签证预约办理，电子挂号预约，以及交通电子违章查询，预约验车等，涉及的政府职能部门包括公安局、交通委、气象局、出入境办公室。这一平台，除了预约申请流程外，还加入了相关费用的移动支付环节，所有功能均免费提供。这些政务 App 和“城市服务”平台在提高了相关部门办事效率的同时，能一定程度上降低行政成本，对用户来说也有吸引力。

二、政府形象的主体行为：多主题、多形态的行为体系

政府的行为复杂多样，不同层级、不同职能的政府部门行为共同构成政府的行为体系。移动互联网不仅为传统的行政工作提供了便利，还催生了移动信息公开、移动舆论引导、移动网络问政等全新的政府行为。

（一）移动信息公开

如今，以“两微一端”为代表的政府移动新媒体平台已经成为信息公开的主要渠道。而移动互联网对公众的进一步赋权提高了其对政府信息公开内容、形式、时机、频次等方面的要求，这使得政府应当树立“民本位”的信息公开理念，把握“时度效”，进行全面公开、主动公开、平衡公开、

互联公开、制度公开，从而最终达成促进公众政治参与、推动民主建设的目标。

在具体实践中，移动信息公开应该兼顾常规信息和重点信息。考虑到公众对移动互联网的重度依赖，以及向移动终端发布的信息具有“即时到达”的特点，对突发状况下重点信息的公开要尤为重视。比如，2015 年“8・12”天津滨海新区爆炸事故发生后，天津部分官方媒体向微信团队紧急申请了额外的推送权限，及时公开了大量公众关切的信息，对消解危机、平息谣言起到了一定的作用。

移动信息公开普及以后，传统的政府信息公开网络架构可以得到优化和调整；而关闭部分访问量较低、影响力有限的低层级政府网站，将精力投入移动端，也利于实现资源的合理配置，节约人力和财力。

（二）移动舆论引导

移动互联网提供的渠道正在促成政府与公众及其他社会组织之间的双向沟通，移动舆论场呈现出了全新的特征，传统的舆论引导工作也面临一系列新的挑战和机遇。善用移动互联网进行舆论引导可以有效促进交流对话，为政府形象加分；违背移动互联网的传播规律，则可能放大风险，加剧危机，损害政府形象。因此，确立移动互联时代政府在常规情境、风险和危机情境下的舆论引导策略，对政府形象构建工作尤为重要。

1. 常规情境的舆论引导：从“宣传”到“寻求认同”

以往“宣传”大致可被理解成“使用一系列手段，通过心理操纵使大众中的个体达到心理上的统一，团结在一起，积极地或被动地参与该群体的行动”①。一些政府部门长期自说自话，多套话，少人话，重视宏大运动式的宣传，忽视与社会公众平等均衡的对话，导致其传播很难让受众入耳、

---

① 塞佛林，坦卡德．传播理论：起源、方法与应用［M］．郭镇之，译．北京：中国传媒大学出版社，2006：268.

入脑、入心，甚至引起反感和排斥。由于具有自上而下、单向灌输、重在说服等特点，在现今日益重视平等、尊重的对话协商的时代，传统的正面宣传开始遭遇“飞沫化”的困境。[①] 只有将单向灌输、高高在上、运动式的宣传思维转变为双向平等、寻求认同的对话思维，才能使政府的舆论引导模式真正契合移动互联网的特质。

2. 特殊情境下的舆论引导：快速响应、加强对话、换位思考

除了上面提到的正面宣传“飞沫化”的难题，在移动互联时代，形象构建主体还必须面对危机常态化这一棘手问题。移动互联网的多点爆发、裂变式传播、规模集聚等特征一定程度上增加了社会风险由隐性到显性、由小到大、由风险到危机发展的可能性，风险至危机的转化时间也变得更短。一些政府部门及工作人员对当前的舆论形势缺乏准确判断，危机意识淡薄，导致舆论引导工作困难重重、危机四伏，在危机情境下一些不当的措施和回应亦严重损伤了政府的形象和公信力。这都要求形象构建主体审时度势，能够建立一套在特殊情境下科学、有效引导舆论的机制。

在带来挑战的同时，移动互联网对政府的舆论引导工作也创造了突破原有渠道、创新引导手段等机遇。其一，利用移动互联网实时传播的特点，政府可通过确立移动舆论引导的“快速响应”原则，第一时间对风险做出应对，以有效控制舆论风险；其二，借助移动互联网带来的沟通渠道畅通的优势，政府若能秉持“积极对话”原则，营造平等主体间的对话，不断加强与公众的沟通，则可更好地化解风险，应对危机，避免冲突，维系信任；其三，基于移动互联网以人为本的发展特征，政府依循“换位思考”的原则，则能促进理解、增强信任，形成与公众合作共赢的框架，从而避免出现官方舆论场与民间舆论场的对抗。

---

① 黄河，王芳菲．新媒体如何影响社会管理——兼论新媒体在社会管理中的角色与功能［J］．国际新闻界，2013（1）：100-109.

（三）移动网络问政

问政即咨询或讨论为政之道，是执政者实现科学决策和民主决策的手段。经过多年的发展，网络问政作为依托互联网的问政方式，虽然成为政府部门体察民情、收集建议的重要渠道，但也常常止于民意的收集，没有充分发挥网络数字技术的其他作用。而在移动互联时代，若不能跳开PC端，网络问政难以实现真正的大众化。

受惠于移动互联网带来的技术民主，如今涌现出大量以“微信服务号”“城市服务大厅”为代表的移动端便民问政窗口，覆盖医疗、交通、公安、教育等诸多公共服务领域。与PC端不同，移动平台上的问政窗口在功能上呈现出传播内容、构建关系和提供服务等多样化的发展势态。目前，前两者发展已经相对成熟，而提供服务将是未来移动互联网应用的一个重要发展方向。从单一的内容提供到“内容—关系—服务”的多元呈现，可以促成移动互联网用户注意力的延伸。[①] 这种延伸形成了移动问政平台的用户黏性，加上大量现实场景在移动端可以得到完美复制，移动网络问政比传统的网络问政更有效。

这种有效性在“沟通”与“反馈”环节体现得更为明显。以微信公众平台为例，运营人员只需将平台消息与自己的手机绑定，就能及时对任何发向平台的信息加以捕捉，对重要信息也可以通过手机直接回复。

三、政府形象的受众沟通与传播策略

移动互联时代政府形象传播的具体策略包括对话协商、话语创新和注重交互三个方面，它们分别体现着形象构建主体的传播姿态、话语技巧和操作策略。

---

① 彭兰．场景：移动时代媒体的新要素［J］．新闻记者，2015（3）：20-27．

（一）对话协商

“对话”（dialog）的思想雏形最早见于苏联思想家巴赫金的《陀思妥耶夫斯基诗学诸问题》一书，用以描述小说作者与角色之间的相互构建。经过西方社会学的发展，“对话”被演绎成一种克服现代性危机、重构认同与共同体的有效手段。[①] 在政府形象的构建过程中，“对话”可以被狭义地定义为不同意见的群体通过交流和沟通寻求共同点和建立相互信任的过程。对于政府而言，“对话”将形象构建工作由单一主体承担转变成多元主体共同参与——政府、大众媒体、意见领袖、普通公众被置于一个对等、公开的话语模式下，所有参与者都可以畅所欲言。

对话的目的不是消除差异、说服接受，而是在承认多元意见的基础上寻求认同或是将不同意见统一的可能性，即“求同存异”的过程。在现代社会，“对话”的一个积极实践案例是“协商民主”。协商民主强调在多元社会现实的背景下，通过公民参与就决策和立法达成共识，赋予政府决策和立法以正当性。

移动互联网带来了通畅的对话渠道。无论是在类似“留言板”的微博评论空间，还是通过类似“小纸条”的微信对话窗口，政府都可以主动与媒体、意见领袖和公众展开深度对话，从而更好地做出决策、优化形象。相应的，公开和互动成为移动互联时代对话与协商民主的核心特质。例如，2016 年 1 月北京市“两会”期间，由市政府牵头、多部门合作制作的大型访谈节目《市民对话一把手·北京新表达》正式上线，在千龙网、北京城市广播、北京电视台新闻频道等媒体同步投放，并通过“首都之窗”微信邀请市民就“提升空气质量”“缓解交通拥堵”“推动教育公平优质发展”等 12 个主题畅所欲言，共同为首都现代化建设出谋划策。北京市民只需关注“首都之窗”微信，直接回复“市民对话一把手＋主题”就能参与首都

---

① 胡百精．说服与认同［M］．北京：中国传媒大学出版社，2014：270-271.

共建的重要议题（见图 2-3），活动因此受到了微信用户的积极响应。

图 2-3　微信二维码提供“市民对话一把手”的新渠道

（二）话语创新

有效的沟通与传播离不开内容可信、情感真诚、明智且充满善意的言说。政府机构在将其惯用的自说自话式的官样文章，优化、调整为公众愿意听、听得懂、听得进的公共话语的过程中，对修辞及叙事方法的恰当运用至关重要。

修辞的本义是修饰言论，我们可以将之理解成说话的技巧。政府从“宣传”到“对话”这一发声方式的变化本身即是社会话语环境嬗变的真实写照。有语言学者提出，“与个人话语交际不同，当代机构修辞是更与社会整体密切相关的修辞活动，是更注重‘接受’、忌讳‘自言自语’的修辞活动，也是需要面对巨量接受者的修辞活动”①。这揭示了政府在移动互联时

① 胡范铸，陈佳璇，甘莅豪，等．“海量接受”下国家和机构形象修辞研究的方法设计［J］．当代修辞学，2013（4）：1-9.

代善用修辞的必要性和基本思路。在具体的修辞策略方面，政府沟通和传播的内容需要在与主题、语境和语体相契的基础上，求同存异、是字优先（在表明自己意见之前，先表达受众认同的观点）、听说互动、言行一致。

叙事是比修辞更大的言说范畴，包括对历史和社会生活的话语构建。有研究者以伯克的“戏剧五因”理论为基础，提出了融“语境”“角色”“行为”“方法”（角色行为的具体策略和方式）和“目的”为一体的说服性叙事框架和结构。① 政府机构可以对此加以借鉴，以进行因势利导的话语建构。

如今，越来越多的政务微博、微信、App借用多种时尚的语体（如“元芳体”②“宝宝体”③“三遍体”④ 等）展开“拟人化”的沟通和传播，塑造政府亲民、有人情味的形象。还有一些政府机构采用讲故事的方法拍摄微视频并发布在社会化媒体平台上，希望在赋予自身人格化特质的同时促进公众的理解，引发他们的共鸣，形成基于价值认同的共同体。从2014年起，北京市公安局的微信号“平安北京”连续推出“警察故事”系列栏目，该栏目或讲述身边平凡的人物，或讲述首都公安日常工作中的“酸甜苦辣”，凭借与公众的接近性获得了较多关注，迅速成为宣传北京公安形象的品牌栏目。

（三）注重交互

“交互”意即交流与互动，是移动互联时代诸多平台追求的一种功能状

① 胡百精．说服与认同［M］．北京：中国传媒大学出版社，2014：112-113.

② “元芳体”的创意来源于电视剧《神探狄仁杰》，剧中狄仁杰经常征求助手李元芳的意见，从而借对话引出对案情的分析。之后，在网民的调侃中，该语体成为网络流行语言风格，句式为前面陈述一件事情，在最后加上一句：“元芳，此事你怎么看？”

③ “宝宝”语出网络潮语“吓死宝宝了”，女生受到惊吓时常用此语来表达心情。后来“宝宝”独立单用，只要说话氛围协调，几乎在任何语境中，网民都可用“宝宝”或“本宝宝”来称呼自己，如“笑死宝宝了”“本宝宝这厢有礼了”“本宝宝拜托了”等等。

④ 网络流行语“重要的事情说三遍”，在使用时，则是将同样的内容重复三次。

态。对于政府而言，移动互联时代的政府形象构建，接入平台只是第一步，更要深刻领会其开放、交互的本质特征，并将之灵活运用到实践之中。移动互联时代的“交互”具体表现为思维交互、界面交互和活动交互三个方面。

1. 思维交互

相较于传统互联网渠道，移动互联网平台在内容和信息的展示上并无优势，但胜在沟通的深度和渗透率。由于人类的交流与沟通是自然而富有感情的，用户也期望与之交互的移动终端不仅仅是产品与功能的集合，而且具有观察、理解和生成情感特征的能力。这要求形象构建主体在传播过程中注重形成思维交互的“回路”，对用户的需求能做出及时、有效的回应。

2. 界面交互

界面，即 UI（user interface），指人与终端之间传递和交换信息的媒介，也是实现信息传递的相关支持软件、硬件以及方法的集合。一个交互式的界面能够提供开放、人性化、便捷的用户体验，同时传递着设计者的关怀和尊重。在移动互联时代政府亦应注重增强形象产品的界面交互，以向公众展示政府为了实现“对等沟通”而做出的努力。

3. 活动交互

以微信公众平台为代表的移动传播载体的活跃度依托于与用户良好关系的构建，维持打开率、阅读率和分享率则需要通过创新活动或有效互动培养用户的使用习惯。无论是线上的互动活动，还是向线下的延展，都能促进形象主体与公众之间的交换、合作与对话，增强用户的黏着度。

四、移动互联网背景下政府形象构建的体系

在确立移动互联网背景下政府形象构建的体系之前，我们还要明确：政府形象也是有层级的，每一个层级的政府形象构建所需关注的重点也有所差异。越是高层级、职权范围宽泛的政府（如中央人民政府），在形象构

建过程中对顶层设计的影响越大；越是低层级或职权范围细化的政府（如街道办、交通委），在形象构建过程中与媒体和公众的沟通与互动就更为频繁，而对顶层设计部分更侧重呼应与解读。

最后，我们回到本章讨论的核心问题——移动互联网背景下政府形象构建的体系。根据前文的论述，这一体系应该紧密围绕“移动互联网”与“政府形象”两大要素及其相关关系而设计。

从“移动互联网”的视角出发，对于政府形象而言，移动互联网既是形象构建的环境——表现在技术民主、碎片化和公民意识等方面，也是手段和方式——姿态上强调对话协商，话语上强调持续创新，实操中注重交流互动，还为政府形象提供了全新的传播内容和载体——如政务微信、政务 App 等。

从“政府形象”的视角出发，传统政府形象的内涵与外延在移动互联时代发生了一定的变化。顶层设计上，政府形象可具象为法治形象、廉洁形象、服务形象和高效形象；政府行为与移动互联网紧密结合，除了为传统的行政工作提供便利，还催生出移动信息公开、移动舆论引导和移动网络问政等新形式，在常规情境、风险情境和危机情境下，则又有不同的操作策略；最后，舆论反应的形式和内容也有所调整，政府部门必须重新审视其与大众媒体、意见领袖及社会公众之间的关系，同时优化沟通策略。这一体系可以用图 2-4 进行描述。

在社会转型愈发深入、移动互联网飞速发展的时代，政府部门长期以来依靠传统媒体、借助官方话语体系进行的单向、垂直式的形象传播不仅难以取得良好效果，且不易传递、勾勒和适应现代政府的新形象。与此同时，移动互联网又为政府的形象传播提供了实时的信息传播渠道、可与公众持续沟通和对话的平台、生动多样的信息呈现形式，这可为政府优化形象构建理念和策略、增强形象传播效果提供助益。

尽管目前多数政府部门已经尝试通过移动互联网开展全新的形象构建

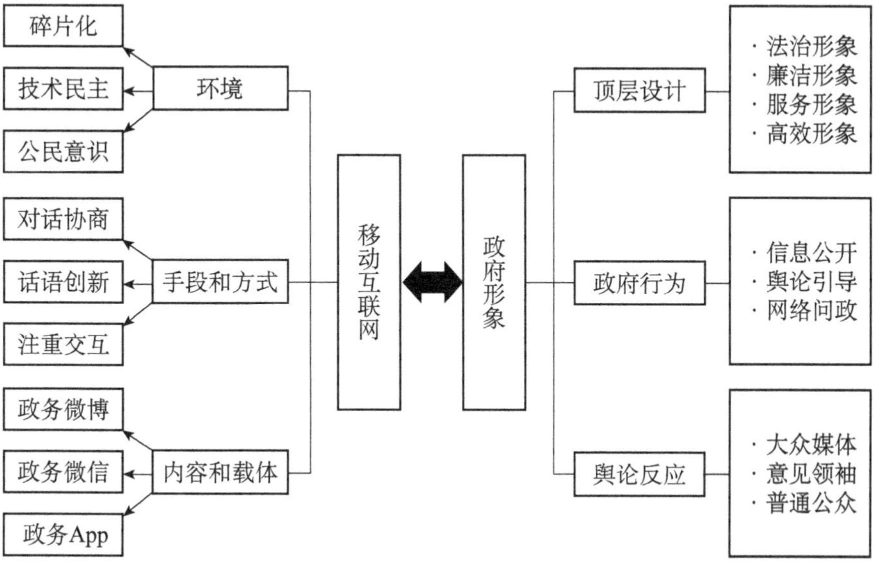

图 2-4　移动互联网背景下政府形象构建体系

工作，但我们也要注意到一些共性问题并没有得到妥善的解决，而这也间接影响了形象构建的效果。例如：有些政府机构仅将形象构建看作开设一个公众号，忽视了平台上的对话和关系维护，对用户的诉求缺乏有效回应，最终因为缺乏“温度”和话语陈旧而被用户抛弃；有些政府机构虽然有意识地借助移动平台进行形象传播，但却存在信息发布无规律、语言体系与平台不符、各平台传播信息零散而无法形成合力等问题；另有些政府机构不了解移动平台的传播特征，“微信照搬微博，客户端照搬网站”，同质化严重；还有些政府机构缺乏公开、透明的意识，遮遮掩掩，陷入危机常态化和塔西佗陷阱之中，加剧了公众对其负面认知的刻板印象。

总之，我们需要认识到移动互联网对于政府形象构建的意义不仅仅是技术与手段的突破，更在于社会治理理念的更迭，将“服务”“对话”“协商”“合作民主”的元素深刻融入政府的日常执政与施政行为之中，并由此获得公众的理解、认同与信任。

第三章　政府形象现状评估
——基于公众的认知

上一章提到，移动互联时代政府形象构建的体系和路径均呈现出新的特征，若想基于这些特征对政府形象加以优化，我们首先需要清晰地了解目前政府形象的状况，尤其是公众对政府的评价，如此既利于政府知不足、明方向、定重点，更有助于政府站在公众的立场思考问题、回应关切，从而真正开展双向对等的对话协商，与公众形成合作共赢的框架。

本章选取北京市政府作为研究对象，这主要考虑到如下方面：(1) 北京是我国的首都和政治中心，北京市政府的施政理念与执政行为不仅走在我国地方政府前列，也会对其他地方政府产生示范和引导效应，因此可作为典型加以研究；(2) 北京媒体资源丰富、媒体行业发达，民众媒体使用多元、公民意识较强、对政府的评价亦较积极和客观，这一定程度上能保证调查数据的可靠性。

第一节　研究概况与政府形象概览

一、研究概况

本研究采用定量调查的方式，针对北京市居民随机发放调查问卷，以了解其媒体使用及对北京市政府评价的相关情况。调查的具体情况如下：

调查对象：在北京生活和工作的常住居民。本研究重点关注两类群体：(1) 30 岁以下青年群体，此类人群是新媒体的重度使用者，通过分析其媒体使用特征与其对政府评价的关联，可更好地揭示出新媒体发展对政府形象构建的影响；（2）40～59岁群体，相较于年轻群体，该类群体拥有较高的社会资本（如知识水平、家庭财富、社会地位等）、较多的社会阅历，其生活经历多与教育、医疗、养老、住房等方面的政府工作发生过关联，因而他们不仅对政府的认知更为深刻、全面，且对政府有着较高的参与、监督和表达意愿，其评价对其他社会群体往往具有较大的影响。

调查方法：为了突出重点调查群体的特征，本次调查采用非随机抽样中的配额法，根据北京市统计局发布的2015年北京市常住人口的年龄结构（30岁以下群体的占比为28.6%，40～59岁群体的占比为30.7%）进行配额，将30岁以下人群和40～59岁人群的配额分别设定为不少于30%。

调查方式：由专业数据调查公司在网络上随机向北京市居民发放调查问卷，邀请受访者填写问卷。

调查时间：2016年9月10日至2016年9月30日。

有效样本量：本次调查最终收回了1 002份问卷，经过复查并去除作废（不愿意参加调查或不在北京生活和工作）的样本，最后得到的有效样本量为963个（见表3-1）。本调查中样本的主要人口特征如下：

在性别结构方面，男、女所占比例分别为46.63%和53.37%，男性略少于女性，这与北京市常住人口男女比例（50.1%、49.9%）[①] 稍有出入。

在年龄构成方面，调查结果显示上述两类重点关注的群体均达到了配额要求——30岁以下和40～59岁年龄段样本占总体比例分别为31.36%和33.13%。除此之外，作为北京市常住人口的主体人群——30～39岁群体（占北京市常住人口的15.6%）在本次调查中样本量也较大，该部分样本占

① 北京市统计局，国家统计局北京调查总队．北京统计年鉴2016［M］．北京：中国统计出版社，2016.

总体比例高达 31.98%。

在学历构成方面，本次调查中拥有大学本科学历的样本占比最高，为 55.87%；除了初中及以下学历（16 个）样本量较少外，拥有其他学历的样本数量占总体比例相对较为平均，高中/中专/技校、大专、硕士研究生及以上学历的样本分别占总体的 11.01%、17.55%和 13.91%。这体现出本次调查对象的整体学历水平较高。

在职业构成方面，样本中企业/公司一般职员、企业/公司中层管理人员和专业技术人员（包括教师、医生、律师等）三类人群占样本总体比例相对较高，分别为 35.31%、12.46%和 13.60%；党政机关事业单位领导干部、农村外出务工人员、农民、无业/下岗/失业人员等四类人群样本量较小，占总体比例不足 1%；其他职业的样本占比分布较为均衡。

在个人月收入方面，与样本的职业构成密切相关，近八成受访者的收入水平集中在 3 001～15 000 元区段，其中，月收入在 5 001～8 000 元区段的样本量最大，占总体比例达到 34.16%，这与 2015 年北京市职工的月平均工资（7 086 元）[①] 水平大体相当；此外，月收入在 3 000 元及以下的低收入人群，以及月收入在 20 000 元以上的高收入人群，在本次调查中占比相对较少。

在居住区域方面，与北京市 2015 年度各城区常住人口的分布情况一致。本次调查样本的区域分布，按照城市功能拓展区（朝阳区、丰台区、石景山区、海淀区）、城市发展新区（房山区、通州区、顺义区、昌平区、大兴区）、首都核心功能区（东城区、西城区）、生态涵养发展区（门头沟区、怀柔区、平谷区、密云区、延庆区）的次序逐级递减，四个区域的样本量

① 北京市统计局，国家统计局北京调查总队．北京市人力资源和社会保障局、北京市统计局关于公布 2015 年度北京市职工平均工资的通知［EB/OL］．（2016-06-03）［2017-03-18］．http：//www.bjrbj.gov.cn/xxgk/gsgg/201606/t20160603_58230.html.

占总体比例依次为52.02%、25.44%、14.12%和8.42%。

表3-1　本次调查样本的主要人口特征分布

人口特征	类别	人数	百分比	人口特征	类别	人数	百分比
性别构成	男性	449	46.63	年龄构成	19岁及以下	31	3.22
	女性	514	53.37		20～29岁	271	28.14
	总计	963	100		30～39岁	308	31.98
个人收入	3 000元及以下	96	9.97		40～49岁	246	25.55
	3 001～5 000元	128	13.29		50～59岁	73	7.58
	5 001～8 000元	329	34.16		60岁及以上	34	3.53
	8 001～10 000元	180	18.69		总计	963	100
	10 001～15 000元	100	10.38	学历构成	初中及以下	16	1.66
	15 001～20 000元	83	8.62		高中/中专/技校	106	11.01
	20 001～30 000元	28	2.91		大专	169	17.55
	30 001元及以上	19	1.97		大学本科	538	55.87
	总计	963	100		硕士研究生及以上	134	13.91
居住区域	东城区	62	6.44		总计	963	100
	西城区	74	7.68	职业构成	学生	65	6.75
	朝阳区	173	17.96		党政机关事业单位领导干部	8	0.83
	海淀区	170	17.65		党政机关事业单位一般职员	36	3.74
	丰台区	101	10.49		企业/公司高层管理人员	39	4.05
	石景山区	57	5.92		企业/公司中层管理人员	120	12.46
	房山区	20	2.08		企业/公司一般职员	340	35.31
	通州区	52	5.40		专业技术人员	131	13.60
	顺义区	55	5.71		商业/服务业一般职工	65	6.75
	大兴区	63	6.54		制造业/生产型企业一般职工	40	4.15
	昌平区	55	5.71		个体户/自由职业者	52	5.40
	门头沟区	28	2.91		农村外出务工人员	6	0.62
	平谷区	12	1.25		农民	5	0.52
	怀柔区	15	1.56		退休	41	4.26
	密云区	17	1.77		无业/下岗/失业	6	0.62
	延庆区	9	0.93		其他	9	0.93
	总计	963	100		总计	963	100

二、政府形象概览

基于问卷调查结果，我们得以大致勾勒出公众眼中的北京市政府形象：发展绩效优异，多项工作善政善治，政府官员能力强、素质好，普通工作人员讲服务、水平高（见图 3－1）。

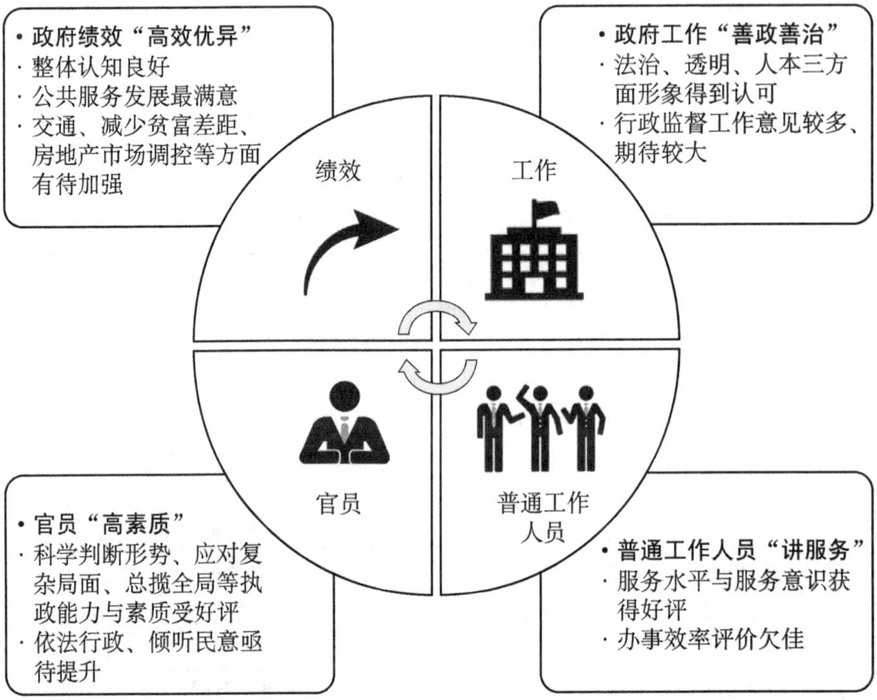

图 3－1　公众眼中的北京市政府形象

在政府绩效方面，北京市政府的“有效政府”形象塑造得颇为成功，公众认为在市委、市政府的领导下，北京市于过去五年里有了较大发展。得益于北京市“十二五”期间着力完善公共服务设施、改进公共服务方式、推行“互联网＋政务服务”平台等施政举措，公众对公共服务领域发展的评价最高。相对而言，北京市政府在交通、减少贫富差距、房地产市场调控三个领域所获得的满意度尚有更多改善空间。

在政府工作方面，北京市政府“法治”（法治建设）、“透明”（决策透明）、“人本”（执政为民、服务便利）的“善政善治”形象获得了公众的认可。不过值得注意的是，公众对北京市政府的“行政监督”工作有较多的意见和更大的期待，有公众希望北京市政府开通更为便捷的投诉渠道，并对其投诉的问题及时解决或答复。

在政府官员方面，“高素质”形象比较深入人心。整体观之，公众对北京市政府官员的印象感觉良好，尤其认可他们科学判断形势、应对复杂局面、总揽全局的能力与素质。但同时也要认识到，公众对政府官员仍存有较为牢固的负面刻板印象，不太满意政府官员在依法行政、倾听民意等具体执政行为上的表现，而这也恰恰是政府官员亟待提升之处。

在政府普通工作人员方面，“服务”形象塑造得亦较为成功。普通工作人员是公众与政府机关“打交道”的主要接触群体，公众更看重其服务意识、服务水平与办事效率。而本次调查显示，公众对北京市政府普通工作人员的服务水平（服务便利、透明行政）与服务意识（服务态度）等“服务”形象感知较好，对其办事效率却评价欠佳。

总的来说，上述这种良好的形象（本章第三节会详细阐述）表面上看是公众对北京市政府各方面的认知较为积极和正面，其背后离不开各类媒体对于政府的宣传报道（本章第四节将分析公众媒体使用行为对其政府形象认知的影响），以及我国从中央到地方政府近年来在执政理念、执政方式上做出的调整与优化。

第二节　公众获取政府信息的媒体使用行为

近年来，移动新媒体不断发展，凭借着便携的智能终端、随时随地的网络接入，以及实时交互、关系传播、圈层聚合、连接服务等特征，高度融入了公众的日常生活。公众的媒体接触渠道、媒体使用方式以及对各类媒体渠道的信任程度，均较传统媒体时期发生了很大改变。一方面，公众对电视、广播、报纸、杂志等传统媒体的接触时长、依赖程度在持续下降①；另一方面，公众借助新媒体的信息获取与分享行为则日益增多。截至2016年6月，我国有5.79亿公众通过PC端的新闻网站来获取信息，在我国网民总体中的比例高达81.6%；有5.18亿公众（在移动网民中占比为78.9%）使用移动新闻App获取信息；还有规模庞大的公众通过微信朋友圈、微博等社交应用与他人分享信息，仅微信朋友圈的用户规模便已经达到5.58亿。② 这无疑重塑了政府形象构建的传播环境，如何把握新时期公众对各类信息渠道的接触情况与信任程度，从而找准信息传播“落点”，成为各政府机构面临的新问题。

考虑到当前公众对PC端、移动端网络新闻应用以及微博、微信等社交应用的依赖情况，本次调查以各类新媒体渠道为重点；同时，兼顾不同体制的媒体在信息生产、加工、呈现方面的差异化特征，我们又按照官方媒体、商业媒体以及大陆地区和境外等属性对信息渠道进一步细分。最终，本次调查将信息渠道分为下述8个类别：（1）传统媒体，包括报纸、杂志、广播、电视；（2）政府自建渠道如中国政府网、北京市政府网站“首都之窗”等政府门户网站，各类政务微博、政务微信、政务App；（3）官方新闻网站及其App，如人民网、新华网、千龙网；（4）商业门户网站及其App，如新浪、网易、腾讯；（5）熟人社交，包括与亲朋好友在线上社交应用（如微博、微信朋友圈、微信群等）的交往以及线下的日常交流；（6）意见领袖，如微博大V、知名微信公众号等，能在线上或线下为他人提供信息、意见，并对他人施加影响；（7）论坛/贴吧，如天涯论坛、百度贴

① 喻国明．城市居民媒介接触与使用的基本特点与最新变化——基于《中国城市居民媒介接触与使用》两期调研成果的概述［J］．新闻与写作，2016（9）：48-52.

② 中国互联网络信息中心．第38次中国互联网络发展状况统计报告［R/OL］．（2016-08-03）［2017-03-18］．http：//www.cnnic.net.cn/hlwfzyj/hlwxzbg/index.htm.

吧；（8）境外（包括香港、澳门、台湾在内）的各类媒体（包括传统媒体、网络媒体等）。

一、媒体接触情况

为了了解公众主要通过何种渠道获取政府信息，本次调查设置了下述问题："如果想了解与北京市人民政府相关的信息（如出台的政策、开展的工作、发布的信息等），您是否会借助下述渠道进行信息获取和浏览？频率是怎样的？"在分析时，将公众接触频率按照"从不""很少""有时""经常""总是"的顺序，依次赋予 1 至 5 分的分值加以统计，用加权平均值来测算公众对各类媒体渠道的平均接触频率[①]（见图 3－2）。

（一）逾六成公众经常使用商业门户网站获取政府信息，传统媒体和熟人社交亦较受人们青睐

调查结果显示，商业门户网站及其 App 是公众获取政府相关信息使用频率最高的信息渠道，公众对其平均使用频率为 3.66，逾六成（62.10%）的受访者表示他们"经常"（46.21%）甚至是"总是"（15.89%）使用该类渠道获取信息。紧随其后的是熟人社交、传统媒体、官方新闻网站等渠道，分别有 45.28%、43.20%和 38.11%的受访者用"经常"来形容他们对该类渠道的使用频率。位于第三梯队的是政府自建渠道、论坛/贴吧、意见领袖三类信息渠道，公众对它们的接触频率不及前述渠道。排在最末位的是境外媒体渠道，本次调查中仅有 17.45%的受访者"经常"使用该类渠道，而"很少"和"从不"使用该类渠道的样本占总体比例高达 50.67%。

---

① 平均接触频率＝5×"总是"的被选率＋4×"经常"的被选率＋3×"有时"的被选率＋2×"很少"的被选率＋1×"从不"的被选率。例如，针对商业门户网站及其 App，受访者选择"总是""经常""有时""很少""从不"的频率依次是 15.89%、46.21%、28.25%、7.68%、1.97%，相应的，商业门户网站及其 App 的平均接触频率即为 15.89%×5＋46.21%×4＋28.25%×3＋7.68%×2＋1.97%×1＝3.66。

此种分布态势主要与各类渠道的运营及公众的需求有关：其一，相较于官方新闻网站、政府自建渠道，各类商业门户网站尤为注重运营推广工作，有意识地结合公众需求对其传播内容、呈现方式、推送方式与分发渠道等进行革新（如整合“编辑分发”“算法分发”以及公众“个人订阅”等技术向公众精准推送内容），因而获得了更多公众的青睐。其二，由于长期以来我国公众对传统媒体均给予了较高的信任，并在重要决策和价值判断等方面积极参阅传统媒体的相关信息，因而即使在新媒体迅速普及、传统媒体的用户规模不断下降的情形下，许多人仍习惯于将传统媒体作为信息获取渠道。有调查也验证了这一状况，我国公众在时事观点判断以及价值评判上，对电视的倚重度最高，而在进行日常消费决策方面才更多地倚重PC互联网和移动互联网。[①] 其三，公众对熟人社交渠道的频繁使用，源于

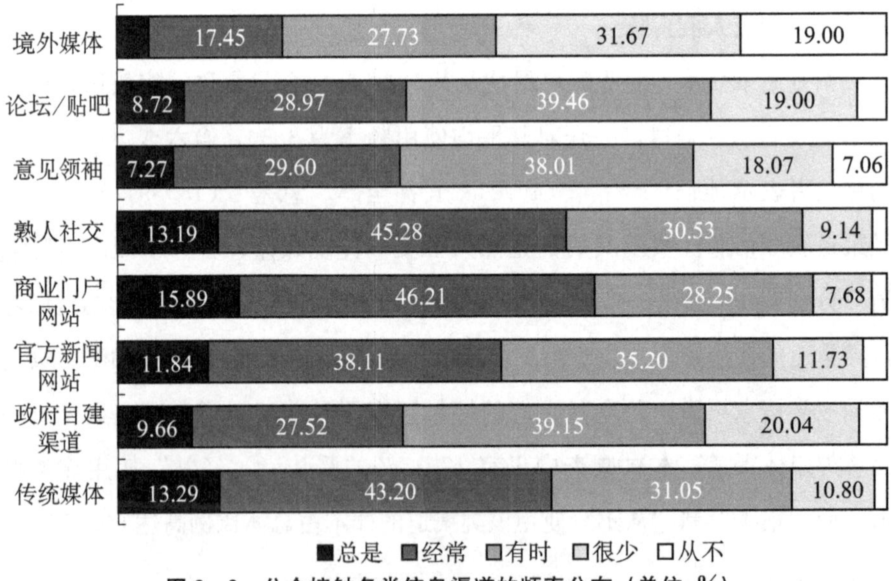

图3-2　公众接触各类信息渠道的频率分布（单位：%）

① 吴文汐，喻国明．城市互联网用户的媒介使用和信息倚赖——对用户的媒介依赖度、信任度及网络新闻浏览模式的分析［J］．当代传播，2015（3）：33-35.

其不断增长的社会交往需求，同时伴随移动互联网技术与移动应用的发展，公众对交往渠道的即时接入、便捷回复、实时互动、私密对话等要求持续提升，因而符合公众该类需求的微信、微博等渠道用户规模一直增加，而论坛、贴吧等传统社交渠道的用户黏性则有所下降。其四，境外媒体的使用频率偏低则是囿于我国在互联网信息管理和安全保护方面的相关规定，大陆公众对一些境外媒体尤其是可能包含敏感内容的媒体（如 Facebook、Twitter）的访问受到限制。

（二）男性的媒体接触频率更高，更倾向使用政府自建渠道、官方新闻网站和商业门户网站

不同性别的人群对各类信息渠道的接触频率略有差异。整体而言，男性更偏好接收政治、军事、历史等领域的信息，而女性所关注的议题仅局限在私人生活领域[①]，这导致男性在获取政府信息时对各类信息渠道的平均接触频率较女性群体普遍偏高（见图 3－3）。具体至各类媒体渠道的使用上，以“性别”变量作为因子的方差分析结果显示，男性和女性群体对政

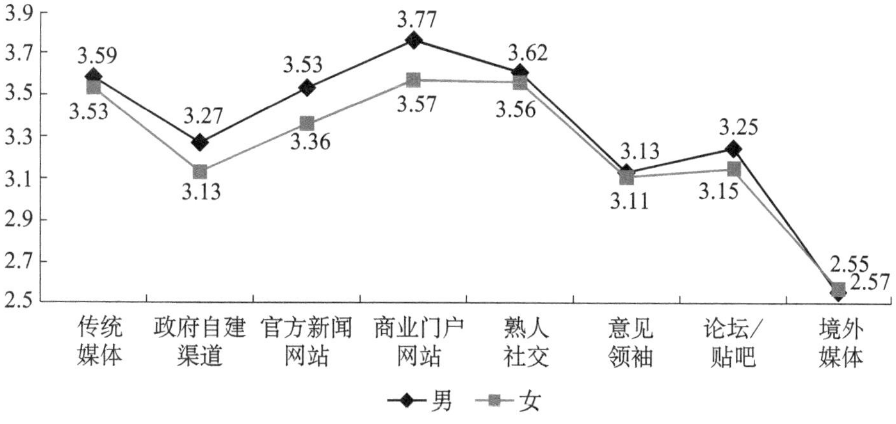

图 3－3　不同性别人群接触各类信息渠道的平均频率

① 滕晓彦，杨伯溆．互联网是否消除了公民参与的性别差异？——对“天涯杂谈”和“猫眼看人”BBS 版面讨论的探索［M］//中国网络传播研究．杭州：浙江大学出版社，2009：181-197.

府自建渠道、官方新闻网站、商业门户网站三类渠道的接触频率呈现出显著性差异（sig＜0.05），男性群体对这些渠道的接触行为更为突出；而对于传统媒体、熟人社交、意见领袖等渠道，不同性别的群体在使用频率上大体一致。

（三）年轻群体多偏好社会交往渠道，中年群体更倚重媒体组织渠道

年龄因素也在一定程度上左右着公众的媒体接触行为。整体上看，年龄越小的受访者信息获取行为愈发积极，对信息渠道的接触频率愈高。如图 3-4 所示，30 岁以下（包括 19 岁及以下和 20～29 岁两个年龄段）的受访者在政府自建渠道、官方新闻网站、意见领袖等五个渠道的接触频率上均处于领先位置，而年龄在 60 岁及以上的受访者对各类信息渠道的接触频率普遍处于低点。

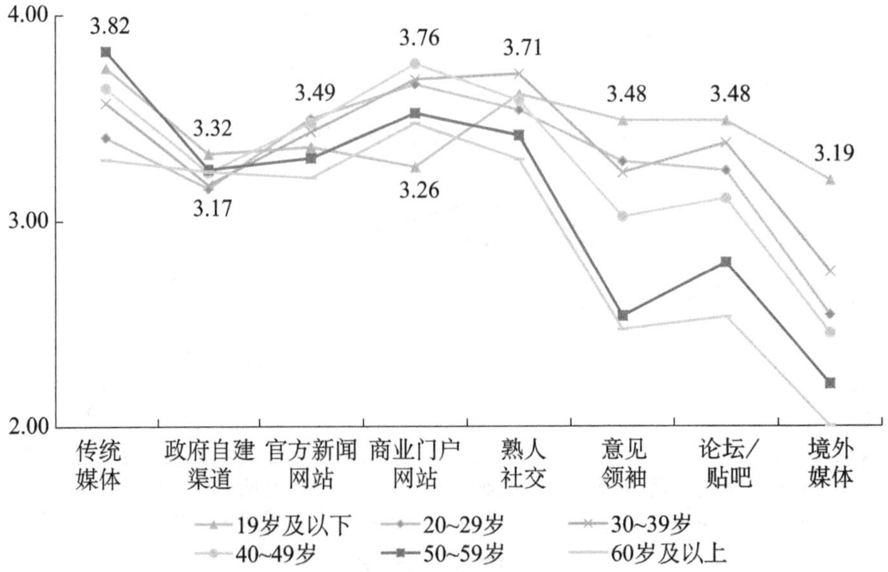

图 3-4　不同年龄人群接触各类信息渠道的平均频率

另外，方差分析结果显示，除了政府自建渠道与官方新闻网站两个渠道，不同年龄的公众在传统媒体、商业门户网站、熟人社交、意见领袖、

论坛/贴吧、境外媒体等六类渠道的接触频率上具有显著差异（sig<0.05）。

其中，有必要强调以下两个发现。

其一，境外媒体的接触情况在各年龄段人群之间分化最为明显，且公众对该类媒体的使用频率大体上呈现出随年龄增长渐次下降的趋势。如相较于19岁及以下的受访者对该类媒体平均3.19的使用频率（介于“有时”与“经常”之间），60岁及以上的群体对该类渠道的接触频率均值仅为2（“很少”）。这可能与境外媒体的使用需要较强的访问技能或外语水平有关，也可能是因为高年龄段人群对境外媒体的信任度和依赖度相对更低。

其二，受公众的媒体使用习惯影响。“90后”群体注重社交应用、“70后”人群重视新闻浏览。[①] 在获取政府信息时，不同年龄段公众依旧倾向使用其所偏好的媒体。例如，19岁及以下的青少年群体更侧重从微博名人、微信公众号、论坛/贴吧等社交渠道获取信息；而年龄在40～59岁之间的中年群体，其对于商业门户网站、官方新闻网站和传统媒体等媒体组织渠道的接触则相对更频繁。

（四）低学历群体倚赖商业门户网站，高学历群体信息获取途径更多元

不同学历群体的媒体接触行为存在较大差异。如图3-5所示，初中及以下的低学历群体最常使用商业门户网站来获取政府信息，对该渠道的平均接触频率高达3.81；但是他们对其他媒体渠道接触却明显偏少，大部分媒体渠道的平均接触频率都低于3，较其他学历人群均存在较大差距。与之相对，学历较高的群体所借助的信息获取渠道则相对更为多元，对各类渠道的注意力分配也较为均衡，除境外媒体的使用频率较低之外，其他各类渠道的接触频率均在3以上。

---

① 李晏．2015年受众媒介接触习惯调查报告［R］//崔保国．中国传媒产业发展报告（2016）．北京：社会科学文献出版社，2016：205-215.

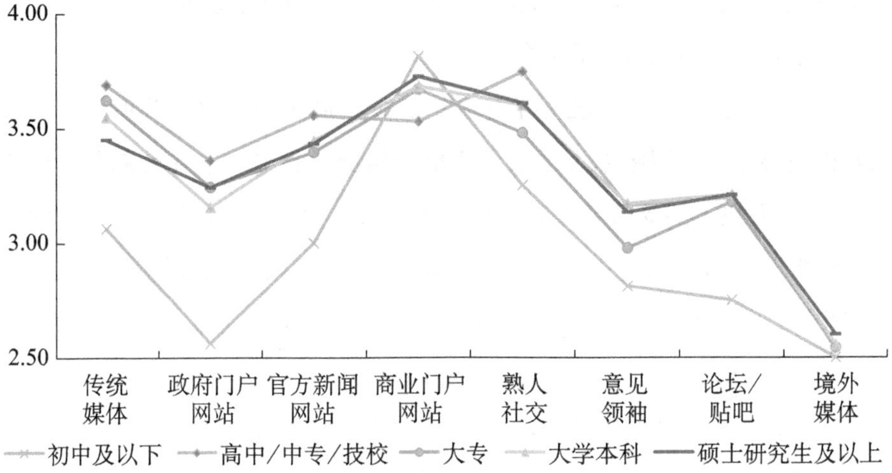

图 3-5 不同学历人群接触各类信息渠道的平均频率

（五）职位越高、收入越高的群体媒体接触更加多元且频繁，无业群体、低收入群体对各渠道的接触频率波动较大

不同职业群体的媒体接触有如下特征（见表 3-2）：第一，与我国公众整体的媒体接触情况一致，用户规模较大、信息发布更为专业且及时的传统媒体和商业门户网站是大多数职业人群频繁使用的信息渠道，亦可被视作政府对不同职业群体的有效传播渠道。第二，各类职业群体的渠道偏好略有差异，体制内人群（党政机关事业单位领导干部和一般职员）相对更偏重政府自建渠道、官方新闻网站等官方发布渠道，体制外人群则更倾向于从熟人社交渠道获取政府信息。第三，职位越高的群体所习惯接触的信息渠道愈加多元、接触频率也相对较高，如党政机关事业单位领导干部和企业/公司高层管理人员两类群体，他们对各类渠道的接触频率均在 3 以上，与其他群体相较亦处于领先水平；反观无业/下岗/失业群体，他们的媒体使用行为则波动较大——最经常使用的渠道是商业门户网站，平均接触频率在各类群体中排在第二位；然而针对其他渠道，他们的平均接触频率则

普遍“垫底”，传统媒体的接触频率更是远低于其他职业群体。

表 3-2 不同职业人群对各类信息渠道的平均接触频率

媒体渠道 职业	传统媒体	政府自建渠道	官方新闻网站	商业门户网站	熟人社交	意见领袖	论坛/贴吧	境外媒体
学生	3.54	2.94	3.42	3.38	3.51	3.34	3.11	2.57
党政机关事业单位领导干部	3.63	3.75	4.00	4.25	3.75	3.63	3.50	3.00
党政机关事业单位一般职员	3.83	3.39	3.36	3.31	3.67	2.86	3.25	2.86
企业/公司高层管理人员	3.59	3.31	3.49	3.90	3.54	3.03	3.67	3.03
企业/公司中层管理人员	3.63	3.37	3.60	3.72	3.61	3.22	3.29	2.67
企业/公司一般职员	3.51	3.05	3.36	3.74	3.61	3.06	3.14	2.44
专业技术人员	3.60	3.26	3.58	3.75	3.71	3.21	3.25	2.58
商业/服务业一般职工	3.66	3.34	3.66	3.72	3.57	3.40	3.34	2.86
制造业/生产型企业一般职工	3.83	3.88	3.80	3.70	3.70	3.70	3.45	2.88
个体户/自由职业者	3.27	3.02	3.06	3.40	3.44	2.92	3.13	2.27
农村外出务工人员	4.00	3.33	3.50	2.83	4.00	3.33	3.67	3.17
农民	4.00	3.00	3.00	3.60	3.40	2.80	3.20	3.00
退休	3.32	3.17	3.05	3.34	3.24	2.39	2.54	1.83
无业/下岗/失业	2.17	2.00	2.67	4.00	2.83	2.17	2.50	3.17
其他	3.67	3.33	3.22	3.33	3.33	2.78	2.89	2.11

由于公众的收入很大程度上取决于其职业，在将公众的媒体接触特征按“收入”变量进行交叉分析时，呈现出了与不同职业群体相似的分布特征——收入较高的受访者，其对各类渠道的接触频率普遍较高；而收入较低的受访者（尤其是月收入在 3 000 元及以下的人群），其主动接触媒体获取政府信息的频率明显降低，并且对不同信息渠道的接触情况分化亦十分明显（见表 3-3）。

表 3-3　　不同收入群体对各类信息渠道的平均接触频率

收入＼媒体渠道	传统媒体	政府自建渠道	官方新闻网站	商业门户网站	熟人社交	意见领袖	论坛/贴吧	境外媒体
3 000 元及以下	3.28	2.85	3.24	3.44	3.46	3.03	2.98	2.38
3 001～5 000 元	3.50	3.14	3.21	3.43	3.41	2.81	2.84	2.10
5 001～8 000 元	3.52	3.17	3.41	3.58	3.50	3.02	3.14	2.46
8 001～10 000 元	3.79	3.27	3.60	3.92	3.77	3.38	3.28	2.66
10 001～15 000 元	3.50	3.29	3.55	3.80	3.62	3.26	3.42	3.06
15 001～20 000 元	3.63	3.25	3.53	3.66	3.87	3.24	3.55	2.82
20 001～30 000 元	3.61	3.68	3.57	4.11	3.79	3.46	3.57	3.14
30 001 元及以上	3.68	3.53	3.68	3.95	3.53	3.16	3.58	2.79

二、媒体信任情况

针对公众的媒体信任情况，本次调查邀请受访者回答问题“关于北京市人民政府的相关信息，请您挑选出来您最信任的 3 个信息渠道，并按信任度由高到低加以排序”，以此来估测公众对各类信息渠道的信任情况。

（一）官方发布渠道最受信任，意见领袖的作用或被高估

在获取政府相关信息时，公众对政府自建渠道和官方新闻网站两个官方发布渠道的信任度最高，近七成受访者将之列为信任的信息来源，且二者被选比例远高于其他各类渠道。其中，政府自建渠道的表现尤为突出，有 46.7%的受访者将政府自建渠道选为“第一信任”的信息渠道，该比例遥遥领先于其他各类渠道；而针对官方新闻网站，分别有 16.7%和 32.4%的受访者将之列为“第一信任”和“第二信任”的信息渠道。位于其后的是传统媒体和商业门户网站，这两类渠道分别有 48.4%和 40.6%的被选比例。与之相对，公众对熟人社交、论坛/贴吧等其他路径获取的政府信息的信任度普遍偏低，对境外媒体的信任度最低，仅有 9.3%的受访者选择了该

类渠道，被选比例排在末位（见图 3－6）。有研究者认为，公众对政府提供的各种信息的信任程度，可被视作其对政府的政治信任水平的象征性特征。[①] 循此逻辑，本调查揭示了受访者对北京市人民政府持有较高的信任度。

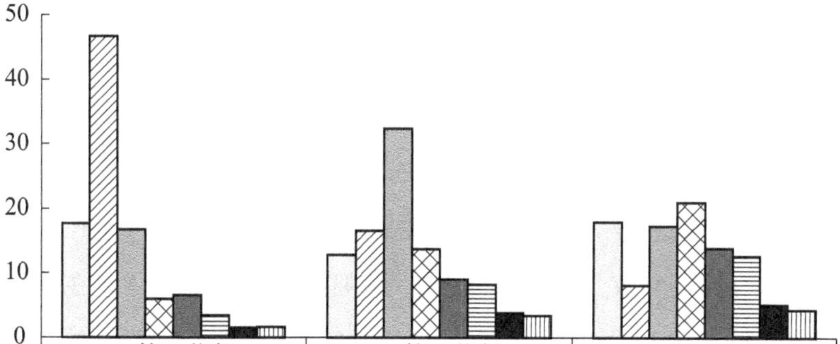

	第一信任	第二信任	第三信任
传统媒体	17.7	12.8	17.9
政府自建渠道	46.7	16.6	8.1
官方新闻网站	16.7	32.4	17.3
商业门户网站	5.9	13.7	21
熟人社交	6.5	9	13.8
意见领袖	3.4	8.2	12.6
论坛/贴吧	1.5	3.8	5.1
境外媒体	1.6	3.4	4.3

图 3－6　公众对各类信息渠道的信任度排序（单位：%）

注：条形图示从左至右的对应项与表中所列的自上而下的媒体顺序一致。

此外，我们也有必要重视公众对意见领袖的信任情况。与新媒体环境下意见领袖会对公众的信息和意见走向形成很大影响这一惯常认知不同，本次调查结果显示，意见领袖的作用可能被高估——仅有 24.2％的受访者认为意见领袖是可被信任的信息渠道，将之选为“第一信任”渠道的受访者占比更是少达 3.4％。这一现象或与意见领袖的发展现状有关，相关论述请参阅本书第一章第二节的“舆论主体”部分。

---

① 梅祖蓉．中国政治信任水平测度指标及现状［J］．云南社会科学，2009（2）：5-9.

（二）不同性别人群对论坛/贴吧、意见领袖的信任度有较大差异

不同性别人群对各类信息渠道的信任情况大体一致，均对政府自建渠道、官方新闻网站和传统媒体给予了更高的信任度，对熟人社交等渠道和境外媒体的信任度整体偏低。差别较为显著的两类渠道是论坛/贴吧、意见领袖——男性群体相对更信任论坛/贴吧渠道，有12.92%的男性选择了该渠道，而该渠道在女性中的被选率仅为8.17%；女性群体相对更信任意见领袖，女性群体中选择意见领袖作为信任渠道的比例（28.02%）较男性（19.82%）高了近10个百分点（见图3-7）。这一状况或许由不同性别群体的媒体使用差异导致：与不同性别群体对政治信息的偏好差异相关，男性群体往往是时政、社会议题论坛/贴吧的活跃用户群体，在获取政府相关信息时对该类渠道的使用比例、接触时间都要明显高于女性[①]，因而对该类渠道的信任度也相对偏高；女性群体的媒体使用偏于感性，其情感表达更

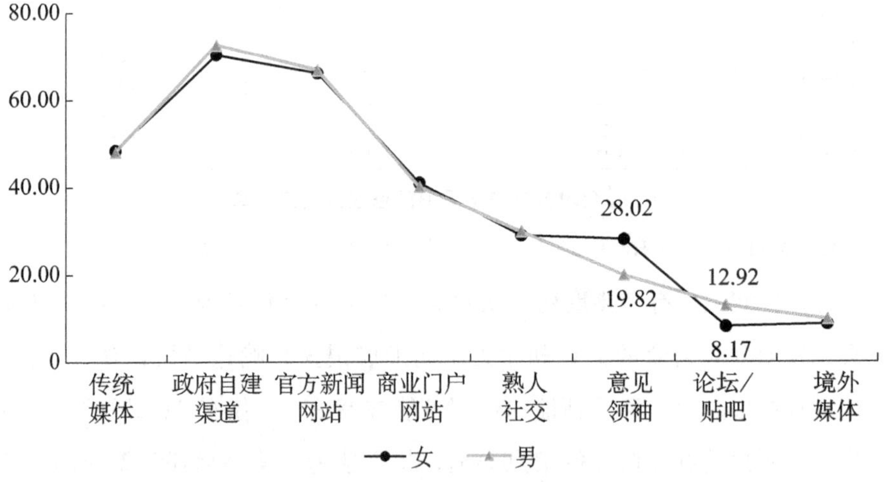

图3-7 不同性别群体对各类信息渠道的信任情况（单位：%）

① 孙美玲，蔡玉沛，张牧涵．网络论坛接触时间的实证研究——以“天涯杂谈”网民发帖的时间序列分析为例［J］．广告大观（理论版），2015（2）：77-88.

加丰富、活跃[①]，但对信息的理性搜索与判断却相对缺乏，因而她们可能会更加信赖其所认可的意见领袖，在关涉政府信息时亦是如此。

（三）年长群体和青少年群体对一些渠道的信任度“极化”

在对“年龄”变量与信息渠道信任情况进行交叉分析时，笔者发现，各年龄群体对官方新闻网站、境外媒体、论坛/贴吧三类渠道的可信度评价大体一致——对官方新闻网站的可信度整体评价较高，对境外媒体和论坛/贴吧的信任度普遍偏低；而对其余各类信息渠道的信任程度分布有着较大的差异（见图3-8）。

其中，年长群体和青少年群体对媒体渠道的信任度“极化”现象值得我们关注。第一，对于政府自建渠道、传统媒体等官方发布渠道以及熟人社交、意见领袖等社交渠道，两类群体的信任度呈现出明显的“两极分化”态势——政府自建渠道、传统媒体在年长群体间的信任度显著偏高，逾七成50岁及以上年龄段的受访者将之视作信任的渠道；然而在青少年群体中该渠道的信任度却明显偏低，在19岁及以下群体中的被选率则居于末位。对于熟人社交和意见领袖两类社交渠道，19岁及以下的青少年群体给予了远超出其他年龄层的高度信任，但50～59岁群体对这些渠道的可信度评价却居于最低位。第二，对于商业门户网站，年长群体和青少年群体的信任度亦处于最低水平——该渠道在60岁及以上和19岁及以下受访者中的被选率较其他各个年龄群体而言大幅降低。

（四）低学历群体因信息偏好对各类信息渠道的“好恶”明显

各学历人群对信息渠道的信任情况大致趋同，普遍较为信任政府自建渠道和官方新闻网站，对各类社交渠道及境外媒体的信任度较低。与整体

① 北京师范大学网站．[智库] 京师中国传媒智库发布第二期中国人的“爱恨情仇”与社会领域报告：情感表达上南北差异、代际差异明显 [EB/OL].（2016-11-14）[2017-3-18]. http://www.bnu.edu.cn/xzdt/82674.html.

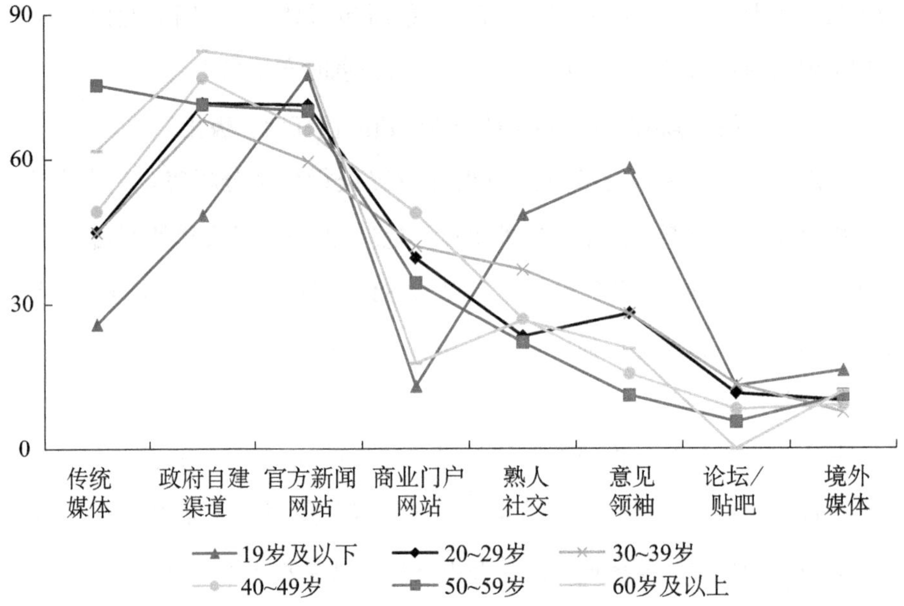

图 3-8 不同年龄群体对各类信息渠道的信任情况（单位：%）

偏差较大的是初中及以下学历群体，他们在多个信息渠道的信任度上均出现了“极值”，显示出明显的“好恶”之分（见图 3-9）。一方面，针对传统媒体、官方新闻网站和论坛/贴吧，该群体的选择比例位于各学历群体中的最低值，尤其是对于论坛/贴吧这一渠道，本次调查中初中及以下学历受访者中无人将之列入可信任的信息渠道的行列；而对于传统媒体，仅有25%的初中及以下学历受访者认为其是可信任的渠道之一，这较选择率最高的大专学历群体（59.17%）亦低了近35个百分点。另一方面，对于商业门户网站、熟人社交、意见领袖、境外媒体等渠道，该群体的选择比率又基本达到最高值。这或与该群体的信息偏好有关：相较于高学历人群，该群体大多属于社会上的“草根”阶层，一些人以言论、观点等方式寻求情绪宣泄的突破口，因而他们在整体的信息获取上相较于事实更重于观点、相较于理性表达更侧重感性交流。[①] 这也影响着他们对各类信息渠道的评价——对于能满足他们信息偏好与话语特征的媒体渠道（如以迎合用户需求为运营核心的商业门户网站、由公众凭借兴趣与关系等自身需求搭建的社交渠道）均给予了高度信任与好评；然而对于一些话语表达相对刻板、严肃的官方媒体渠道以及在这些渠道上的宣传报道，则表现出了一定的“反叛”，给予了较低的信任。

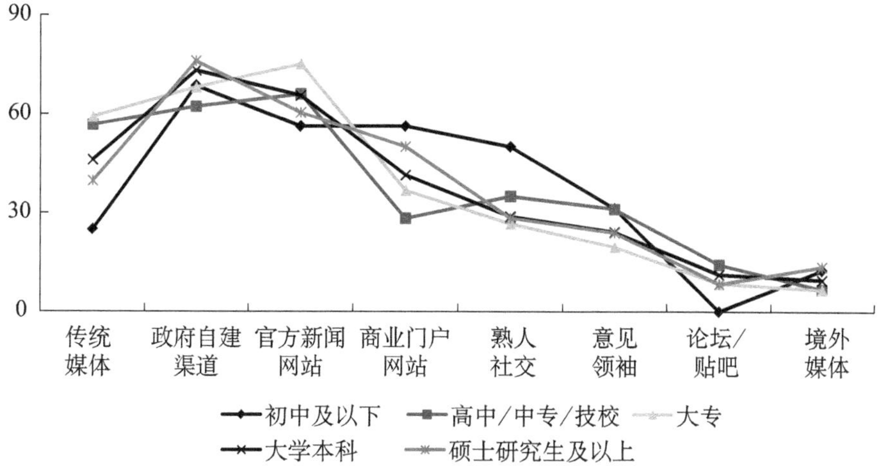

图 3-9 不同学历群体对各类媒体渠道的信任情况（单位:%）

（五）“体制内”不同级别人员的媒体信任情况差异明显，中高收入群体对官方媒体信任不足，对熟人社交相对重视

在不同职业的受访者眼中，政府自建渠道及各类媒体组织渠道（官方新闻网站、商业门户网站、传统媒体）均具有较高的可信度，而各类社交渠道和境外媒体的信任程度则普遍较低（见表 3-4）。此外，还有一些发现值得我们关注：第一，“体制内”不同级别人员的媒体信任情况差异明显。其中，党政机关事业单位领导干部对各类信息渠道的信任度波动较大，他

① 喻国明．网民年轻群体心理场域的若干特征分析［J］．新闻与写作，2013（11）：79-81.

们最相信政府自建渠道，该职业受访者中所有人（100%）都将政府自建渠道选为前三位信任渠道，但却对官方新闻网站和传统媒体两类官方媒体渠道赋予相对较低的信任度，对这两类渠道的信任情况皆低于商业门户网站（62.50%）。与此不同，党政机关事业单位一般职员最信任的恰恰是传统媒体（69.44%），而政府自建渠道、官方新闻网站仅分列第二、三位，且他们对商业门户网站的信任相对不足，仅有33.33%的受访者选择了该渠道。第二，制造业/生产型企业与商业/服务业一般职工对意见领袖的信任度相对较高，对该渠道的选择比例在各类职业群体中分列前两位（45.00%和41.54%），较最低值（党政机关事业单位领导干部，12.50%）高了大约30个百分点。第三，无业/下岗/失业群体更加信赖网络新闻渠道，无论是政府自建渠道、官方新闻网站还是商业门户网站，他们的选择比例均很高；然而对于广播、电视、报纸等传统媒体，其信任程度则位于各职业的最低点（16.67%）。第四，农民群体较重视熟人社交渠道，虽然在获取政府信息时，超过六成农民受访者将官方新闻网站（80.00%）和传统媒体（60.00%）选为他们最信任的媒体渠道，选择比例高于其他各类渠道，但来自亲朋好友的微博、微信朋友圈和日常交往信息亦对该群体产生了较大影响，在可信度方面的选择比例甚至与政府自建渠道、商业门户网站两类媒体渠道相同（40.00%）。第五，退休群体由于受年龄、媒体操作技术和媒体接触习惯等因素的影响，对传统媒体的信任度位于各职业群体中的最高水平（70.73%），比最低值高了50多个百分点。

表3-4　不同职业群体对各类信息渠道的信任情况　　单位：%

职业＼媒体渠道	传统媒体	政府自建渠道	官方新闻网站	商业门户网站	熟人社交	意见领袖	论坛/贴吧	境外媒体
学生	46.15	75.38	75.38	24.62	20.00	30.77	13.85	13.85
党政机关事业单位领导干部	25.00	100.00	50.00	62.50	37.50	12.50	0.00	12.50

续前表

职业＼媒体渠道	传统媒体	政府自建渠道	官方新闻网站	商业门户网站	熟人社交	意见领袖	论坛/贴吧	境外媒体
党政机关事业单位一般职员	69.44	66.67	61.11	33.33	27.78	25.00	8.33	8.33
企业/公司高层管理人员	28.21	74.36	53.85	43.59	38.46	25.64	23.08	12.82
企业/公司中层管理人员	49.17	75.83	74.17	43.33	21.67	19.17	10.83	5.83
企业/公司一般职员	49.41	71.18	65.29	46.18	26.76	20.88	11.47	8.82
专业技术人员	42.75	73.28	63.36	43.51	32.06	25.19	6.87	12.98
商业/服务业一般职工	41.54	56.92	60.00	27.69	46.15	41.54	13.85	12.31
制造业/生产型企业一般职工	50.00	60.00	65.00	37.50	30.00	45.00	7.50	5.00
个体户/自由职业者	51.92	76.92	69.23	36.54	38.46	13.46	9.62	3.85
农村外出务工人员	50.00	66.67	66.67	33.33	50.00	33.33	0.00	0.00
农民	60.00	40.00	80.00	40.00	40.00	20.00	0.00	20.00
退休	70.73	73.17	65.85	26.83	34.15	19.51	2.44	7.32
无业/下岗/失业	16.67	66.67	83.33	83.33	16.67	16.67	0.00	16.67
其他	44.44	88.89	100.00	33.33	11.11	22.22	0.00	0.00

在将“收入”因素同时纳入考量时，我们有如下发现（见表 3-5）：月收入在10 001～20 000 元区段的中间收入群体以及月收入在 20 000 元以上的高收入群体，对传统媒体、官方新闻网站两类官方媒体渠道的信任度相对不足，受访者选择该渠道的比例较其他收入群体偏低，而对传统媒体的信任度甚至还低于商业门户网站，这可能由他们更加青睐新媒体的媒体接触习惯所导致；而对于亲朋好友的信息发布，该类群体的信任程度则普遍偏高，这或与其社会关系相关——由于中高收入群体的社会地位相对较高，他们的社交圈通常也多为在社会上占据一定社会资本（如权力、财富、知识）且对社会事务和政府政策关注较高、关联较密切的人群，因而相较其他收入群体，中高收入者社交圈中的信息与政府关联较大，且具备更高的真实度和专业性。同时，高收入群体对论坛/贴吧、境外媒体两个渠道的信

任情况在各收入群体中也位于最高值，值得我们关注。

表 3-5 不同收入群体对各类信息渠道的信任情况 单位：%

收入 \ 媒体渠道	传统媒体	政府自建渠道	官方新闻网站	商业门户网站	熟人社交	意见领袖	论坛/贴吧	境外媒体
3 000 元及以下	53.13	70.83	68.75	37.50	25.00	22.92	11.46	10.42
3 001～5 000 元	57.81	78.13	71.09	34.38	21.09	23.44	5.47	8.59
5 001～8 000 元	52.28	72.34	68.09	38.91	27.05	21.28	10.33	9.73
8 001～10 000 元	45.56	64.44	66.67	47.22	33.33	26.67	6.67	9.44
10 001～15 000 元	40.00	74.00	64.00	51.00	31.00	22.00	10.00	8.00
15 001～20 000 元	31.33	68.67	62.65	31.33	43.37	36.14	19.28	7.23
20 001～30 000 元	42.86	75.00	46.43	35.71	32.14	35.71	21.43	10.71
30 001 元及以上	42.11	73.68	52.63	57.89	36.84	5.26	21.05	10.53

三、公众媒体使用行为的关联分析

公众的媒体接触行为与信任程度有无关联呢？笔者对公众的媒体接触频率和信任度两类变量做了相关分析，有如下发现：

第一，对单一信息渠道而言，公众的接触频率与信任程度显著正相关（sig<0.01），但相关系数偏低，这或者意味着二者呈现出微弱的、相互促进的关系——当公众对某个信息渠道给予更高的信任程度时，他们就会愈发倾向使用该渠道获取政府信息，而此种媒体接触行为又会反过来增强他们对该渠道的正面评价。

第二，公众对某个渠道的接触行为与对其他渠道的信任程度亦有一定关联。这体现在如下方面：其一，公众对社交渠道（熟人社交、意见领袖、论坛/贴吧）的接触频率与他们对官方发布渠道（传统媒体、政府自建渠道）的信任程度二者相互抑制，即对熟人社交、意见领袖等渠道的信息接触越多的公众，越倾向于对传统媒体、政府自建渠道的信息做出“不可信”的负面认知。其二，公众对其他媒体渠道的接触会降低其对传统媒体的信任。分析结果显示，除政府自建渠道之外，其他各类媒体渠道的接触频率均与传统媒体的信任程度有显著的负相关关联。其三，公众对境外媒体的接触频率对各类媒体渠道的信任程度均具有显著影响——公众对境外媒体的接触频率越高，对政府自建渠道和媒体组织渠道（传统媒体、官方新闻网站、商业门户网站）的信任度越低，对各类社交渠道的可信度评价越高（见表 3-6）。

表 3-6 公众对各类信息渠道的接触频率与信任程度的相关分析结果

接触频率＼信任程度	传统媒体	政府自建渠道	官方新闻网站	商业门户网站	熟人社交	意见领袖	论坛/贴吧	境外媒体
传统媒体	0.149**	−0.076*	0.007	−0.050	−0.026	0.051	−0.021	−0.077*
政府自建渠道	−0.033	0.109**	0.052	−0.100**	0.013	−0.004	0.015	−0.06
官方新闻网站	−0.093**	0.008	0.117**	−0.034	−0.038	0.056	0.033	−0.041
商业门户网站	−0.073*	0.027	0.047	0.123**	−0.058	−0.050	−0.020	−0.016
熟人社交	−0.082*	−0.052	−0.054	0.012	0.098**	0.106**	0.035	−0.057
意见领袖	−0.205**	−0.091**	−0.036	−0.028	0.121**	0.222**	0.037	0.044
论坛/贴吧	−0.173**	−0.096**	−0.053	−0.046	0.071*	0.157**	0.169**	0.090**
境外媒体	−0.167**	−0.112**	−0.117**	−0.065*	0.128**	0.218**	0.111**	0.123**

注：** 在 0.01 水平（双侧）上显著相关。
* 在 0.05 水平（双侧）上显著相关。

第三，公众对各类信息渠道的接触行为彼此相互促进（见表 3－7）。数据显示，公众对任一信息渠道的接触频率与其他各信息渠道的接触频率显著正相关（sig<0.01），且在相关系数上看，媒体渠道（传统媒体、官方新闻网站、商业门户网站）、社交渠道（熟人社交、意见领袖、论坛/贴吧）内部的关联要强于它们彼此之间的关联。这意味着，公众在接触任一信息渠道时，往往也会主动接触其他信息渠道；公众在使用任一媒体渠道时，将更倾向于接触其他媒体渠道，这种可能性将高于他们接触社交渠道的可能性。

表 3－7　公众对各类信息渠道的接触频率的相关分析结果

接触频率＼接触频率	传统媒体	政府自建渠道	官方新闻网站	商业门户网站	熟人社交	意见领袖	论坛/贴吧	境外媒体
传统媒体	1	0.429**	0.449**	0.328**	0.344**	0.286**	0.312**	0.268**
政府自建渠道	0.429**	1	0.543**	0.218**	0.246**	0.376**	0.388**	0.366**
官方新闻网站	0.449**	0.543**	1	0.459**	0.309**	0.407**	0.389**	0.317**
商业门户网站	0.328**	0.218**	0.459**	1	0.351**	0.303**	0.276**	0.189**
熟人社交	0.344**	0.246**	0.309**	0.351**	1	0.418**	0.428**	0.285**
意见领袖	0.286**	0.376**	0.407**	0.303**	0.418**	1	0.496**	0.424**
论坛/贴吧	0.312**	0.388**	0.389**	0.276**	0.428**	0.496**	1	0.479**
境外媒体	0.268**	0.366**	0.317**	0.189**	0.285**	0.424**	0.479**	1

注：** 在 0.01 水平（双侧）上显著相关。

第四，公众对各类信息渠道的信任程度彼此多有显著影响（见表 3－8）。其中，官方发布渠道（传统媒体、政府自建渠道、官方新闻网站）、社交渠道内部间各渠道的信任度相互促进，而官方发布渠道与商业新闻渠道、社交渠道之间的信任度则明显地相互抑制。同时，未经过我国政府筛选与过滤的境外信息也对公众的媒体信任有显著影响——公众对境外媒体的信任度与他们对官方发布渠道和商业门户网站的信任度显著负相关（sig<0.01）。

表 3-8　　公众对各类信息渠道的信任程度的相关分析结果

信任程度＼信任程度	传统媒体	政府自建渠道	官方新闻网站	商业门户网站	熟人社交	意见领袖	论坛/贴吧	境外媒体
传统媒体	1	0.05	−0.057	−0.236**	−0.327**	−0.332**	−0.179**	−0.115**
政府自建渠道	0.05	1	0.067*	−0.109**	−0.390**	−0.314**	−0.267**	−0.211**
官方新闻网站	−0.057	0.067*	1	−0.295**	−0.285**	−0.179**	−0.234**	−0.176**
商业门户网站	−0.236**	−0.109**	−0.295**	1	−0.111**	−0.191**	−0.080*	−0.096**
熟人社交	−0.327**	−0.390**	−0.285**	−0.111**	1	0.120**	0.094**	−0.025
意见领袖	−0.332**	−0.314**	−0.179**	−0.191**	0.120**	1	0.014	−0.004
论坛/贴吧	−0.179**	−0.267**	−0.234**	−0.080*	0.094**	0.014	1	0.021
境外媒体	−0.115**	−0.211**	−0.176**	−0.096**	−0.025	−0.004	0.021	1

注：** 在 0.01 水平（双侧）上显著相关。
* 在 0.05 水平（双侧）上显著相关。

第三节　数据刻画：政府形象现状

公众的媒体接触与使用行为很大程度上影响着他们对政府形象的感知与构建。那么，公众究竟如何看待政府形象呢？本节拟从多个视角还原公众眼中的政府形象。

结合政府系统内在构成、政府治理过程以及公众认知事物的心理特征，我们可以把公众对政府的评价理解为整体的制度感知与具体的个体认知融合、理性思考与感性判断并存、运行绩效评价与行政过程评价交杂的复杂过程。[①] 本次调查将政府形象体系细化为政府绩效、政府工作、政府官员、普通工作人员四个一级指标，每个一级指标又包含整体的认知情况和具体的评价两类二级指标（见表 3－9）。在调查过程中，我们要求受访者在量表中选出其相应态度，这包括“非常不同意”“不同意”“说不清”“同意”“非常同意”（针对政府绩效，则是评价北京市发展情况“显著变差”“略有变差”“与之前一样”“略有改善”“显著改善”）5 个等级，在分析时依次赋予 1 至 5 分的分值加以统计，并以加权平均值来估测各项指标的平均满意度，从而映射出公众对政府形象相关领域的评价。

表 3－9　　　　政府形象体系指标

一级指标	二级指标		指标描述或问卷选项设计
政府绩效评价	整体认知		您认为在现任北京市人民政府的领导下，过去五年期间，北京市整体发展取得了何种变化
	具体指标	贫富差距	贫富不均，收入不平等
		经济发展	经济量增长、经济结构优化、经济质量提升
		城市规划	城市发展、布局、建设，如区域化发展、首都功能、人口规划
		医疗卫生	保障和提高人民的健康、预防和治疗疾病的机构和服务
		食品安全	指食品无毒、无害，符合应当有的营养要求，对人体健康不造成任何急性、亚急性或者慢性危害
		房地产市场	从事房产、土地的出售、租赁、买卖、抵押等交易活动的领域
		交通状况	涉及道路规划与建设、公共交通、交通拥堵、交通秩序、交通管理等方面
		公共设施与公共服务	由政府或其他社会组织提供的、给社会公众使用或享用的公共建筑、设备、服务

① 张成福，边晓慧．论政府信任的结构与功能［J］．教学与研究，2013（10）：13-21.

续前表

一级指标	二级指标		指标描述或问卷选项设计
政府工作评价	整体认知		我对北京市人民政府、各委办局的总体印象很好
	具体指标	决策透明	北京市人民政府的决策是公开透明的，没有隐藏重要信息的情况
		执政为民	北京市人民政府的决策和施行政务以大多数百姓的利益为出发点
		服务便利	北京市的（互联网、微信、电话等）政务服务平台做得很好，我可以很便捷了解办事程序，找到办事地点
		信息公开	北京市人民政府的信息发布是及时充分的，我通过网络、电视等渠道可以在第一时间知晓政府的工作动态
		法治建设	北京市有着较为健全的法律、法规体系
		行政监督	北京市人民政府有很便捷的投诉渠道，我可以方便投诉问题并且能得到及时解决或答复
政府官员评价	整体认知		我对北京市政府官员的整体印象很好
	具体指标	倾听民意	北京市人民政府、各委办局的各级领导愿意主动与百姓保持联系，倾听百姓的声音
		依法执政	北京市人民政府、各委办局的各级领导是依照法律章程开展工作的，贪腐问题很少
		科学判断形势	北京市人民政府、各委办局的各级领导能够科学判断形势，所出台的政策能较好适应社会发展趋势
		应对复杂局面	北京市人民政府、各委办局的领导能很好应对当前复杂的社会局面，尤其是应对突发事件和解决社会纠纷
		总揽全局	北京市人民政府、各委办局的领导开展工作时具有较强的大局意识与发展观念，所制定的政策能从大局和长远发展着眼

续前表

一级指标	二级指标		指标描述或问卷选项设计
政府普通工作人员评价	整体认知		我对北京市政府机关的普通工作人员整体印象很好
	具体指标	服务便利	在办理事务时，我可以很方便地在工作时间内、在相应政府机关找到办事人员
		服务态度	北京市政府机关人员面向百姓开展工作时是主动热情、态度平和的，能耐心地听取和了解办事人的需求
		办事效率	北京市政府机关人员面向百姓的服务效率很高，能在时限范围内办结事务
		透明行政	北京市政府机关人员的办事过程是透明的，办事结果是公开的，我可以通过网络、电话等渠道了解事情的进展

一、政府绩效满意度

政府绩效可被理解为政府在社会经济管理活动中的结果、效益、效能①，其既是政府执政能力的根本体现，也是政府存在的合法性与合理性基础。相应的，政府绩效也成为公众评价政府的一项主要依据。本次调查结合相关研究以及北京市政府“十二五”规划中设定的重点发展领域、执政目标对北京市政府工作领域加以细分②，并通过询问公众对于北京市过去五年间的发展变化的态度，来反映其对政府绩效的评价。

（一）公众对北京市过去五年发展整体满意度较高，公共服务领域满意度最高，房地产市场管理领域满意度亟待提升

调查结果显示，逾七成（74.5%）公众认为在北京市政府的领导下，北

① 胡荣，胡康，温莹莹．社会资本、政府绩效与城市居民对政府的信任［J］．社会学研究，2011（1）：96-117.

② 指标设计参考：胡荣，胡康，温莹莹．社会资本、政府绩效与城市居民对政府的信任［J］．社会学研究，2011（1）：96-117；北京市国民经济和社会发展第十二个五年规划纲要［EB/OL］．(2011-03-16)［2017-03-18］．http：//zhengwu. beijing. gov. cn/ghxx/sewgh/t1176552. htm.

京市在过去五年间整体发展（包括经济、交通、环境、民生等方面）有所改善，其中有18.6%的受访者认为北京市发展取得了显著改善；仅有12%的受访者认为北京市发展较五年前有所退步（见图3-10）。这意味着公众对北京市政府的整体发展，以及本届北京市政府的整体绩效满意度较高。

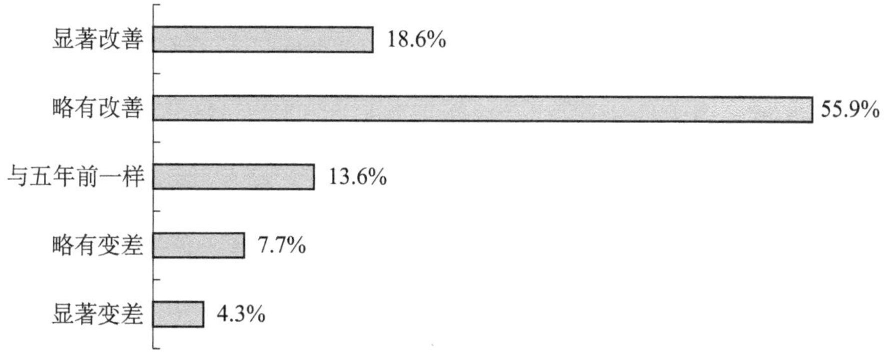

图3-10　公众对北京市整体发展的评价情况

如果按照政府执政领域对政府绩效进行细分，结果显示，公众对不同领域的满意状况略有差异（见图3-11）：（1）公众对公共设施与公共服务领域的执政绩效最为认可（平均满意度为4.01），得益于北京市“十二五”期间着力完善公共服务设施、改进公共服务方式、推行“互联网+政务服务”平台等施政举措，近八成（79.4%）受访者认为北京市该领域发展较此前有所改善，仅有4.8%的受访者认为该领域发展不如以往。（2）位于第二梯队的是经济发展、城市规划、医疗卫生、食品安全四个领域，这些领域是北京市“十二五”期间发展的重要领域，其发展获得了超过六成公众的认可，平均满意度相差不大。（3）紧随其后的是交通状况，受北京市固有的交通拥堵情况影响，虽然北京市将交通治理列为执政重点，并着力加强了公共交通设施建设，但公众对该领域的发展评价相对稍低，平均满意度为3.34。（4）排在末尾两名的是减少贫富差距、房地产市场调控两个领域。一是受北京市近两年房价不断上涨的影响，认为房地产市场较五年前发展恶化的公众（占比 41.6%）甚至超过认为政府调控有力（逐步转好）的公众（占比 35.9%），公众对该领域的平均满意度仅为 2.85；二是伴随住房市场化的推进以及房价的提升，加大了有房者和无房者之间的分化，最终形成“有的更有”而“没有的还是没有”的“马太效应”，这也就加强了他们对社会贫富分化的感知。[①] 正如本次调查显示，北京市公众对政府“减少贫富差距”这项工作绩效的满意度也偏低（3.02）。

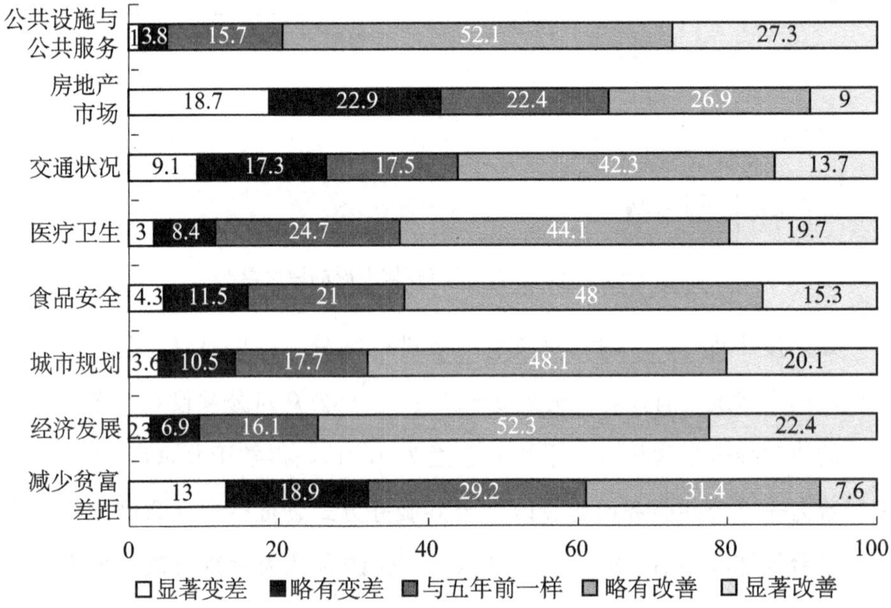

图 3-11 公众对北京市各领域发展的评价情况（单位：%）

（二）郊区公众相对更“幸福”，主城区公众在交通、住房、贫富差距等方面“压力”更大

居住在不同区域的公众对北京市发展情况的评价略有差异（sig＜0.1），北京市近年重点发展的郊区地带——城市发展新区（房山区、通州区、顺

---

① 胡蓉．市场化转型下的住房不平等：基于 CGSS2006 调查数据［J］．社会，2012（1）：126-152.

义区、昌平区、大兴区）和生态涵养发展区（门头沟区、怀柔区、平谷区、密云区、延庆区）的公众对城市发展整体评价较高，近八成受访者均认为北京市在过去五年间在各个领域取得了改善，该比例普遍高于西城区、东城区、朝阳区、海淀区等主城区公众。

在加入北京市各领域发展这一考量要素时，我们有如下发现：第一，各区域公众对北京市的公共设施与公共服务、经济发展、城市规划三个领域的评价大体一致（sig＞0.05），对其他领域的评价则差异显著（sig＜0.05）。第二，得益于北京市对周边各区县的发展与布局，郊区公众更倾向于认为北京市公共设施与公共服务发生了较大程度的改善，并且对医疗卫生、食品安全、城市规划、经济发展等领域的发展也较主城区公众给予了更高的评价。不过郊区公众内部也有一定的分化，比如由于近郊（城市发展新区）地区房价普遍高于远郊地区，居住在近郊的公众在房地产市场调控上的评价也相对较低。第三，首都核心功能区（东城区、西城区）和城市功能拓展区（朝阳区、丰台区、石景山区、海淀区）等主城区的公众在交通治理、房地产市场调控、减小贫富差距三个领域的评价普遍不高，不仅在各个领域满意度中处于低点，较许多郊区公众的评价也略低，这或许能反映出这些区域公众的“生活压力”，相应的，也可视作他们对政府执政的期待之所在（见表3-10）。

表3-10　不同城区群体对北京市各领域发展的平均满意度

城区＼领域	减少贫富差距	经济发展	城市规划	食品安全	医疗卫生	交通治理	房地产市场调控	公共设施与公共服务
东城区	3.05	3.94	3.77	3.68	3.73	3.35	3.03	4.06
西城区	3.07	3.66	3.45	3.46	3.46	3.26	2.78	3.85
朝阳区	2.88	3.74	3.60	3.53	3.51	3.14	2.65	3.99
海淀区	2.79	3.86	3.62	3.42	3.49	3.21	2.56	3.98
丰台区	2.92	3.90	3.76	3.52	3.61	3.23	2.61	4.06

续前表

城区＼领域	减少贫富差距	经济发展	城市规划	食品安全	医疗卫生	交通治理	房地产市场调控	公共设施与公共服务
石景山区	3.12	3.74	3.68	3.77	3.84	3.60	3.28	3.96
房山区	2.80	4.15	3.95	3.55	3.90	3.05	3.20	4.00
通州区	2.90	4.06	3.81	3.60	4.08	3.12	2.52	4.13
顺义区	3.42	3.93	3.76	3.95	4.11	3.60	3.22	3.95
大兴区	3.19	3.76	3.94	3.56	3.86	3.67	3.21	4.06
昌平区	3.07	4.00	3.69	3.49	3.73	3.62	2.60	4.15
门头沟区	3.61	3.75	3.96	4.00	4.00	3.71	3.68	3.93
平谷区	3.08	4.33	4.00	3.33	4.08	3.33	3.33	4.08
怀柔区	3.73	4.27	3.73	4.13	4.07	3.80	3.67	4.07
密云区	3.47	4.06	4.06	4.06	3.82	4.00	3.59	4.18
延庆区	2.67	3.67	3.78	3.44	3.56	3.00	2.78	3.67

（三）男性对房地产市场调控和减少贫富差距两个领域更为“敏感”

在将“性别”变量与公众对北京市发展评价进行方差分析时，结果显示性别因素对公众关于减少贫富差距、房地产市场调控两个领域的评价有显著影响（sig＜0.05），对交通治理领域的评价略有影响（sig＜0.1）。如图3-12所示，男性群体对上述三个领域发展状况的满意度均明显低于女性群体。这或与不同性别群体的社会分工有关，在我国大多数家庭中，是由男性肩负着“赚钱养家”重任的，因而该群体对与其收入密切相关的贫富差距问题和构成其支出主要部分的购房问题尤为关注。此外，由于大部分机动车驾驶者是男性，男性对北京市交通拥堵情况的感触相对更深，对相应领域的评价也相对较低。

（四）年长群体对政府绩效的满意度偏低，29岁以下年轻人对各领域发展评价相对较高，60岁及以上的老年群体的评价最低

年龄因素在一定程度上左右着公众对政府绩效的评价。较年轻群体而言，

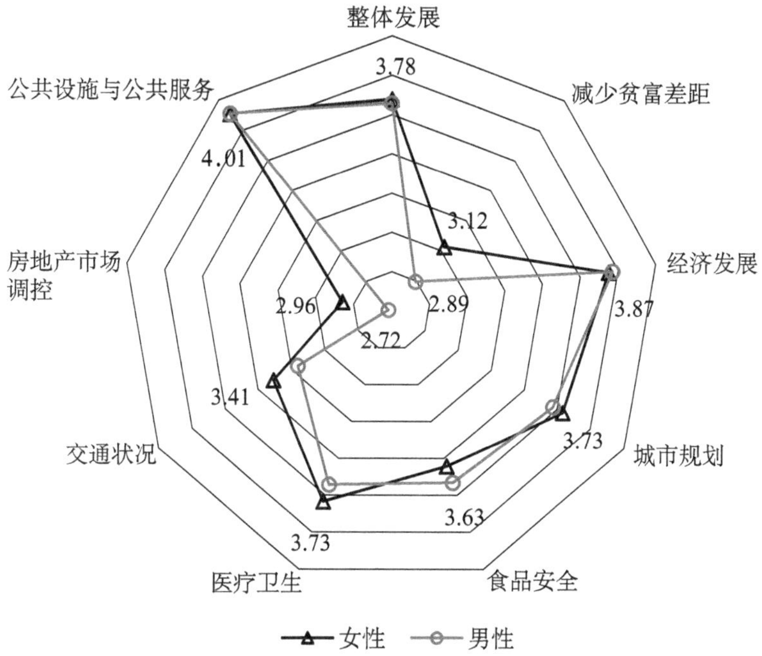

图 3-12　不同性别群体对北京市发展的平均满意度

年长群体对北京市发展的评价普遍偏低，相关分析结果也验证了这一点。除了公共设施与公共服务之外，其他各领域的满意度水平均与年龄变量呈负相关关系。如图 3-13 所示，60 岁及以上的老年群体对各个领域的评价在各年龄群体中均处于最低点。与之相对，29 岁以下的年轻人对各领域发展状况的满意度，基本涵盖了各年龄群体的最高值。此外，本次调查重点关注的群体 40～59 岁群体，他们对北京市整体发展的评价较高，但对于北京市各领域发展的评价又处于相对偏低的水平，尤其是 50～59 岁群体，他们在食品安全、医疗卫生、交通状况、房地产市场调控等领域的满意度仅高于 60 岁及以上的老年群体，在各年龄群体中处于倒数的位置，这应引起我们的关注。

（五）低学历群体对政府绩效评价相对较高，高学历人群对房地产市场调控最不满意

不同学历群体对北京市各领域的发展评价大体一致，但相关分析结果

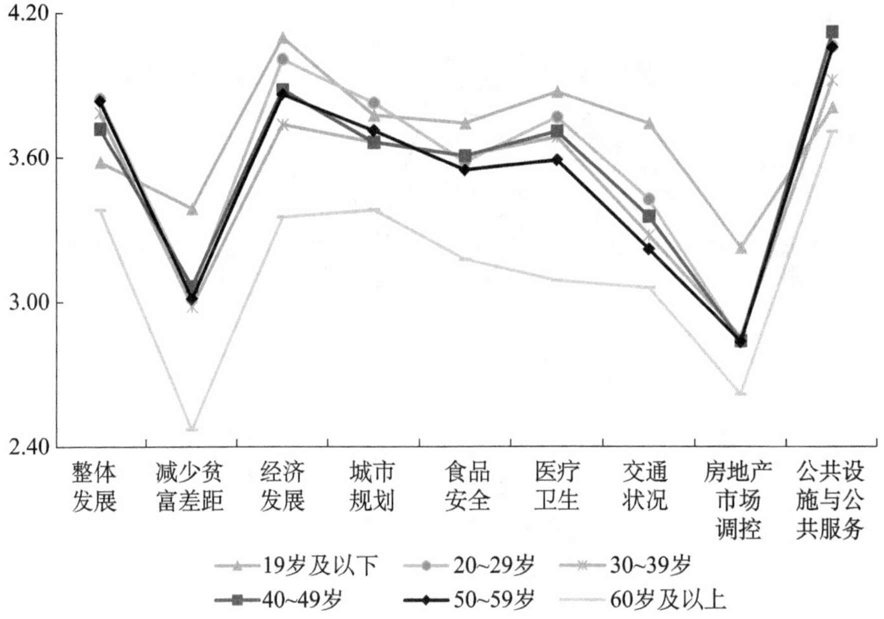

图 3-13 不同年龄群体对北京市发展的平均满意度

显示，公众的学历越高越倾向于对政府绩效给予负面评价（相关系数为负）。此外，中间还有几组“极值”值得我们注意（见图 3-14）：第一，高中及以下的低学历群体对政府绩效满意度最高，高中/中专/技校、初中及以下学历两类受访者的评价覆盖了各领域的最高值。第二，硕士研究生及以上学历的高学历人群，对政府各领域工作的评价整体位于最低点，且波动性较大——他们对经济发展、医疗卫生、公共设施与公共服务三个领域的满意度相对较高，但是对于房地产市场调控的评价则远低于其他各群体，对该领域的平均满意度仅为 2.41，这可能是因为高学历人群对生活品质的要求较高而高房价却使得其生活质量降低。

（六）无业群体对城市发展评价较低，农村外出务工人员对政府绩效评价较高，中高收入群体对政府绩效评价分化明显

不同职业群体对北京市政府绩效评价略有差异（见表 3-11）。农村外

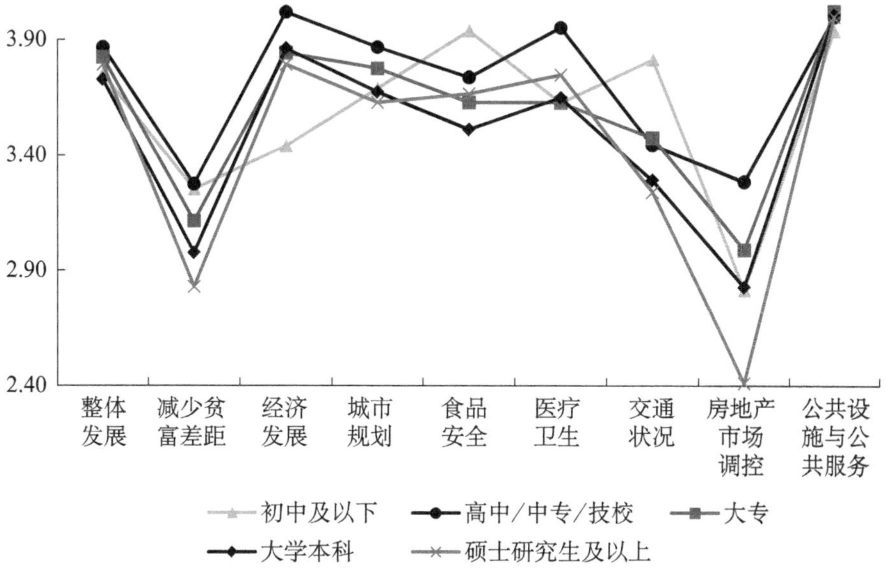

图 3-14　不同学历群体对北京市发展的平均满意度

出务工人员、“体制内”领导干部两类人群普遍认为北京市各领域的改善较大，其中农村外出务工人员在将北京市与他们家乡进行对比的基础上，对北京市整体发展情况、减少贫富差距、医疗卫生、公共设施与公共服务等领域给予了最高评价；而“体制内”领导干部则因为工作的关联性等因素，对政府在经济建设方面（经济发展、城市规划、房地产市场管理）工作绩效的满意度基本位于最高点。然而，无业/下岗/失业群体对北京市发展的评价则较低，除去交通状况、公共设施与公共服务等少数领域外，他们对北京市政府各方面执政绩效的满意度基本位于最低点。此外，值得关注的还有农民群体，在各群体对公共设施与公共服务的满意度总体偏高的情况下，该群体的评价却处于最低值（3.40），这在一定程度上反映出北京市发展过程中的城乡差异——相较于城区，北京农村的基础建设仍有待进一步加强。

表 3-11　不同职业群体对北京市发展的平均满意度

职业＼领域	整体发展	减少贫富差距	经济发展	城市规划	食品安全	医疗卫生	交通状况	房地产市场调控	公共设施与公共服务
学生	3.85	3.34	4.15	3.88	3.71	3.98	3.62	3.02	4.09
党政机关事业单位领导干部	3.88	3.38	4.13	4.13	3.75	3.88	3.50	3.88	4.13
党政机关事业单位一般职员	3.69	2.81	3.72	3.58	3.64	3.75	3.08	2.81	4.03
企业/公司高层管理人员	3.67	2.92	3.92	3.82	3.79	3.77	3.54	2.92	4.13
企业/公司中层管理人员	3.87	2.88	3.97	3.71	3.59	3.62	3.36	2.66	4.06
企业/公司一般职员	3.83	2.86	3.83	3.72	3.54	3.67	3.23	2.66	4.01
专业技术人员	3.68	3.15	3.92	3.69	3.56	3.60	3.24	2.95	3.98
商业/服务业一般职工	3.71	3.37	3.78	3.69	3.74	3.98	3.62	3.35	3.95
制造业/生产型企业一般职工	3.93	3.43	3.78	3.95	3.88	3.98	3.73	3.40	4.13
个体户/自由职业者	3.62	3.13	3.81	3.50	3.37	3.54	3.29	2.77	3.83
农村外出务工人员	4.17	4.17	4.00	3.67	3.67	4.00	3.67	3.67	4.33
农民	3.60	3.40	3.40	3.20	4.00	3.40	3.60	3.00	3.40
退休	3.51	2.80	3.44	3.49	3.32	3.32	3.24	2.71	3.83
无业/下岗/失业	3.00	2.50	3.00	3.17	3.33	3.33	3.33	2.67	4.00
其他	3.78	2.89	4.11	3.56	3.33	3.44	3.44	2.89	4.11

在将公众对北京市发展的满意度与收入因素进行交叉分析时，结果显示（见表 3-12），除中高收入群体，不同收入群体对北京市各领域发展的评价大体趋于一致。中高收入群体的评价存在明显差异：月收入为 15 001～30 000 元的受访者对北京市各个领域发展的满意度在各收入群体中基本排在前两名的位置，且较其他收入群体高出不少；但是月收入在 30 000 元以上的高收入群体对政府各领域工作绩效的评价却大多排在最末位。这也许与不同收入群体对政府的要求及对生活的期待有关，收入越高的群体其收入情况受宏观经济、社会各领域的发展影响越大，因而对政府的要求相对

越高；同时，收入越高的群体面临的“精神压力”更大，对生活提高的信心也较中高收入群体偏低①，这均使得其对政府绩效的评估在无形之中打了折扣。

表 3-12 不同收入群体对北京市各领域发展的平均满意度

领域 / 收入	整体发展	减少贫富差距	经济发展	城市规划	食品安全	医疗卫生	交通状况	房地产市场调控	公共设施与公共服务
3 000 元及以下	3.60	3.04	3.78	3.54	3.54	3.75	3.30	2.76	3.98
3 001～5 000 元	3.86	2.90	3.73	3.70	3.52	3.59	3.35	2.82	4.00
5 001～8 000 元	3.71	2.95	3.82	3.68	3.54	3.59	3.26	2.78	4.01
8 001～10 000 元	3.78	2.99	3.87	3.66	3.52	3.71	3.27	2.84	3.99
10 001～15 000 元	3.90	3.01	3.87	3.75	3.68	3.77	3.44	2.87	3.97
15 001～20 000 元	3.89	3.35	4.07	3.98	3.94	4.05	3.59	3.23	4.14
20 001～30 000 元	4.00	3.71	4.46	4.18	3.89	3.96	4.04	3.21	4.00
30 001 元及以上	3.21	2.63	3.74	3.32	3.21	3.26	2.79	2.42	3.95

二、政府工作评价

结合政府执政实际来看，公众对政府运行过程的认知、评价也是构成政府形象的重要组成部分。这包括宏观和微观两个维度：前者指政府宏观的、整体的治理理念与治理过程，这关涉的是政府工作中是否秉持了透明公开、公平正义、为民服务等宗旨，是政府形象主体行为的主要构成要素；后者指以政府普通工作人员、官员为代表的个体的、具体的行政行为、言行风貌，核心在于他们的行为是否遵纪守法、是否服务公众等，这亦成为公众认知政府的“窗口”。②

① 中国发展信心调查：1 万月薪人群对生活信心最低［EB/OL］.（2015-12-24）［2017-3-17］. http：//news. xinhuanet. com/overseas/2015-12/24/c _ 128562312. htm.

② 张成福，边晓慧．论政府信任的结构与功能［J］. 教学与研究，2013（10）：13-21.

本部分重点考察公众对北京市政府工作的评价情况，除了呈现受访者的整体认知，还参考相关研究①，具体从决策透明、执政为民、服务便利、信息公开、法治建设、行政监督等方面加以分析。

（一）公众对北京市政府工作整体评价较高，行政监督环节略现“短板”

如图3-15所示，受访者对北京市政府机构总体给予了较高的评价，有超过六成受访者（61%）认为他们对北京市人民政府、各委办局的总体印象很好，而评价欠佳的受访者占总体比例仅为11.2%。

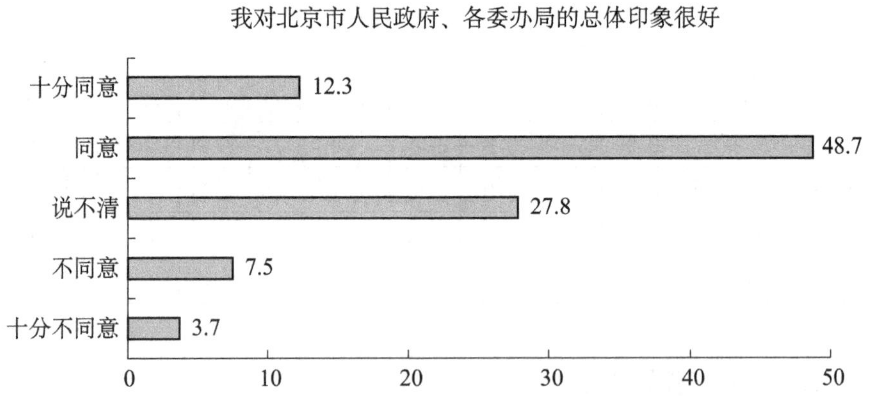

图3-15 公众对北京市政府工作的整体评价（单位:%）

具体至各细分指标，公众对法治建设的评价最高，71.8%的受访者对北京市政府的相关表现给予了肯定，公众对该项指标的平均满意度为3.82；对于北京市政府在决策透明（3.51）、执政为民（3.55）、服务便利（3.70）、信息公开（3.73）等方面的工作，接近六成的受访者也给出了较高的评价。与之相对，北京市政府在行政监督上的表现则只能说是差强人意，平均满意度3.40，仅有50.3%的受访者认为北京市的行政监督工作较好，而认为该项工作需要改进的公众占比达17.4%，较其他各指标而言明

① 吕维霞，王永贵．公众感知行政服务质量对政府声誉的影响机制研究［J］．中国人民大学学报，2010（4）：117-126；苗红娜．政府质量评价与社会信任：基于一项全国样本的实证研究［J］．江苏社会科学，2014（5）：105-112.

显偏高。这应引起政府机构的重视，在日后的形象构建中，北京市政府应着重开设更为便捷的投诉、举报渠道，让公众可以方便地投诉问题，并要求相关部门在一定时限内对公众提出的问题加以解决或对公众提出的意见进行回复。同时，在信息发布环节，北京市政府也应有针对性地设计、输出该领域的信息，以改善公众的认知。

（二）主城区公众对政府工作评价偏低，郊区公众评价整体偏高但差异明显

一方面，居住在东城区、西城区、朝阳区、海淀区等主城区的受访者，对政府工作的整体满意度和各具体事项的评价普遍低于郊区公众，而这些区域的公众对政府工作各项指标的评价又趋于一致，并无明显偏离的“极值”存在，这意味着他们对政府工作并无特别满意或特别不满意之处。主城区公众的这种态度可能与他们所面临的“压力”相关，受住房、交通、收入、教育等多重因素影响，他们往往较郊区公众感受到更大的“生活压力”，对事物的评价也因此带有更多的消极因素。

另一方面，郊区公众整体上对政府工作的评价较高，但不同区域群体间的差异亦十分明显，比如远郊的平谷区受访者在决策透明（4.17）、执政为民（4.00）、服务便利（4.08）、法治建设（4.25）等四项指标的评价均高于其他区域群体，而同住在远郊区县的密云区公众和延庆区公众则对政府的执政为民、信息公开、法治建设、行政监督等领域工作评价较低（见表3－13）。郊区公众的此种评价态势与他们对政府工作的认知途径相关——公众对政府工作的认知主要基于日常生活中办理事务时（如身份证件办理、行政事项申请等）的接触来判断，由于各区域公众大多与其所在区域的政府机构“打交道”，不同区域政府机构在服务水平、工作能力上存在差异，从而导致其对政府工作的评价出现差别。此次调查中，各区域受访者对政府工作评价不太高的方面，一定程度上反映出该区域政府机构工作亟待改进的领域。

表 3 - 13　各区域公众对北京市政府工作的平均满意度

区域＼评价指标	整体评价	决策透明	执政为民	服务便利	信息公开	法治建设	行政监督
东城区	3.50	3.47	3.50	3.68	3.53	3.76	3.45
西城区	3.51	3.47	3.49	3.59	3.85	3.76	3.24
朝阳区	3.49	3.39	3.45	3.69	3.68	3.73	3.30
海淀区	3.54	3.46	3.49	3.65	3.66	3.72	3.27
丰台区	3.50	3.45	3.52	3.57	3.66	3.77	3.31
石景山区	3.79	3.63	3.68	3.93	3.86	3.91	3.63
门头沟区	3.96	3.71	3.64	3.82	3.82	3.96	3.86
房山区	3.75	3.70	3.60	3.85	4.10	3.75	3.45
通州区	3.67	3.50	3.67	3.88	3.87	3.94	3.48
顺义区	3.75	3.64	3.75	3.69	4.02	4.11	3.75
大兴区	3.62	3.60	3.63	3.56	3.81	3.86	3.56
昌平区	3.47	3.36	3.55	3.64	3.58	3.71	3.31
平谷区	3.92	4.17	4.00	4.08	3.75	4.25	3.75
怀柔区	3.60	4.07	3.80	3.87	3.87	4.20	3.73
密云区	3.65	3.76	3.24	4.06	3.65	4.06	3.47
延庆区	3.67	3.56	3.78	3.89	3.00	3.67	3.11

（三）男性群体对政府工作的评价低于女性，尤其在执政为民和信息公开上差异明显

不同性别的受访者对政府工作评价略有差异，男性对政府工作的满意度整体较女性略低，而在将对政府工作的评价与“性别”变量做方差分析时，可以发现，男女性群体在执政为民、信息公开两个领域的满意度有显著差异（sig<0.05）——男性对北京市政府执政为民的满意度为 3.48，较女性群体（3.61）低了 0.13，而对于信息公开，男性群体则给予了 3.67 的满意度评价，较女性群体（3.78）亦有一定差距（见图 3 - 16）。男女性群体的评价差异或与二者对政府工作的关注度不同有关。由于男性群体对政

治领域的话题更感兴趣，他们对政府工作相应地予以了更高程度的关注，这使得他们对政府工作的表现更为挑剔。

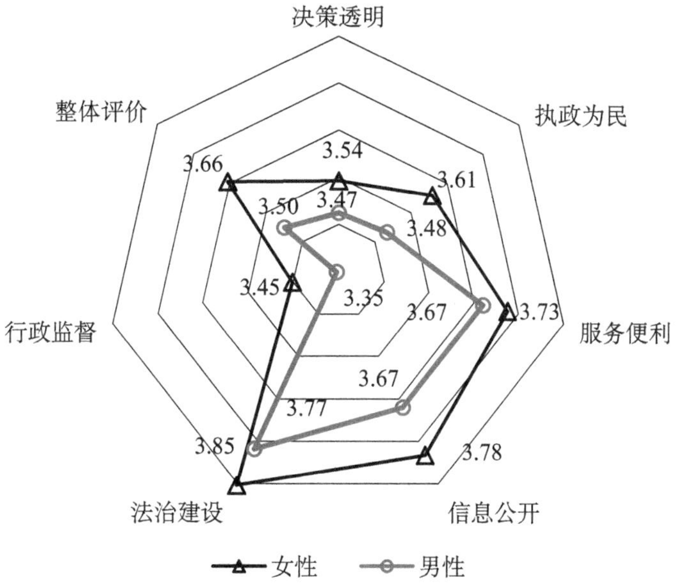

图 3-16　不同性别群体对北京市政府工作的平均满意度

(四) 青少年群体与老年群体的评价"峰""谷"鲜明

年龄因素对公众评价政府工作各项指标具有显著影响（sig<0.05）。整体而言，大部分年龄段的受访者对政府工作的评价趋于一致，但 60 岁及以上群体与 19 岁及以下群体的评价数据"峰""谷"鲜明（见图 3-17）。老年群体对政府工作各项指标的满意度都处于"低谷"，而青少年群体在各个领域的满意度基本都达到"峰值"。具体至各项指标，青少年群体对北京市政府服务便利（4.06）和法治建设（4.10）两个方面的工作认同最高，但是对政府信息公开工作的满意度（3.71）和其他年龄段的人群相似；对于老年群体来说，他们最欣赏北京市政府的服务便利性（3.38），对其满意度在各项指标中为最高值，但却对政府执政为民、行政监督、法治建设三个指标给予较低的评价。

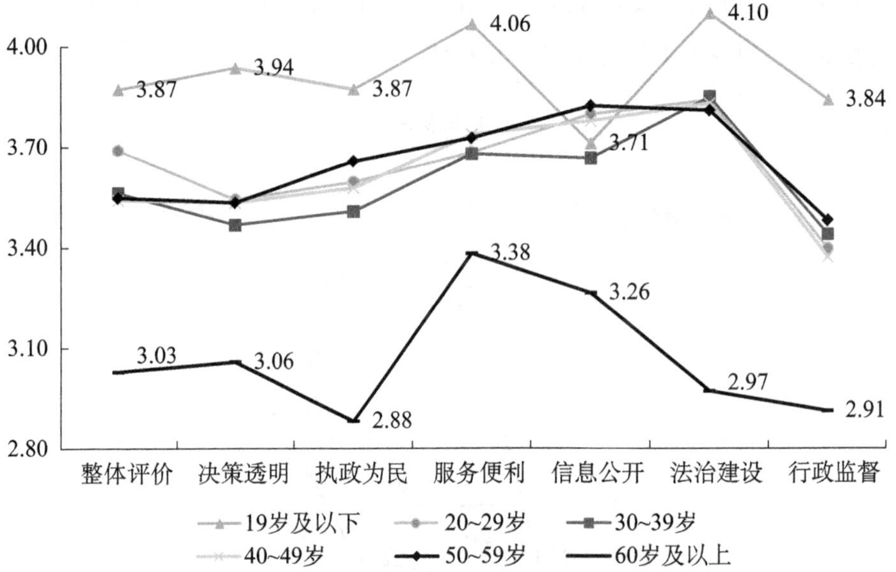

图 3－17　不同年龄群体对北京市政府工作的平均满意度

（五）学历较低群体对法治建设的认可度分化显著

拥有大专、大学本科、硕士研究生及以上等较高学历的群体对政府工作的评价大体相同，初中及以下、高中/中专/技校两个学历较低群体的满意度则分化较为明显。除执政为民之外，初中及以下群体对北京市政府各项工作的认可度几乎都处于各学历人群最低水平，而拥有高中/中专/技校学历的受访者对北京市政府各项工作的满意度基本都排在前列；并且两个群体在对“法治建设”环节的评价上分化最为明显，相较于高中学历群体高达 4.04 的满意度，初中及以下群体的满意度仅为 3.44（见图 3－18）。

此外还值得我们关注的是，针对北京市政府工作的决策透明指标，除初中及以下群体外，其他各学历群体的评价呈现出满意度随学历水平提升而下降的态势，且硕士研究生及以上学历人群的满意度亦处于各学历群体中最低点（见图 3－18）。这可能与高学历群体政治参与意愿较高、对知情权更加重视有关。

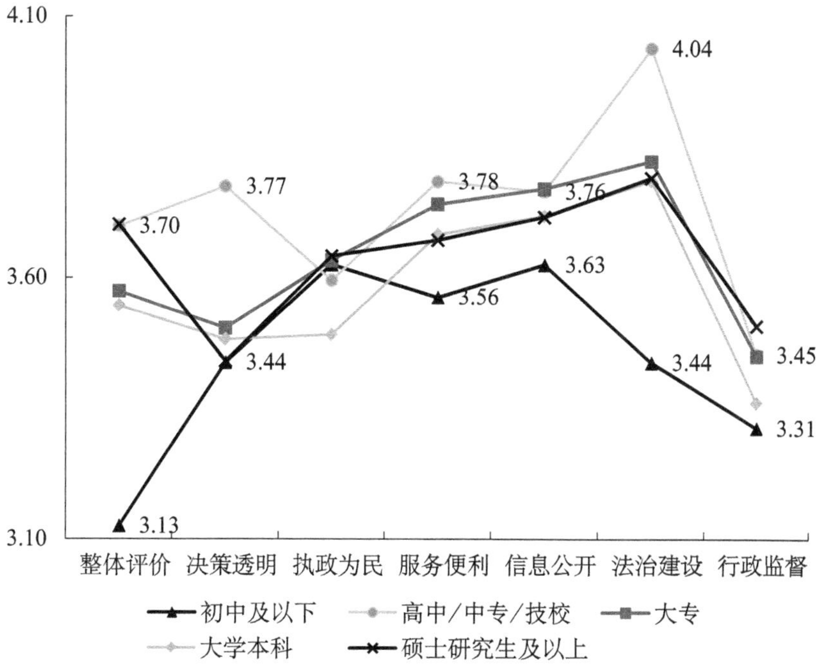

图 3－18　不同学历群体对北京市政府工作的平均满意度

（六）赋闲群体对政府工作评价相对偏低，农村外出务工群体评价普遍较高；月收入越高者越倾向对政府工作做出积极评价，30 000 元是临界点

职业因素在一定程度上左右着公众对北京市政府工作的评价。分析结果显示（见表 3－14），党政机关事业单位领导、农村外出务工人员两类群体，或由于工作上的关联性，或是在与家乡进行对比后，对北京市政府工作的满意度整体较高，即使是对于公众整体评价不高的行政监督环节（平均满意度为 3.40），两类群体也给出了较其他各群体明显更高的评价，平均满意度分别为 4.13、4.17。此外，农民群体对政府工作的评价也相对较高，并在决策透明、服务便利两项指标的评价上位于最高值；而处于无业/下岗/失业或退休状态、在家中“赋闲”的受访者，对政府工作的评价则明显较低，在各领域中均排在倒数第一、第二位。

表 3-14　　不同职业群体对北京市政府工作的平均满意度

评价指标 / 职业	整体评价	决策透明	执政为民	服务便利	信息公开	法治建设	行政监督
学生	3.78	3.66	3.71	3.75	3.82	3.92	3.45
党政机关事业单位领导干部	4.00	3.75	4.00	3.88	4.00	3.88	4.13
党政机关事业单位一般职员	3.75	3.53	3.67	3.58	3.75	4.03	3.42
企业/公司高层管理人员	3.59	3.56	3.69	3.82	3.72	3.82	3.56
企业/公司中层管理人员	3.60	3.50	3.53	3.78	3.77	3.89	3.43
企业/公司一般职员	3.51	3.44	3.51	3.67	3.71	3.79	3.32
专业技术人员	3.63	3.53	3.53	3.66	3.78	3.84	3.39
商业/服务业一般职工	3.77	3.58	3.62	3.68	3.95	3.86	3.68
制造业/生产型企业一般职工	3.80	3.95	3.73	3.83	3.78	3.90	3.65
个体户/自由职业者	3.38	3.46	3.52	3.79	3.58	3.71	3.29
农村外出务工人员	4.00	3.50	4.00	3.67	4.00	4.17	4.17
农民	3.20	4.20	3.80	4.20	3.80	3.80	3.80
退休	3.24	3.20	3.12	3.49	3.22	3.32	3.10
无业/下岗/失业	3.00	3.17	3.33	3.17	3.50	3.17	2.50
其他	3.56	3.67	3.78	3.89	3.67	3.89	3.78

不同收入群体对北京市政府工作的评价具有显著差异（sig<0.05），并以 30 000 元为临界点呈现出两种差异明显的分布特征（见表 3-15）：其一，月收入不高于 30 000 元的群体，对政府工作各领域的评价与样本总体评价分布大体相同——对政府在法治建设方面的表现评价最高，对行政监督环节满意度最低，且随收入水平上涨，对政府工作认可度逐步增高，月收入在 20 001～30 000元区段的受访者对各领域政府工作的满意度均处于最高水平；其二，月收入超过 30 000 元的人群，他们对政府工作的满意度则普遍"垫底"，大致来看，该类群体对政府在决策透明、信息公开、服务便利方面的表现评价相对积极，但对执政为民指标最不满意，平均满意度仅为 3.11。

表 3-15 不同收入群体对北京市政府工作的平均满意度

收入＼评价指标	整体评价	决策透明	执政为民	服务便利	信息公开	法治建设	行政监督
3 000 元及以下	3.40	3.40	3.44	3.56	3.61	3.72	3.14
3 001～5 000 元	3.51	3.44	3.45	3.70	3.62	3.70	3.24
5 001～8 000 元	3.56	3.46	3.55	3.70	3.74	3.81	3.40
8 001～10 000 元	3.60	3.57	3.53	3.64	3.74	3.88	3.35
10 001～15 000 元	3.68	3.54	3.68	3.78	3.80	3.85	3.67
15 001～20 000 元	3.77	3.71	3.70	3.84	3.88	3.94	3.69
20 001～30 000 元	4.00	3.89	3.93	3.93	3.96	4.07	3.82
30 001 元及以上	3.26	3.42	3.11	3.47	3.42	3.32	3.26

三、政府官员评价

本部分分析公众对北京市政府官员的评价，并按照学界所关注的政府官员执政行为表现，以及中央政府所要求的执政能力①两个领域来设计二级指标，具体包括倾听民意、依法执政、科学判断形势、应对复杂局面、总揽全局等方面，其中，倾听民意和依法执政属于执政行为，后三者列入执政能力范畴。

（一）近六成公众对北京市政府官员印象良好，对总揽全局的满意度最高，对依法执政的评价相对较低

整体而言，公众对北京市政府官员的评价较高，对“我对北京市政府官员的整体印象很好”这一描述，近六成的受访者表示认同（47.0%）或非常认同（11.7%），而仅有约一成的受访者持相反的观点（见图 3-19）。在各具体指标上，受访者对科学判断形势（3.61）、应对复杂局面（3.63）

① 中共中央关于加强党的执政能力建设的决定［EB/OL］.（2004-09-27）［2017-03-17］. http：//news.xinhuanet.com/zhengfu/2004-09/27/content_2027021.htm.

和总揽全局（3.64）三项官员执政能力指标的评价明显高出对依法执政（3.26）和倾听民意（3.35）两项执政行为指标的评价。

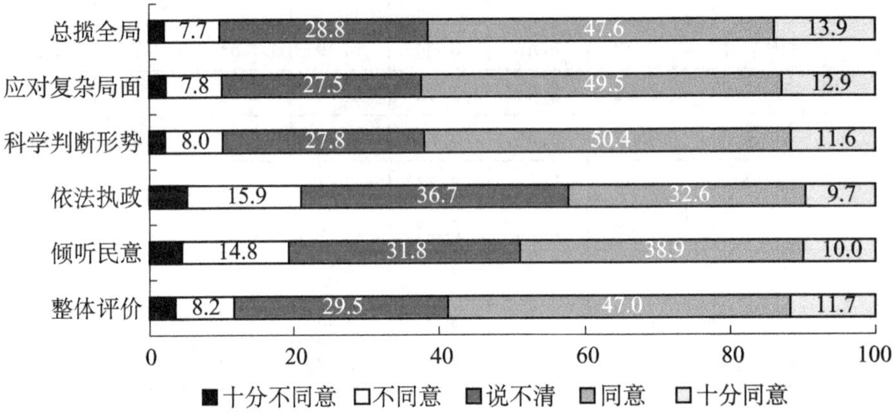

图 3-19　公众对北京市政府官员的评价情况（单位:%）

这样的评价与北京市政府的地位及我国的舆论环境相关：一方面，北京作为我国首都和政治中心，其施政理念与施政水平本就在我国地方政府中处于领先地位，加之北京市政府与中央政府距离最近，而我国公众对政府的信任格局又带有“央强地弱”的差序性特征[①]，相应的，他们会将对中央政府的高度信任转移至北京市政府，因而对其执政能力的认可度较高。在此次调查中，公众对北京市政府官员“具有较强的大局意识与发展观念，所制定的政策能从大局与长远发展着眼”即总揽全局这一执政能力的满意度最高。另一方面，伴随反腐工作的推进，媒体对“打虎拍蝇”报道的增多，以及公众参与意识的提升，网络媒体上针对官员“不作为”“对群众诉求不关心”等负面言论的频现，公众对官员群体执政行为不佳的刻板认知已然形成，虽然在实际的接触中，大部分公众对官员表示支持和理解，但是他们的态度往往是“具体肯定，抽象否定”——肯定身边的干部是好的，

---

① 李汉林．中国社会发展年度报告［R］．北京：中国社会科学出版社，2013：270．

但总体上却认为官员群体是不好的。① 比如在此次调查中，受访者对北京市政府官员是“依照法律章程开展工作的，贪腐问题很少”即依法执政的表现最不满意。

（二）郊区公众对政府官员印象更好，近郊公众对官员执政行为评价较高，远郊公众对执政能力更为认可

与政府绩效和政府工作评价相似，在政府官员满意度方面，也是郊区公众的评价略高于主城区公众，在整体评价与各领域评价两方面大体上都有一定程度的领先，尤其是门头沟、顺义、密云三个区县的受访者基本包揽了各项评价指标的前两位。此外，近郊与远郊公众对政府官员的满意度亦有一定差异，居住在昌平、房山、通州、顺义、大兴等区域的受访者，对北京市政府官员倾听民意和依法执政两个执政行为指标的评价相对较高；而平谷、怀柔、密云、延庆等地公众相对更认可政府官员在科学判断形势、应对复杂局面、总揽全局三个执政能力指标上的表现（见表 3 - 16）。

表 3 - 16　　不同区域公众对北京市政府官员的平均满意度

评价指标 / 区域	整体评价	倾听民意	依法执政	科学判断形势	应对复杂局面	总揽全局
东城区	3.50	3.37	3.26	3.71	3.65	3.53
西城区	3.54	3.27	3.35	3.53	3.54	3.61
朝阳区	3.50	3.19	3.16	3.50	3.50	3.59
海淀区	3.45	3.38	3.15	3.61	3.62	3.58
丰台区	3.41	3.17	3.14	3.50	3.51	3.54
石景山区	3.72	3.46	3.28	3.79	3.82	3.75
门头沟区	3.82	3.79	3.54	3.96	3.61	3.89

① 杜飞进，贾立政．警惕基层干部群体“被污名化”——基层干部形象被误读状况的调查分析 [N]. 人民日报，2013 - 05 - 28 (17).

续前表

评价指标 区域	整体评价	倾听民意	依法执政	科学判断形势	应对复杂局面	总揽全局
房山区	3.55	3.65	3.30	3.65	3.80	3.90
通州区	3.62	3.40	3.31	3.60	3.62	3.58
顺义区	3.78	3.56	3.56	3.64	3.85	3.93
大兴区	3.62	3.46	3.35	3.71	3.68	3.67
昌平区	3.56	3.38	3.13	3.62	3.73	3.60
平谷区	3.58	3.17	3.42	3.92	3.67	3.75
怀柔区	3.67	3.53	3.47	3.80	3.60	3.67
密云区	3.82	3.24	3.71	3.47	3.94	3.82
延庆区	3.78	3.44	3.11	3.56	3.78	3.44

(三）不同性别群体对政府官员在倾听民意、科学判断形势两方面的满意度差异显著

方差分析结果显示，除去应对复杂局面这项指标外，性别变量对公众就政府官员各个领域展开评价具有显著影响（sig<0.05）。整体观之，男性群体对政府官员的评价明显低于女性群体，特别是在倾听民意、科学判断形势两个方面，差异尤其明显。女性群体对这两个领域的平均满意度分别为3.45和3.72，而男性受访者的满意度仅为3.23和3.49（见图3-20）。这有可能说明女性对于政府官员执政表现的容忍度比男性要高，也侧面反映出政府形象传播策略须因受众的性别而异。

(四）公众对政府官员的满意度随年龄递增而递减，老年群体对"倾听民意"行为的感受最差

不同年龄群体对北京市政府官员的评价大体呈现出随年龄递增而满意度递减的分布态势，且各年龄群体的评价差异显著（sig<0.05）。这里有几个特征值得我们关注（见图3-21）：

第一，年龄在20～59岁的群体对政府官员的评价大体一致——给予科

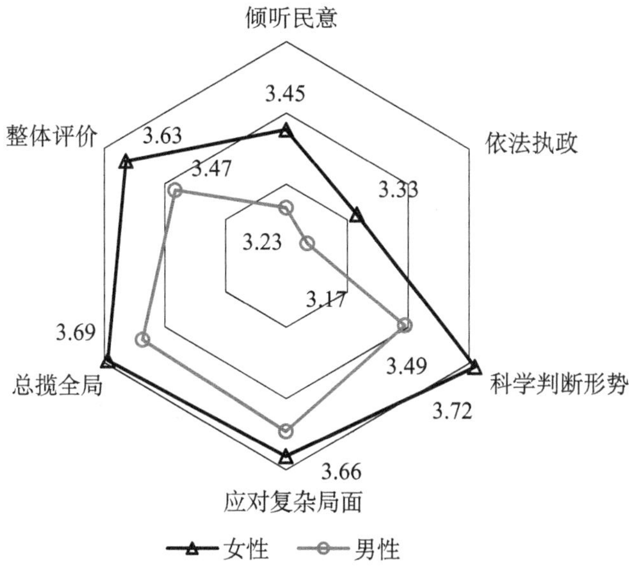

图 3-20　不同性别群体对北京市政府官员的平均满意度

学判断形势和总揽全局两项执政能力指标较高的认可度，而对官员的依法执政表现相对最不满意。

第二，青少年群体与老年群体的分化明显，19 岁及以下的青少年群体和 60 岁及以上的老年群体的评价基本分别占据了各个领域的“最大值”和“最小值”。

第三，两个“极值”年龄群体对各领域的具体评价亦出现了与其他年龄层不同的态势，波动性较其他群体显著偏大。其中，青少年群体对政府官员应对复杂局面这一执政能力尤为认可，满意度高达 4.00，在各个领域评价中排在第一位；同时与其他年龄群体不同，该群体对大多数公众最不满意的依法行政指标满意度较高（3.81），但是却对其他群体较为满意的倾听民意、总揽全局两项指标不甚满意。而老年群体亦是对政府官员依法执政的表现给予了相对较高的评价，但却在倾听民意这一指标上给予了最低的评价（2.59）。虽然近年来从中央到地方各级政府机构着重借助政府网站、“两微一端”等新媒体平台开展政务服务、政民互动等工作，并有意识地创新问政于民、问需于民、问计于民的问政形式和问政机制，然而由于“数字鸿沟”的存在，老年群体所掌握的媒体使用技术有限，较少能够熟练使用政府的新媒体问政渠道，可他们又是社会经历较为丰富、社会洞察更加深刻的群体，理应成为政府问政重点关注的对象。那么，如何克服“数字鸿沟”，更好地面向老年群体建立良好、便利的问政机制，成为政府在施政以及形象塑造环节中所面临的新问题。

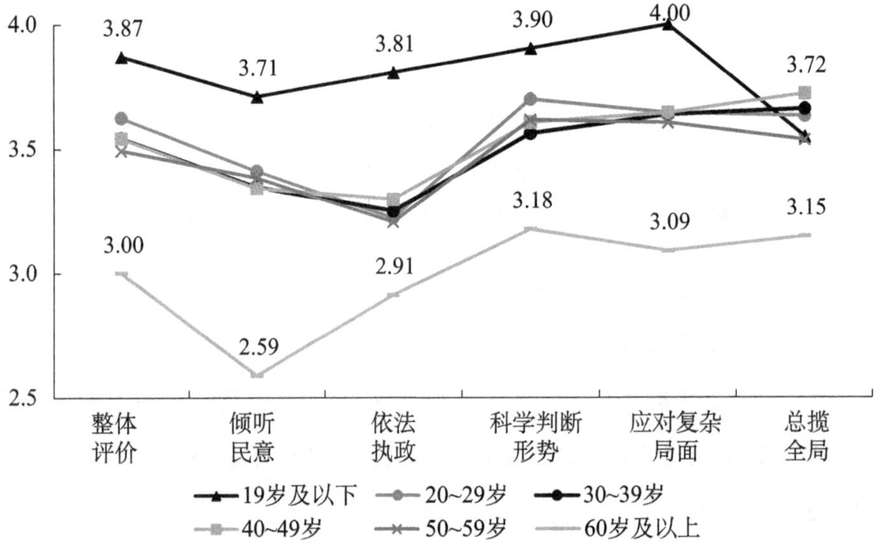

图 3-21　不同年龄群体对北京市政府官员的平均满意度

（五）学历因素对政府领导评价无显著影响，低学历群体的评价波动明显

各学历群体的受访者对北京市政府官员的评价情况基本一致——执政能力认可度普遍高于执政行为，其中，高中/中专/技校和硕士研究生及以上学历两类人群对政府官员的评价整体略高于其他学历群体，但各学历群体的评价差异不大（sig>0.05）。此外须关注的是学历在初中及以下的低学历群体，该群体对政府官员各领域的评价波动明显：针对应对复杂局面环

节，他们给予了显著超出其他各学历群体的受访者、其他各领域的高度认可，满意度高达3.94；不过在倾听民意、科学判断形势、总揽全局等三个方面的满意度，却排在各学历群体的最后一位（见图3-22）。

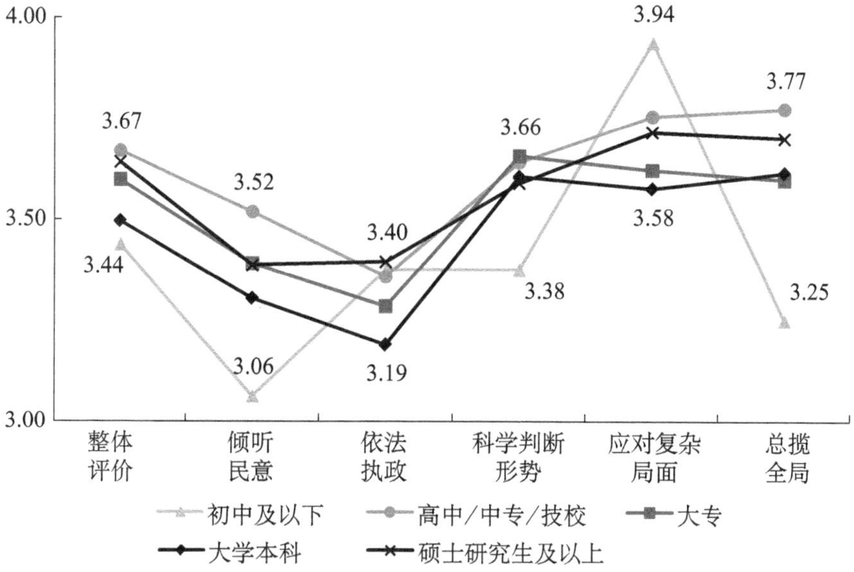

图3-22　不同学历群体对北京市政府官员的平均满意度

（六）农民群体对倾听民意、总揽全局两项指标满意度较低，暴露城镇化进程中执政“短板”；高收入群体对科学判断形势和总揽全局两项指标反响更强烈

职业因素在一定程度上影响公众对政府官员的评价，在倾听民意、依法行政、应对复杂局面三项指标之外（sig<0.05），不同职业群体对政府官员的评价并无显著差异。需要强调的是：第一，“体制内”官员和农村外出务工人员对政府官员的评价普遍偏高，其在各领域的满意度均位于各职业群体的前列。第二，无业/下岗/失业群体和退休群体对政府官员的评价则普遍偏低，在各领域的满意度排序中基本“垫底”。第三，农民群体对政府官员各项指标的评价分化较大，该群体在依法执政、科学判断形势和应对

复杂局面三个指标上，对政府官员的表现认可度较高，在各职业群体中居于前两名，然而对政府官员倾听民意、总揽全局两项指标的评价，却排在各职业群体的最末位（见表 3－17）。这或许暴露出北京市城镇化进程中政府亟待改善的两个执政“短板”——如何更好地倾听农民群体对发展的意见，以及如何统筹兼顾城市与乡村的发展。

表 3－17　　不同职业群体对北京市政府官员的平均满意度

职业＼评价指标	整体评价	倾听民意	依法执政	科学判断形势	应对复杂局面	总揽全局
学生	3.72	3.58	3.43	3.72	3.88	3.78
党政机关事业单位领导干部	3.88	3.75	4.13	3.75	4.13	3.88
党政机关事业单位一般职员	3.64	3.33	3.42	3.61	3.67	3.69
企业/公司高层管理人员	3.56	3.44	3.51	3.54	3.56	3.77
企业/公司中层管理人员	3.58	3.43	3.29	3.66	3.64	3.65
企业/公司一般职员	3.50	3.26	3.11	3.59	3.56	3.61
专业技术人员	3.56	3.36	3.29	3.62	3.71	3.64
商业/服务业一般职工	3.75	3.51	3.40	3.69	3.66	3.75
制造业/生产型企业一般职工	3.63	3.58	3.58	3.73	3.75	3.68
个体户/自由职业者	3.50	3.37	3.08	3.56	3.60	3.58
农村外出务工人员	4.17	3.67	3.50	4.17	4.17	3.83
农民	3.00	2.80	3.80	3.80	4.20	3.00
退休	3.15	2.83	3.07	3.24	3.22	3.34
无业/下岗/失业	3.17	3.00	2.83	3.33	3.00	3.33
其他	3.78	3.67	3.44	3.67	3.78	3.33

至于收入因素，其对公众各项指标的评价均具有显著影响（$sig < 0.05$）——以 30 000 元为临界点，在月收入不超过 30 000 元，大体呈现出公众对政府官员满意度随收入上涨而提升的分布趋势，而月收入在 30 000 元以上的公众对政府官员的评价却明显偏低（见表 3－18）。

表 3-18　　不同收入群体对北京市政府官员的平均满意度

收入＼评价指标	整体评价	倾听民意	依法执政	科学判断形势	应对复杂局面	总揽全局
3 000 元及以下	3.34	3.20	3.13	3.45	3.50	3.58
3 001～5 000 元	3.45	3.15	3.11	3.51	3.55	3.56
5 001～8 000 元	3.50	3.34	3.17	3.64	3.60	3.60
8 001～10 000 元	3.54	3.30	3.27	3.62	3.62	3.66
10 001～15 000 元	3.77	3.53	3.43	3.76	3.74	3.64
15 001～20 000 元	3.80	3.60	3.47	3.69	3.81	3.86
20 001～30 000 元	4.04	3.96	4.00	3.75	4.04	3.93
30 001 元及以上	3.37	3.26	3.32	3.26	3.53	3.37

四、政府普通工作人员评价

针对北京市政府机关的普通工作人员，本次调查结合“服务型政府”的定位，考察其面向公众时的服务水平与服务质量，这包括服务便利、服务态度、办事效率、透明行政等指标。[①]

（一）近六成受访者对北京市政府普通工作人员印象良好，各指标评价差异不大

在本次调查中，受访者对北京市政府机关普通工作人员普遍评价较高，58.1%的受访者同意或十分同意“我对北京市政府机关的普通工作人员整体印象很好”的表述，持相反态度的受访者占比仅为 14.4%（见图 3-23）。同时，针对各项具体指标，公众的评价并无明显差异，均获得了较高的评价，其中，北京市政府普通工作人员在服务便利一项上获得的评价最高，有 61.6%的公众均对之予以了认可，平均满意度达到 3.59；满意度略低的

① 吕维霞，王永贵．公众感知行政服务质量对政府声誉的影响机制研究［J］．中国人民大学学报，2010（4）：117-126.

指标是办事效率（3.43），该项指标获得了54.4%的受访者的认可。

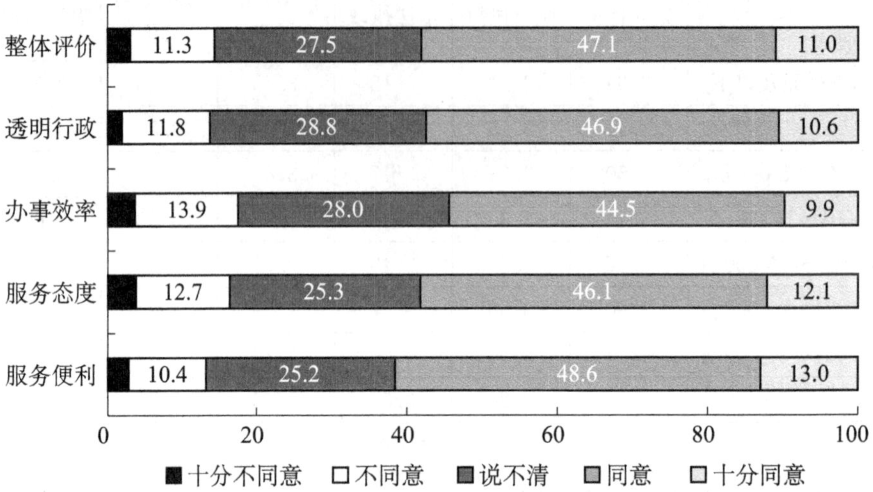

图3-23 公众对北京市政府普通工作人员的评价情况（单位：%）

（二）主城区公众对政府普通工作人员的满意度有待提升

各区域受访者对北京市普通工作人员的评价略有差异，整体上看具有两个特征（见表3-19）：第一，与样本整体一致，各区域公众基本对政府普通工作人员办事效率的评价较其他指标略低，其中的例外是石景山、大兴和延庆三个区域。这些区域的受访者对政府普通工作人员的办事效率评价较其他区域显著偏高，成为“峰值”。第二，主城区（东城、西城、朝阳、海淀、丰台、石景山）公众对北京市政府普通工作人员各项指标的满意度几乎都不及郊区公众。

表3-19 各区域公众对北京市政府普通工作人员的平均满意度

评价指标 / 区域	整体评价	服务便利	服务态度	办事效率	透明行政
东城区	3.56	3.77	3.60	3.47	3.65
西城区	3.50	3.54	3.31	3.23	3.49
朝阳区	3.45	3.41	3.42	3.35	3.49

续前表

区域＼评价指标	整体评价	服务便利	服务态度	办事效率	透明行政
海淀区	3.49	3.49	3.42	3.35	3.48
丰台区	3.46	3.47	3.42	3.32	3.51
石景山区	3.58	3.68	3.67	3.72	3.49
门头沟区	3.82	3.75	3.79	3.50	3.75
房山区	3.55	3.90	3.75	3.65	3.65
通州区	3.54	3.63	3.62	3.54	3.42
顺义区	3.62	3.85	3.67	3.47	3.75
大兴区	3.38	3.68	3.46	3.59	3.44
昌平区	3.64	3.58	3.56	3.55	3.53
平谷区	3.75	3.83	3.75	3.67	3.58
怀柔区	3.67	4.13	3.80	3.67	3.67
密云区	3.59	3.71	3.65	3.47	3.65
延庆区	3.33	3.22	3.22	3.33	3.22

（三）男性的评价普遍较低，在对办事效率的感知上差异显著

虽然男性对政府普通工作人员的整体评价以及在各具体指标上的评价均不如女性的评价高，但这样的差异大多不太明显，男女性均对政府普通工作人员在服务便利上的表现感到最满意，对透明行政、服务态度、办事效率三项指标的满意度依次递减。差异比较显著的是二者对政府工作人员办事效率的感知，相较于女性给予的3.50的满意度，男性的平均满意度仅为3.35（见图3－24）。这或由如下因素所致：其一，相较于女性，男性在日常工作、生活的分工多“主外”，会更多地与政府机关“打交道”和办理事项，因而对政府普通工作人员的服务水平与服务质量感知更为具体；其二，男性在性格上可能比女性更急躁一些，往往追求更高的办事效率，面对同样的情况会比女性要求更高。

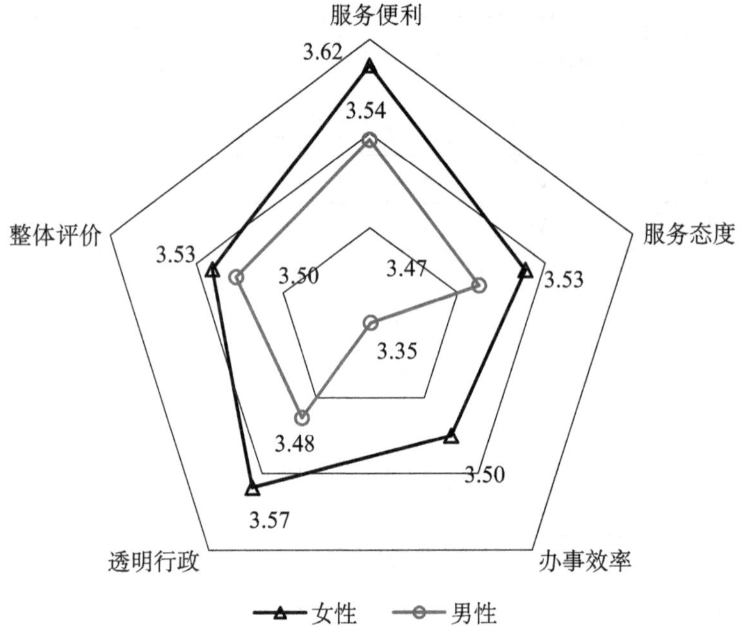

图 3-24 不同性别群体对北京市政府普通工作人员的平均满意度

（四）青少年群体对政府普通工作人员服务便利、透明行政的认知需加强，老年群体对政府普通工作人员的办事效率满意度明显偏低

年龄因素一定程度上影响公众对政府普通工作人员的评价（见图 3-25）：年龄在20～59 岁的公众对政府普通工作人员的评价并无太大差别——均对服务便利指标认同度最高，对其他指标的满意度大致相同；而年龄在 19 岁以下的青少年群体与 60 岁以上的老年群体，却出现了较整体而言更为显著的差异。其中，青少年群体对政府普通工作人员的评价整体偏高，在各年龄群体中均处于最高值，在各领域上，他们最满意的一项为政府普通工作人员的办事效率，对该指标的平均满意度高达 3.90，对服务便利（3.74）和透明行政（3.77）两项指标的满意度则有待提升；而老年群体对各项指标的评价在各年龄群体中处于最低值，并且对政府普通工作人员的办事效率表现给予了差别显著的最低满意度（2.68）。

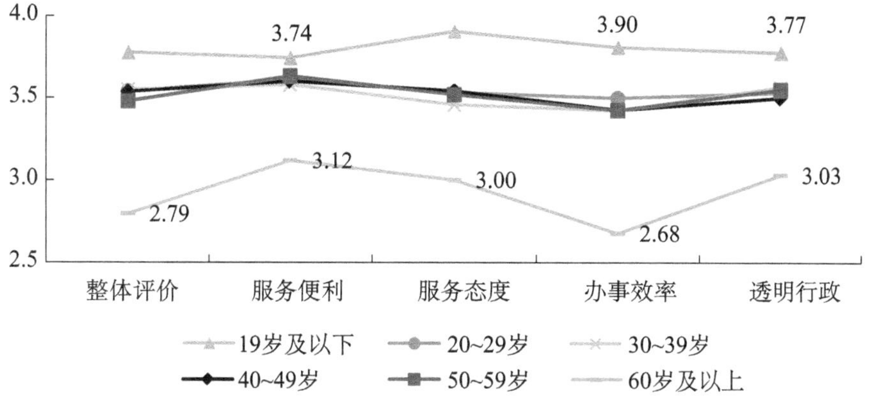

图 3－25　不同年龄群体对北京市政府普通工作人员的平均满意度

（五）低学历人群与高学历人群在服务态度、透明行政、服务便利三方面分化明显

方差分析结果显示，学历因素对公众关于政府普通工作人员的评价并无显著影响（sig＞0.05），不同学历群体对北京市政府普通工作人员各项指标的评价差别不大，大多呈现出服务便利满意度较高、办事效率满意度较低的分布特征。值得关注的几个结果如下（见图 3－26）：其一，大学本科学历受访者对北京市政府普通工作人员的评价整体偏低，因而也应成为政府在改善相应形象时重点宣传的对象。其二，学历在初中及以下的低学历群体，出现了与整体不同的评价趋势，并具有较大的波动性。他们对政府普通工作人员的服务态度评价最高，平均满意度高达 3.81，对服务便利、办事效率两项指标的评价则处于中间地带，反而对政府普通工作人员在透明行政这一环节的表现满意度最低，仅为 3.31。这也许是出于如下原因：新媒体时代，政府机构愈发注重通过政府网站这一新媒体平台受理行政事项并发布办理进度等相关信息，然而初中及以下学历的群体大多为农村外来务工人员，并不具备良好的 PC 互联网访问条件，因而对政府普通工作人员在相应环节的表现感知度较低。其三，硕士研究生及以上的高学历群体

可能因为其信息搜索能力更佳、媒体使用更为积极，对政府普通工作人员在透明行政（3.63）、服务便利（3.72）两项指标上的评价在各学历群体中均处于领先水平，但却由于其对服务质量的高要求，而对政府普通工作人员服务态度给予相对较低的评价（3.53）。

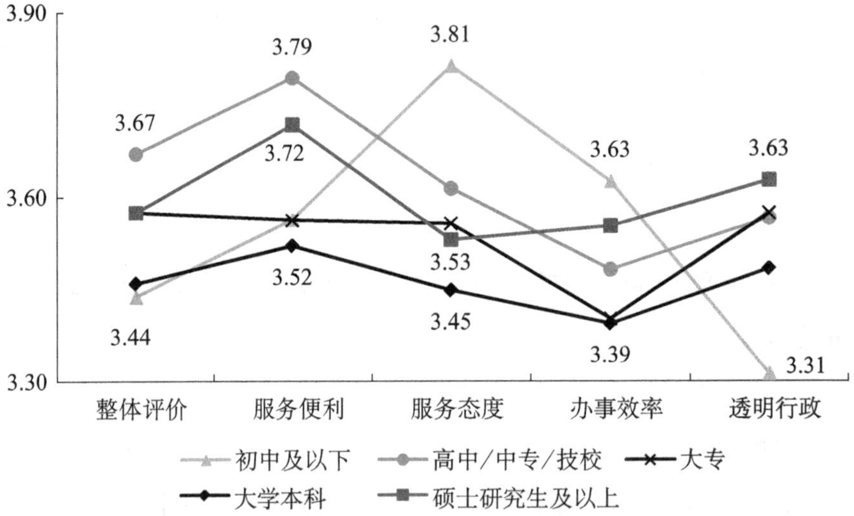

图 3-26　不同学历群体对北京市政府普通工作人员的平均满意度

（六）"体制内"领导对北京市政府普通工作人员的评价较高，高收入人群对其透明行政和服务态度的要求更高

"体制内"领导、农村外出务工人员与农民三类人群对政府普通工作人员的满意度普遍较高，尤其是党政机关事业单位领导干部，其在政府普通工作人员的服务态度（4.13）、办事效率（3.88）、透明行政（4.25）三项指标上，均给出了非常高的评价，并且对政府普通工作人员的整体评价也领先于其他职业群体，整体满意度高达 4.38。与之相对，无业/下岗/失业和退休人群对政府普通工作人员的满意度偏低，其评价数据在各职业受访者中分列倒数第一、第二位；其余各职业人群的平均满意度均处于中间水平，分布大体一致（见表 3-20）。

表 3－20　不同职业群体对北京市政府普通工作人员的平均满意度

职业＼评价指标	整体评价	服务便利	服务态度	办事效率	透明行政
学生	3.74	3.62	3.65	3.65	3.57
党政机关事业单位领导干部	4.38	4.25	4.13	3.88	4.25
党政机关事业单位一般职员	3.67	3.67	3.56	3.50	3.75
企业/公司高层管理人员	3.54	3.90	3.62	3.51	3.67
企业/公司中层管理人员	3.53	3.60	3.48	3.48	3.71
企业/公司一般职员	3.45	3.52	3.44	3.35	3.46
专业技术人员	3.50	3.53	3.54	3.40	3.49
商业/服务业一般职工	3.72	3.74	3.66	3.63	3.46
制造业/生产型企业一般职工	3.48	3.75	3.68	3.65	3.65
个体户/自由职业者	3.54	3.54	3.38	3.38	3.42
农村外出务工人员	3.83	4.33	3.67	3.83	4.17
农民	3.80	3.60	3.80	3.80	4.00
退休	3.12	3.29	3.17	2.93	3.20
无业/下岗/失业	2.83	3.00	3.00	2.67	2.33
其他	3.78	3.78	3.78	3.89	3.56

若将收入因素与公众对政府普通工作人员的评价进行方差分析，可以发现，收入因素对公众关于政府普通工作人员各项指标的评价均具有显著影响（sig＜0.05）——当月收入不超过 20 000 元时，公众对政府普通工作人员的评价整体几乎随收入增长而逐渐上升，并大体以服务态度、透明行政两个指标的满意度为“峰值”，以办事效率的评价为“低谷”。而对于月收入超过 20 000 元的高收入群体，他们对政府普通工作人员的评价则明显不同：一方面，他们对政府普通工作人员的办事效率满意度较高，但是对服务态度、透明行政两个指标的满意度却相对低一些，这在一定程度上反映出高收入群体在这两个指标上的高标准、严要求。另一方面，高收入群体内部对政府普通工作人员的评价情况也有一定的分歧，其中，月收入在

20 001～30 000 元区间的受访者，对政府普通工作人员各项指标的评价普遍高于其他收入群体，基本涵盖了各项指标满意度的最高值（透明行政除外）；而月收入在 30 000 元以上的受访者，对政府普通工作人员各项指标的评价则普遍不高，甚至在服务便利、服务态度两个环节上，给予了各收入群体中最低的满意度（见表 3－21）。

表 3－21　不同收入群体对北京市政府普通工作人员的平均满意度

评价指标 / 收入	整体评价	服务便利	服务态度	办事效率	透明行政
3 000 元及以下	3.41	3.44	3.34	3.32	3.28
3 001～5 000 元	3.34	3.57	3.38	3.30	3.49
5 001～8 000 元	3.52	3.56	3.47	3.40	3.50
8 001～10 000 元	3.53	3.56	3.44	3.37	3.52
10 001～15 000 元	3.55	3.65	3.66	3.52	3.66
15 001～20 000 元	3.76	3.75	3.84	3.72	3.78
20 001～30 000 元	3.79	4.07	3.93	4.00	3.71
30 001 元及以上	3.53	3.42	3.32	3.47	3.37

第四节　公众媒体使用行为对政府形象构建的影响

本节旨在探讨移动互联时代，公众的媒体使用行为对政府形象构建有着怎样的影响，以及二者之间存在何种关联。

一、公众的政治参与愈发注重媒体的力量

有研究者认为，公众与政府之间的距离、公众对政府的信任和评价，与公众对政府和公共事务的参与度密切相关。[①] 在这一方面，能够提供公共

① 刘小燕，李慧娟，王敏，等．乡村传播基础结构、政治信任与政治参与的实证研究——“政府与乡村居民间的距离”研究报告之二［J］．国际新闻界，2014（7）：130-145.

话题、传播政治和社会事务相关信息的媒体，在提高公众的政治知识、提升公众的政治参与积极性等方面发挥了重要影响。而公众所接触的不同信息渠道、所获取的差异化媒体内容，对其政治参与和政治信任的影响程度亦有区别。如有研究显示，人际交往渠道及人际信任会促进公众的政治信任。[①] 关于政治新闻、公共事务的内容有利于促进政治参与，而娱乐、体育等内容却有可能抑制公众参与的积极性。[②] 因此，在考察新时期公众的媒体使用对政府形象（公众对政府各方面的整体信任与评价）的影响时，我们可通过观察此时公众政治参与行为的变化来评估媒体使用行为对政府形象的间接影响。

本次调查就此设置如下问题："假如北京市人民政府作出的某项政策决策，会让您的利益受到损害（比如，汽车限牌，房子限购，限制网约车，在您的居住区附近建垃圾焚烧厂等），您认为以下哪些方法最有可能挽回您的损失?"继而要求受访者在"借助新媒体渠道与政府机构或官员取得联系""向政府行政部门提出书面投诉"等 12 个政治参与方式中选择出 3 个，并按照可能性由大至小进行排序。研究后发现：

第一，在各参与方式的选择上，公众尤其重视各类媒体渠道。如图 3－27 所示，"与新闻媒体取得联系"，是公众认为最为行之有效的政治参与途径，有 46.73%的受访者选择了该选项；同时，"与政府外部的有社会影响力的人取得联系"（38.53%），"借助新媒体渠道与政府机构或官员取得联系"（37.28%），"在微信或微博发表个人观点或转发信息"（33.75%）等信息表达或舆论监督方式也获得了许多公众的重视，被选率在各类政治参与方式中排在前列。与之相对，除了"向政府行政部门提出书面投诉"有

① 王思琦．政治信任、人际信任与非传统政治参与［J］．公共行政评论，2013（2）：22-51.

② MCLEOD J M.，et al. Community Integration，Local Media Use，and Democratic Processes. Communication Research，1996，23（2）：179-209.

着较高的被选率（38.53%）之外，针对其他如“去信访办”“向法院提起诉讼”等传统的、正式的政治参与方式，公众的参与意愿并不高。

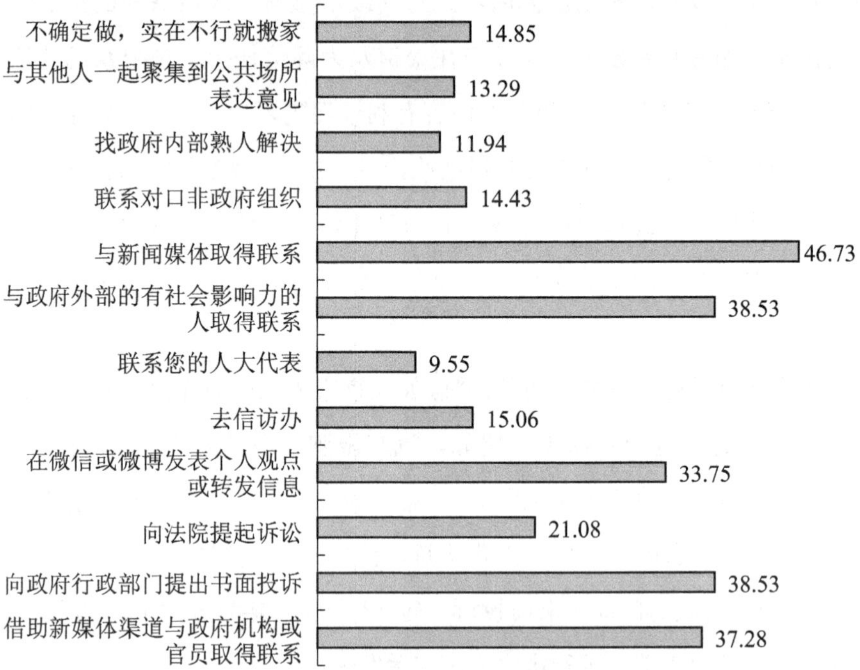

图 3-27　公众对各政治参与方式的选择情况（单位:%）

第二，在参与意愿排序上，借助舆论的非正式政治参与方式与提起诉讼等正式政治参与方式之间如有一道“分水岭”——非正式政治参与方式在各个序列上的被选率均显著偏高（均高于 10%），而除行政投诉外的其他正式政治参与方式在各个序列上的被选率均低于 8%。但值得关注的是，即使在公众政治参与愈发重视媒体力量的情况下，公众认为“向政府行政部门提出书面投诉”这一方式仍是非常有效的政治参与方式，该方式被 16.51%的受访者选为最有可能采取的参与方式，被选比例高于其他各类方式（见图 3-28）。

公众的此种政治参与特征无疑与近年来新媒体的发展密切相关。互联

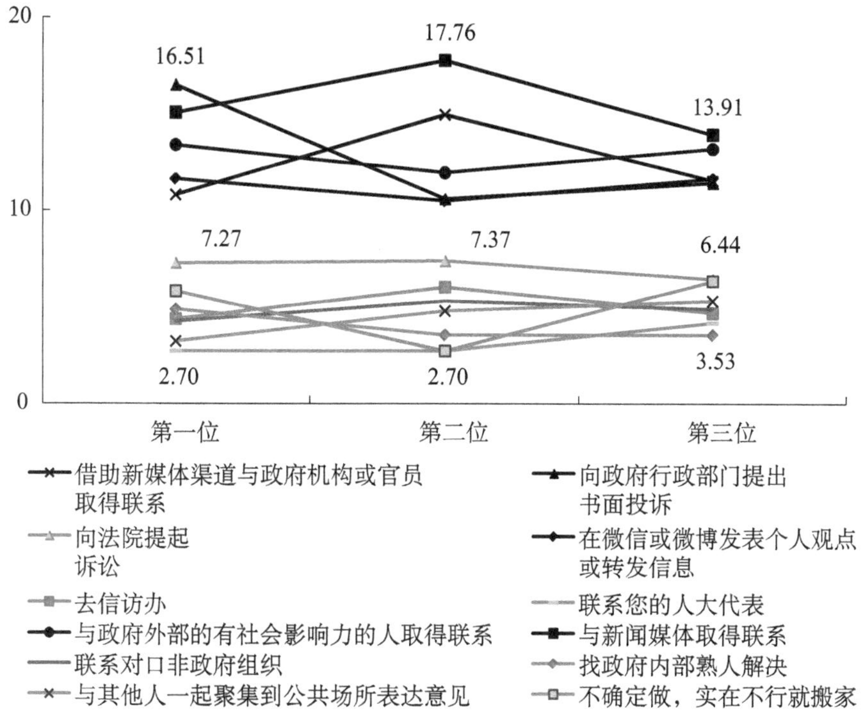

图 3-28　公众对各政治参与方式的偏好排序（单位:%）

网和移动互联网的广泛覆盖，以及微博、微信等社交平台的深入渗透，不仅让公众有了新的信息获取、意见表达渠道，同时也增强了公众与政府、公众彼此之间的交往，促进了信息的传播，这均使得网络舆情声势浩大，并成为影响社会发展、政府执政的重要力量。相应的，公众在参与政治时，也会第一时间考虑到参与更为便捷、使用成本更低但收效可能更好的各类媒体渠道。但这却同时也促成了公众的另一个趋势——政治信任外部化。信任外部化形容的是这样一种现象：当信任的委托者在收回对原受托人的信任之后，会去寻找其他受托人。[1] 而在政治领域，政治信任外部化则是指公众不再信任政府机构、政府官员，而是寻求其他信任客体。一个典型表

① 科尔曼．社会理论的基础［M］．邓方，译．北京：社会科学文献出版社，1999：228.

现是，公众在正当权益受损时，不是按照法律规定的程序主张其权益，不是诉诸相关政府机构，而是求助于媒体或其他部门，期望得到其帮助。[①] 而政治信任外部化的发展，在一定程度上又会抑制公众对政府本身的信任与评价，这应引起政府机构的警惕。

二、媒体使用与政府形象评估的关联分析

为了洞察公众的媒体使用行为与其对政府形象评价的关联，笔者对公众在政府绩效、政府工作、政府官员、政府普通工作人员四个方面的整体评价做了因子分析，由此生成了一个新变量“政府整体形象”，以反映当前公众对政府的整体评价状况；同时，对四个方面的各项指标也进行了因子分析，分别生成各个领域的具体形象——“政府绩效形象”“政府工作形象”“政府官员形象”“政府普通工作人员形象”。之后，笔者将五个新生成的变量作为因变量，将公众对各类媒体渠道的接触频率作为自变量展开了回归分析。

如表 3－22 所示，在政府整体形象方面，公众对传统媒体、政府自建渠道、官方新闻网站、意见领袖等四类渠道的接触频率，对其感知具有显著影响，大体呈现出接触频率越高、对政府形象评价越好的关联。而公众对商业门户网站、境外媒体的接触会降低他们对政府的认同度，但此种因果关联并不显著。此外，公众在性别、年龄、月收入等方面的差异，也会影响其评价，男性、年龄越长、月收入越低的群体越偏向于对政府作出负面评价。

---

① 梅祖蓉．中国政治信任水平测度指标及现状［J］．云南社会科学，2009（2）：5-9.

表 3-22　　公众的政府形象评价与媒体接触频率的回归结果

因变量		政府整体形象	政府绩效形象	政府工作形象	政府官员形象	政府普通工作人员形象
自变量：媒体接触频率	传统媒体	0.100*** (0.039)	0.069* (0.039)	0.120*** (0.039)	0.088** (0.038)	0.073* (0.039)
	政府自建渠道	0.106*** (0.038)	0.091 (0.039)	0.142*** (0.038)	0.118*** (0.038)	0.126*** (0.038)
	官方新闻网站	0.174*** (0.042)	0.16*** (0.043)	0.142*** (0.042)	0.153*** (0.042)	0.149*** (0.042)
	商业门户网站	−0.036 (0.039)	−0.52 (0.039)	−0.004 (0.038)	−0.033 (0.038)	−0.027 (0.039)
	熟人社交	0.041 (0.039)	0.071* (0.04)	0.092** (0.039)	0.07* (0.039)	0.040 (0.039)
	意见领袖	0.134*** (0.037)	0.138*** (0.038)	0.093** (0.037)	0.156*** (0.037)	0.141*** (0.037)
	论坛/贴吧	0.031 (0.039)	0.039 (0.040)	0.017 (0.039)	−0.008 (0.039)	0.044 (0.039)
	境外媒体	−0.011 (0.032)	−0.032 (0.033)	−0.006 (0.032)	0.013 (0.032)	0.013 (0.032)
控制变量	性别（男性=1）	−0.178*** (0.060)	−0.137** (0.061)	−0.199*** (0.060)	−0.268*** (0.060)	−0.156*** (0.060)
	年龄	−0.073*** (0.028)	−0.049* (0.088)	−0.066** (0.028)	−0.051* (0.028)	−0.051* (0.028)
	教育水平	−0.048 (0.033)	−0.121*** (0.034)	−0.053 (0.033)	−0.054 (0.033)	−0.056* (0.033)
	月收入水平	0.046** (0.019)	0.042** (0.019)	0.038** (0.019)	0.055*** (0.019)	0.046** (0.019)
常量		−1.467*** (0.244)	−1.027*** (0.248)	−1.634*** (0.242)	−1.557*** (0.242)	−1.537*** (0.243)
观测值		963	963	963	963	963
R^2		0.184	0.157	0.194	0.198	0.186

注：* $p<0.1$，** $p<0.05$，*** $p<0.01$。

政府绩效形象、政府工作形象、政府官员形象、政府普通工作人员形象等四个具体的政府形象，与公众的媒体使用行为、公众的人口统计特征也有着相似的关联。最大的不同之处在于熟人社交渠道，从该渠道获取的信息会对公众关于政府具体形象的感知形成基本正向的、显著的影响（政府普通工作人员形象除外），而对于政府整体形象该渠道却并无过多影响。这给我们的启示是，政府机构在具体的工作环节中、在与公众接触的各个主体方面，均应提升对微博、微信等社交渠道的运用，创造良好的口碑效应。

第四章　把握政府信息公开的时度效

中共十八届三中全会提出了“完善和发展中国特色社会主义制度，推进国家治理体系和治理能力的现代化”这一全面深化改革的总目标。新型治理模式所要求的多元主体间的协商、互动和参与，都离不开畅通的信息流动机制，这决定了政府信息公开是其中必不可少的制度支撑。为了更好地推动全面深化改革以达成总目标，政府信息公开既要契合政府治理的内在要求，又须适应移动互联时代的外在环境。本章将首先梳理我国政府信息公开的发展脉络，继而从治理的内在要求及移动互联时代政府信息公开面临的机遇与挑战内、外两个维度出发，阐述政府信息公开工作如何更好地把握时度效。

第一节　政府信息公开的发展与面临的挑战

一、政府信息公开的发展历程

政府信息公开始于18世纪60年代。1766年瑞典颁布《新闻自由法》，赋予报刊转载公文的自由，这被视为政府信息公开制度的滥觞。随后，美国、英国等国家相继制定了关于政府信息公开的法律法规。至2016年，联合国193个成员国中有105个成员国对获取政府信息权利进行了立法保障。①

---

① Public Administration and Development Management Department of Economic and Social Affairs. United Nations E-Government Survey 2016 [R/OL]. [2017-02-26]. https://publicadministration.un.org/.

在我国，2008年实施的《中华人民共和国政府信息公开条例》（下文简称《政府信息公开条例》）将政府信息定义为："行政机关在履行职责过程中制作或者获取的，以一定形式记录、保存的信息。"

相应的，"政府信息公开"指的就是国家行政机关在行使国家行政管理职权的过程中，通过法定形式和程序，将政府信息或主动向社会公众，或依申请而向特定个人或组织公开的工作。根据这样的界定，个人或组织享有获得政府信息的权利，政府有提供信息的义务。

目前，"我国信息数据资源80%以上掌握在各级政府部门手里"[①]。对相关信息加以公开，不仅是新时期政府转变职能、深化改革的题中应有之义，也是社会发展的必然趋势。

首先，政府信息公开有助于充分挖掘、利用政府资源，于内增强部门协同、提升政府运转效率，对外则可提供信息支撑、服务社会经济发展。

其次，政府信息公开有益于改善社会"信息不对称"的现状，缓解因信息沟通障碍引起的社会矛盾，协调社会利益。

再次，政府信息公开有利于保障公民的知情权、参与权、表达权和监督权，奠定多元治理主体互动协商的基础。

最后，政府信息公开、主动回应社会关切能促进法治政府、创新政府、廉洁政府和服务政府的建设，进一步提升政府公信力。

正是因为政府信息公开具有越来越重要的意义，因此各国都陆续把推进政府信息公开作为建设现代政府的重要内容。不过需要强调的是，政府信息公开绝对不只是简单地把有关信息公之于众，而是需要按照规范的制度程序，基于受众的需求，向其提供高质量的、有价值的信息。在这一方

---

① 李克强．全国推进简政放权放管结合优化服务改革电视电话会议讲话［EB/OL］．（2016-05-09）［2017-02-26］．http：//finance. sina. com. cn/stock/t/2016-05-15/doc-ifxsehvu8948285. shtml.

面，我们可通过美国和英国的相关实践加以管窥。①

美国于2009年5月宣布实施“开放政府计划”之后，又在同年12月实施的《开放政府指令》中要求政府机构在“网络发布政府信息，提高政府信息质量，创造并制度化政府公开文化，构建促进政府公开的政策框架”的方针下公开政府数据。同时，美国政府开通了一站式政府数据下载网站Data.gov（见图4－1），面向社团、企业以及普通公众开放国家基本信息（人口统计、犯罪统计等）、环境（有害化学物质排放目录、地质、地形等）、经济（社保基金、消费者支出数据、利率变化等）等政府机构的各项统计数据。

图4－1　美国政府数据开放平台

同样是在2009年，英国政府正式启动“让公共数据公开”计划。次年1月，英国政府数据网站（Data.gov.uk）正式投入使用（见图4－2）。该网站除了提供来自政府公共领域的数据集，也提供公众或者民间机构上传的数据。网站建立后，政府专门下拨了2万英镑的奖金以鼓励公众使用政府公

① 罗博．国外开放政府数据计划：进展与启示［J］．情报理论与实践，2014（12）：138-144；李燕，张淑林，陈伟．英国政府数据开放的实践、经验与启示［J］．情报科学，2016（08）：148-152.

共数据。2011 年 9 月，英国发布了第一版国家行动方案，但却因过于集中于数据开放而受到批评。由此，英国政府逐渐意识到开放政府不仅仅是开放数据，而应将公众的需求放在重要位置，通过征求公众意见逐步开放有价值的数据集。随后，英国政府形成了新的行动方案，做出了包括开放数据、财政透明度、向公民授权等在内的 21 项承诺。

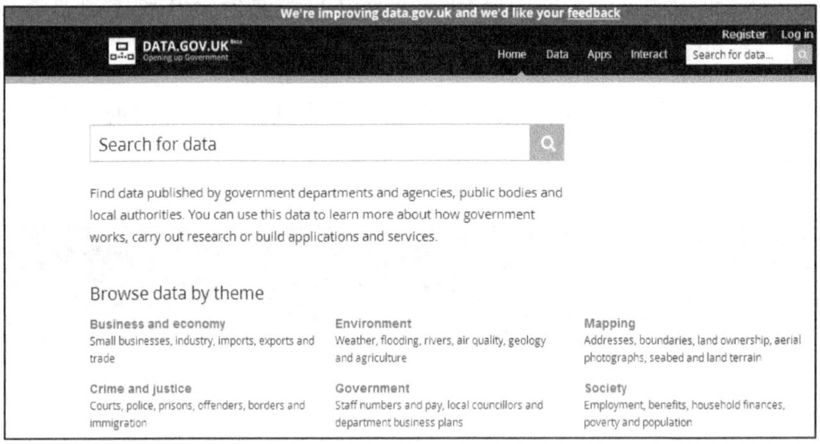

图 4-2　英国政府数据公开平台

在我国，从 20 世纪 80 年代至今，政府信息公开工作从无到有，由点至面，从内部公开到面向全社会，从依赖传统公开渠道到覆盖全媒体平台，从基层探索到高层指引，从发文促进到立法保障，从原则设定到细节设计，逐步走向制度化、规范化。若以我国政府出台的有关政府信息公开的重要法律、法规、文件为线索，可大致描绘政府信息公开的发展历程。

1987 年，中共十三大就提出了建立社会协商对话制度的原则，要求“提高领导机关活动的开放程度，重大情况让人民知道，重大问题经人民讨论”，这一原则的确立为政府信息公开奠定了重要的思想基础。次年 3 月，中央政府要求各级党政机关在廉政建设中尽可能地公开办事制度，并将北京市东城区、上海市黄浦区、山东省烟台市等地作为公开试点，随后河北藁城县等地区相继探索实行了公开办事制度、公开办事结果、接受群众监督的“两公开一监督”制度。[①]

随着探索工作的推进，20 世纪 90 年代以后，信息化和信息公开的概念越来越多地被人们知晓，政府部门也更加重视政府信息工作，创设了一系列政府信息工作平台和机构，为政府信息公开工作的全面推行打下了基础。1997 年 9 月，党的十五大将政务公开作为发展基层民主的重要工作来抓，其后，中共中央办公厅、国务院办公厅分别于 1998 年、2000 年联合下发了《关于在农村普遍实行村务公开和民主管理制度的通知》和《关于在全国乡镇政权机关全面推行政务公开制度的通知》，大力推动了基层政权的信息公开工作，促进了政府信息公开在全国范围内的开展。

渐成规模后，政府信息公开工作基于新兴的互联网技术进行了适应性的调整。1999 年，由中国电信和国家经贸委信息中心牵头联合多个部委（局、办）信息主管部门在北京发起“政府上网工程”，这一工程的实施标志着我国政府信息公开向网络化迈进了一大步。

2001 年，我国成立了国家信息化领导小组，并发布了《国家信息化领导小组关于我国电子政务建设指导意见》，明确了“十一五”期间我国电子政务建设的总体任务与目标，推动了电子政务网络、基础信息库和标准化体系建设的起步。

2005 年，中共中央办公厅、国务院办公厅发布的《关于进一步推行政务公开的意见》，在明确政务公开的指导思想、基本原则和工作目标的基础上，对确定公开的重点内容、完善公开渠道、推进法规制度建设、建立评议及追责制度等方面提出了完整要求，并要求积极探索和推进政务公开的立法工作，逐步把政务公开纳入法制化轨道。此后，政府信息公开成为各级政府施政的一项基本制度，在乡镇和县级政府日渐规范，在市（地）级

① 韩爱红. 深入推行政务公开促进和谐社会建设——访中共中央书记处书记、中央纪委副书记、全国政务公开领导小组组长何勇 [J]. 人民论坛，2007 (5)：6-10.

政府全面推行，在省部级行政机关逐步推开。[①]

在政府信息公开持续推进的过程中，缺乏法律保障的问题长期存在。尽管《行政处罚法》和《行政复议法》等法律都把政府信息的公开作为一项基本原则予以规定，但这些规定提出的只是一般性要求，对于公开的范围、时间、程序、权限等缺乏具体、明确的规定。而到了2007年，我国终于出台了第一部系统的、专门的、全面的政府信息公开法令——《政府信息公开条例》，该条例围绕保障政府信息公开的准确性、一致性、及时性、便捷性四项基本要求，对政府信息公开的管理体制、主动公开、依申请公开、政府信息保密审查制度、监督保障制度五个方面做出了规定[②]，并明确了行政机构信息公开的职责、信息公开的范围等问题。这推动着政府信息公开进入有法可依的阶段，也为地方政府结合当地实际情况制定针对性的信息公开的法规、措施提供了参考依据。

政府信息公开所需的运行框架和法律保障成形后，中央又出台了一系列政策文件，对信息公开的内容和可操作性等方面进行了完善。如2011年出台的《关于深化政务公开加强政务服务的意见》作为《关于进一步推行政务公开的意见》的深化和延续，对信息公开的重点内容加以强调和拓展。这是我国首次以中央文件的形式对建立健全政务服务体系、加强服务中心信息化建设等方面做出规定。

虽然政府信息公开制度日益完善、深化，但由于理念、策略、方式等方面存在不足，政府信息公开工作与公众的期待存在较大差距。政府部门逐渐意识到回应社会关切和加强政策解读的重要性，为此，2013年《国务院办公厅关于进一步加强政府信息公开回应社会关切提升政府公信力的意

---

① 韩爱红．深入推行政务公开促进和谐社会建设——访中共中央书记处书记、中央纪委副书记、全国政务公开领导小组组长何勇［J］．人民论坛，2007（5）：6-10.

② 李盛．《中华人民共和国政府信息公开条例》的制定背景、主要内容及目录编制［J］．电子政务，2008（5）：21-26.

见》针对加强重点信息领域各级行政机关及时回应公众关切和正确引导舆情，提出了明确的要求。

2016 年，中共中央办公厅和国务院办公厅联合印发了《关于全面推进政务公开工作的意见》，为全面推进政务公开明确了时间表："到 2020 年，政务公开工作总体迈上新台阶，依法积极稳妥实行政务公开负面清单制度，公开内容覆盖权力运行全流程、政务服务全过程，公开制度化、标准化、信息化水平显著提升，公众参与度高。"随后发布的"实施细则"，则从着力推进"五公开"（决策、执行、管理、服务、结果公开）、强化政策解读、积极回应社会关切、加强平台建设、扩大公众参与、加强组织领导六方面，对全面推进政务公开工作做出了细致的部署。近年来关于政府信息公开的重要文件如表 4－1 所示。

表 4－1　　近年关于政府信息公开的重要文件

文件名称	发布时间	侧重点
《最高人民法院关于审理政府信息公开行政案件若干问题的规定》	2011 年	针对政府信息公开相关行政案件在受理、审理、判决等环节无规则可依、缺乏统一标准等问题，对受理范围、举证责任分配、审理方式等问题做出司法解释，提供参考依据
《关于深化政务公开加强政务服务的意见》	2011 年	对信息公开实践中行之有效的做法和经验进行了总结、归纳和规范，并着重提出逐步建立健全政务服务体系、充分发挥服务中心作用、整合政务服务资源等几项内容
《国务院办公厅关于进一步加强政府信息公开回应社会关切提升政府公信力的意见》	2013 年	针对政府信息公开不及时，面对公众关切不回应、不发声问题，提出进一步加强平台建设、机制建设和完善保障措施三方面的要求，尤其是要建设基于新媒体的信息发布和互动交流的新渠道
《国务院办公厅关于加强政府网站信息内容建设的意见》	2014 年	侧重于政府网站的信息内容建设，从"加强信息发布工作"和"提升网站传播能力"两方面入手对信息的及时发布与更新，以及与之相配套的政策解读、热点回应和互动交流工作提出了具体的要求，此外还提出通过完善内容支撑体系和加强组织保障来推动内容建设的落实

续前表

文件名称	发布时间	侧重点
《国务院关于加快推进“互联网＋政务服务”工作的指导意见》	2016 年	推动互联网与政务服务的深度融合，从建成“互联网＋政务服务”体系的角度出发，对全面公开政务服务事项、推进政务信息共享提出了要求
《国务院办公厅关于在政务公开工作中进一步做好政务舆情回应的通知》	2016 年	针对现阶段舆情事件频发多发，而政府信息公开中舆情回应不到位、回应效果不理想等问题，对明确舆情回应责任、把握政务舆情标准、提高回应实效、加强督查、建立激励约束机制等五方面进行了指导与规范
《关于全面推进政务公开工作的意见》	2016 年	对 2016—2020 年“十三五”时期全国各级行政机关政务公开工作进行安排，旨在以公开促落实、促规范、促服务，赢得人民理解、信任、支持，提出决策公开、执行公开、管理公开、服务公开和结果公开五大环节，在总体要求、推进政务阳光透明、扩大政务开放参与、提升政务公开能力、强化保障措施等方面提出具体意见
《〈关于全面推进政务公开工作的意见〉实施细则》	2016 年	侧重为政务的全面公开提供具有可操作性的行动指南，从推进“五公开”、强化政策解读、积极回应关切、加强平台建设、扩大公众参与、加强组织领导六方面对政务公开进行具体的指导与规范

二、移动互联时代政府信息公开面临的挑战

移动互联网背景下的政府信息公开与之前相比会面临更多、更新的挑战，例如面对得到更多赋权的公众的压力，需要积极回应公众的质疑、批评和驳斥，应对信息“裂变式”传播增强的社会震动，以及愈发凸显的网络安全问题。

第一，除了法律给予的权利，公众也因为移动互联网而得到更多赋权，因此对政府信息公开产生更高的要求。

一方面，基于在社会化媒体平台的发言、学习、互动、示范，人们的

公民意识（主要包括参与意识、监督意识、责任意识和法律意识）得到了强化，为了行使和维护自己的知情权、表达权、参与权和监督权，他们会更加积极、频繁地依据相关法律法规要求政府公开信息。例如，在 2016 年 7 月武汉市城区因暴雨而渍涝严重、交通瘫痪时，武汉在京大学生王昕煜针对 3 年前武汉水务局做出的“通过 3 年努力，投资 130 亿元，系统完善排水系统、整体提高排水能力，实现在日降雨 200 毫米以内、小时降雨 50 毫米以内，中心城区城市功能基本不受渍水影响”这一没有兑现的承诺，寄信至武汉水务局，申请相关信息公开。这位读大三的学生表示：“我主要是想申请两个问题：一是 2013 年以来实际完成投资的排水设施建设费用总数额；二是 2013 年以来已投资排水设施建设费用的具体开支款项及各部分设施建设的金额数目。我想知道，在武汉的排水设施上到底花了多少钱，这些钱都花到哪儿去了。”①

另一方面，借助移动互联网创建的社区、圈子、关系网络，人们得以更便捷地聚合、交换信息、进行动员、形成舆论，从而推动事态发展，改变权力结构，实现群体诉求，政府信息公开较以往面临更多的“围观”和压力。这些都要求政府机关必须进一步提升信息公开意识和信息公开水平，正确认识公众的合法权益和诉求，化被动为主动，以坦诚博信任。

第二，随着公众媒介素养的不断提升，他们会对政府发布的信息予以质疑、批评、驳斥，这就意味着信息公开绝不只是自上而下、单向灌输、一次性的信息发布，而应在信息公开之前就充分考虑：信息能否满足公众的需求？信息会不会使人产生疑惑和误解？信息会消解还是增强人们的恐慌、焦虑、敌意、愤怒？因此，政府信息亟须改变之前一直以自我为中心的信息发布思维，更多地观照公众，在充分了解其需求、特点和关切的基

---

① 巴芮，鱼乐颖．大三女生致信武汉政府：130 亿花哪儿了？［EB/OL］．（2016-07-07）［2017-02-26］．http：//news.sina.com.cn/c/zg/2016-07-07/doc-ifxtwihp9752839.shtml.

础上做出更有针对性的回应。

例如，2015 年 8 月，郑州市物价局一位副局长在水价调整听证会结束后声称“涨价是政府的一项工作职能”，由此引发公众强烈的质疑和不满。具体过程如下：8 月 7 日，郑州市召开水价调整听证会。听证会后，公众和媒体对听证会禁止一些省级媒体记者入场以及参加听证会的 19 名代表均同意水价上涨等提出了质疑，表示了不满——“郑州水价听证会，很多媒体被堵在门口不让进，这是和老百姓商量的节奏吗?”“让媒体在场，让整个听证过程更加公开透明，真的有那么难吗?”“这哪是听证会啊，明明白白的涨价会。”郑州市物价局副局长朱孝忠在回应时称：“涨价是政府的一项工作职能。”这一回应非但没有消除公众和媒体的质疑，反而引发了新一轮的舆论关注。截至 8 月 11 日 10 时，百度搜索“涨价是政府职能”相关新闻 2 350 篇，新浪微博相关微博 5 561 条，微话题＃涨价是政府职能＃吸引了 13.5 万人阅读。有媒体评论称，此次郑州水价调整听证会作为政府信息公开的方式之一，拒绝媒体参与已经造成负面危机，官方在回应解释中“涨价是政府职能”的失误之语更引起了公众的误解，损害了政府公信力。①

第三，移动互联网的广泛应用强化了信息“裂变式”传播的特性，一条信息、一个观点在微博、微信等移动平台经过密集的转发、分享，能够在极短的时间里成为全国性的话题。此外，移动互联网又将分散各处的各阶层、群体中的成员聚合为一个信息感知社区，从而使得信息传播产生的社会同步震动效应相应增强。这些虽然可以增加政府信息公开的效率和效果，但客观上也便利了谣言、不实信息、片面意见的传播，由此带来的负面影响不容小觑。对此，政府除了加强相关的立法工作和行政监管力度，亦应密切关注舆情动向，积极参与意见竞争，让真相跑在谣言前面，用速

---

① 红网舆情中心．“涨价是政府职能”雷语再现引热议［EB/OL］.（2015-08-12）［2017-02-26］. http：//yuqing. rednet. cn/Article. asp? id=317042.

度争得舆论引导的主导权。

2015 年 9 月 9 日下午两点，新浪微博某认证用户发布了一条微博：“在温州市永嘉县桥下镇海梅岙村，两列动车开到同一轨道，刚刚相撞”，并配发了梅岙村起火冒烟照片，称是动车相撞事故现场。这一消息经微博和微信的传播后，引起了社会恐慌，有不少网民不断向温州相关部门求证，并有网民向温州市网信办进行了举报。温州市网信办紧急联系铁路部门确认情况。铁路部门确认当天温州境内所有的车次全部正常，并未发生动车相撞事件，且永嘉县桥下镇海梅岙村区域内并无铁路经过，网传信息不实。消防部门也确认“网传动车相撞事故图片是当天梅岙村鸡笼屿鞋厂起火图片，当地未发生动车相撞事故”。温州举报平台迅速辟谣。随后，多名不实信息发布者删除相关微博并公开致歉。①

第四，政府信息公开须面对愈发严峻的网络安全问题。2015 年，国家互联网应急中心通报的涉及政府机构和重要信息系统部门的漏洞型事件近 2.4 万起，是 2014 年的 2.6 倍，且修复进度不及时，抽查的政府部门网站系统漏洞隔月修复率仅为 52.7%，系统存在严重安全隐患。② 随着政府信息公开工作的持续开展，日益迈向开放与共享，信息的安全问题迫切需要得到更多的重视和实质性的解决。

以政府网站为例，其面临的信息安全威胁主要如下：（1）分布式拒绝服务（DDoS）攻击，使政府网站瘫痪。拒绝服务攻击的危害不仅在于阻止政府网站提供服务和信息，更在于黑客们常将其作为一种障眼法，来分散

---

① 中国网信网．2015 年度全国网络十大典型举报案例对外公布［EB/OL］．（2016-02-01）［2017-02-26］．http：//news. xinhuanet. com/legal/2016-02/01/c _ 128691035. htm；吴佳蔚．温州两动车相撞起火？消防：谣言！起火的是鞋厂［EB/OL］．（2015-09-09）［2017-02-26］．http：//zjnews. zjol. com. cn/system/2015/09/09/020825685. shtml.

② 国家互联网应急中心．2015 年中国互联网网络安全报告［R/OL］．（2016-06-02）［2017-02-26］．http：//www. cert. org. cn/publish/main/46/2016/20160602141337392864292/20160602141337392864292 _ . html.

网站安全维护人员的注意力，从而使他们能够渗透网络，窃取网站信息。例如，2016 年 1 月 28 日，来自 MMCA 组织的黑客对阿塞拜疆政府门户网站发动了 DDoS 攻击，导致了电子政务网站、税务系统网站以及国家机构网络资源网的关闭，并趁此窃取且泄露了大量公民的私密信息。（2）篡改政府网站造成不良影响。2014 年中国政府网站绩效评估报告显示，2013 年被篡改的政府网站数达 2 430 个，占监测范围内政府网站的 4%。攻击者对政府网站的内容进行篡改，发布不良信息，或者插入木马和病毒程序，这不仅会使政府形象受损，也会对社会造成不良影响。例如，2013 年安徽砀山县效能督查局网站被放赌博广告，辽宁铁岭政协官网点击后跳转色情网站，江西省卫生厅考试中心网站数据库被攻破，资料遭篡改。（3）黑客入侵窃取私密信息、涉密资料等。随着政务信息共享和政府数据开放的推进，政府网站的信息承载量越来越大，一些仅针对特定权限用户开放的资料（如涉及公民隐私、国家机密的信息）的安全问题也更加突出。例如，个人或犯罪团伙通过入侵相关政府部门的网站，窃取新生儿家庭资料、社保用户资料等，并泄露信息，侵犯公民隐私，助长了电信欺诈等社会问题的滋生。（4）网页挂木马危害访问用户。网页挂木马是指黑客利用网站漏洞将木马植入政府网站，访问政府网站的用户即使不点击任何内容也会中毒。政府网站被挂木马，不仅网站的信息安全受到威胁，也会直接威胁到每一个访问政府网站用户的安全。

第二节　把握时度效优化政府信息公开

2013 年，习近平在全国宣传思想工作会议上提出宣传工作“关键是要提高质量和水平，把握好时、度、效，增强吸引力和感染力，让群众爱听爱看、产生共鸣”。作为政府宣传工作的重要组成部分，政府信息公开须更好地在把握时度效的基础上加以持续优化。

一、政府信息公开时度效的阐释

“时”可以理解为时机，即具有时间性的客观条件或机会。“时”主要强调时间方面的“不拖延”和形势方面的“合时宜”。具体而言，政府信息公开首先要与受众的需求、关切和期待相契，如遇到突发事件时快速回应以满足人们了解真相、希望获取行动信息的需求；其次要与受众的信息获取规律、特征相契，如在微信公众号上发布信息时选择受众主动获取信息最为积极的时段；再次要与社会的宏观语境（如时代潮流、时代精神和时代主题）相契，如发布政府绩效信息时应更多地迎合公众对“美丽中国”“美好生活”的期待，而非只是片面地展示政府的经济数据。

“度”可以理解为尺度，用以描述政府信息公开的适合标准或限度。在实践中，既要坚守底线“不逾矩”，也应持续创新“有分寸”。前者指的是，在法律法规的框架中，发布可公开的、必要的、真实准确的、可信有效的信息。例如在负面清单制度的约束下，不以“涉及国家机密”等为借口拒绝人们公开的请求，也避免发布危及国家安全、公共安全、经济安全和社会稳定的信息；又如在公开信息时不瞒报、不说谎、不做假，不恶意向公众发布未经提炼、解读的“原始数据”。后者指的是适应信息传播、政务公开、国家治理的发展潮流，在坚守法律、伦理、组织规章等底线的基础上（即有分寸），遵循规律，对信息公开的内容、形式、渠道、策略等加以创新。比如要注重新媒体和传统媒体的融合传播，兼顾事件的过程和结果，在自己发声的同时引导第三方同盟表态或解读，在宣传业绩信息时也要剖析存在的不足，将专业信息转换成人们容易理解的公共信息，等等。

“效”可以理解为效果，即政府信息公开的成效。效果可分传播和执政两个层面：在传播层面，信息公开要让目标受众看得到、听得懂、能监督、会参与，因此每一项信息公开活动都应该设定具体的目标（如覆盖面、注意度、记忆度、理解度等），例如使某化工项目的环境评价信息在特定时期内被周边 10 个小区至少 80%的居民知晓，并使其理解其中的 3 项关键信息；在施政层面，信息公开则要促落实、促规范、促服务，促进法治政府、创新政府、廉洁政府和服务政府的打造。上述两个层面共同起作用，使政府赢得人民群众更多的理解、信任和支持。

二、优化信息公开的几个要点

由于公开理念不到位、制度规范不完善、工作力度不够强等原因，目前我国政府信息公开发挥的实际作用仍然有限。基于前文对时度效的理解，笔者认为：若想优化信息公开工作，政府需要尽快转换信息公开的理念，明确信息公开的目标，细致洞察受众的特征、需求和关切，并在充分了解受众的基础上有针对性、有策略地选择时机、制作内容、整合渠道，并提前进行预测试和动态的效果监测。

（一）转变理念

信息公开对于政府转型及国家治理的价值已无须赘言，之所以不少政府机关的信息公开仍然存在“为了公开而公开”“能不公开就不公开”的问题，除了对信息公开的作用认识不到位，主要还因为长期以来的官本位思维造成的唯上不唯下、替民做主的施政作风对公众权益的忽视、对社会关切的漠然和对公众参与的排斥。为了顺应国家治理现代化和发展民主政治的大势，政府之于信息公开的看法和观念亦须做出转变。

官本位理念以领导、官员的意志为转移，唯上是从，以升官保职为重；受其影响，政府的信息公开常被视为可有可无的工作甚至是一种负担，不仅难以照章办事，反而还易演变成走过场式的“形式公开”、避重就轻的“缩水公开”、自我表扬的“成绩公开”和敷衍了事的“恶意公开”。

民本位理念以公众的利益为重心，秉持这一理念，政府会倾听民意、了解民需、洞察民情、顺应民愿，其公开的信息对公众而言是清晰而有价值的，可以促进公众的政治参与，推进民主政治的建设。

将官本位理念转换为民本位理念，政府的信息公开就应该做到如下方面：

（1）全面公开，遵循“以公开为常态，不公开为例外”的原则，在决策、执行、管理、服务和结果等方面均加大公开力度，保证“权力运行到哪里，公开和监督就延伸到哪里”①。

（2）主动公开，主动调研受众，主动监测舆情，主动设计策略，主动进行内容、形式和渠道的创新，主动回应社会关切，主动获取公众的反馈并及时据此优化信息公开工作。

（3）平衡公开，如前文所述，注重新媒体和传统媒体的融合传播，兼顾事件的过程和结果，在自己发声的同时引导第三方同盟表态或解读，在宣传业绩信息时也要剖析存在的不足，将专业信息转换成人们容易理解的公共信息。

（4）互联公开，针对行政条块分割、信息资源系统建设不平衡等造成的“信息孤岛”“公开壁垒”等问题，尽快“打破一个个互不相连的‘信息孤岛’和‘数据烟囱’”②，使政府信息实现互联互通、开放共享，提升其运用价值。

（5）制度公开，进一步完善信息公开的负面清单制度、公众参与制度、激励约束制度、审核发布制度、舆情回应制度、官员问责制度等工作制度，继续优化信息公开的实施细则，为政府信息公开提供保障和具有可操作性的指南。例如，2016 年 11 月 2 日，海南省儋州市商务局官方网站因存在“首页长期未更新”的突出问题，被国务院办公厅秘书局通报为不合格政府网站。2017 年 2 月，儋州市纪委通报了五起“不干事、不担事”的典型案

① 习近平．中央全面深化改革领导小组第二十次会议讲话［EB/OL］.（2016-01-11）［2017-02-26］. http：//news. sina. com. cn/c/2016-01-11/doc-ifxnkkux1124384. shtml.

② 郭金超．如何挖掘大数据“钻石矿”？李克强绘四大路径［N/OL］.（2016-05-25）［2017-02-26］. http：//www. chinanews. com/gn/2016/05-25/7883374. shtml.

件，其中就包括“商务局局长、党组书记董海峰因工作失职导致该局网站长期不更新被国务院办公厅秘书局通报问题”，并根据《政府信息公开条例》的相关规定，对董海峰处以行政记过及党内警告处分。这成为我国首个因未履行信息公开责任而被问责的案例。[①]

（二）分析受众

民本位的政府信息公开要求政府机关在制作和发布信息之前，务必对目标受众进行科学的调研、细致的分析，继而结合分析结果明确信息公开的目标，制订信息公开的方案，从而做到有的放矢，让信息公开真正取得实效。

具体来说，受众分析首先需要对信息公开的目标受众进行细分；其次收集信息，按照受众“对某公开事项的背景知识”“阅读水平”等信息获取、理解和沟通能力方面的指标，以及“年龄”“性别”等人口统计方面的指标和“关切和感受”等心理因素方面的指标（详见表 4－2），详细了解受众的关键特征；继而将分析结果与信息公开关联起来。

表 4－2　分析受众的各项指标及结果对信息公开的影响

受众特征	需要思考的问题	问题的答案对信息公开的影响
对某公开事项的背景知识	受众对此了解到什么程度	如果受众对该事项不了解，须先予以解释；如果有一定了解，则可基于既有认知进行信息发布及沟通
阅读水平	受众能阅读什么水平的内容	根据受众的阅读水平对信息的陈述方式、编排方式等加以设计
对信息发布机构的信任程度	受众对机构熟悉和信任吗	假如受众不熟悉，要先解释机构的角色；如果熟悉且信任机构，可基于既有的公信力进行沟通；如果熟悉且不信任机构，可通过其他组织或个人辅助发布
信任的人	受众信任谁	选择他（她）作为发言人

① 澎湃新闻．海南一局长因官网长期未更新受处分成全国首例［EB/OL］．（2017-02-12）［2017-02-26］．http：//news. sohu. com/20170212/n480490263. shtml？fi.

续前表

受众特征	需要思考的问题	问题的答案对信息公开的影响
获取信息的渠道	受众从何处获取信息（如政府自建渠道、新闻网站、商业网站、意见领袖、大众媒体）	利用这些渠道发布信息
规模	受众的数量是多少	如果受众规模较大，需运用大众媒体、互联网等媒体发布信息；如果受众规模较小，可选用社区公告栏、召开会议等更为直接的方式
对信息公开设定的目标或期望	受众对信息公开有何期待	尽可能满足甚至超出受众的目标和预期
受众在信息公开中的角色	基于法律法规等要求，受众扮演何种角色（如参与者、监督者）	只要条件允许，就让受众以自己希望的方式参与信息公开之中
敏感问题	是否有容易激怒受众的话语或概念	避免使用这些话语，寻找别的方式来描述
获取信息的时机	受众对信息获取有无时效的要求，受众在何时会主动获取信息	根据受众信息获取的需求和规律选择恰当的时机
年龄	受众的年龄分布在什么范围，哪个年龄段的人数最多	获悉受众的关注点：家庭、职业、子女教育、退休、养老等
文化	受众中有哪些文化和亚文化，不同文化体系下的受众如何认知世界	结合他们的文化特征加以传播，避免出现与其文化相悖的内容
性别	受众是男性还是女性	获悉不同性别群体差异化的关切和需求
职业	受众的主要职业是什么，信息公开的内容与其职业是否有关联	获悉该职业受众的关切和需求
地理区域	受众的地理分布如何	判断不同地理区域中受众的特点、关切和需求

续前表

受众特征	需要思考的问题	问题的答案对信息公开的影响
受教育程度	受众的学历水平如何	根据其受教育程度使用合适的内容及表达方式
关切和感受	受众关注的问题是什么，受众对某一公开事项的感受是什么（如愤怒、失望、无奈、无动于衷）	将受众的关切和感受纳入信息的制作之中

注：改编自雷吉娜·E. 朗格林和安德莉亚·H. 麦克马金的相关研究。

资料来源：朗格林，麦克马金．风险沟通：环境、安全和健康风险沟通指南［M］．黄河，蒲信竹，刘琳琳，译．北京：中国传媒大学出版社，2016：99-101.

（三）及时回应，快速反应

对于时机，政府部门须认识到“越快越主动，越慢越被动”这一事实。迅速意味着以人为本——关切对方的关切，最大限度地满足公众的信息需求，（突发事件中）尽可能地降低人们生命和财产遭受损害的可能性；意味着把控大局——通过权威发声参与意见竞争，最大限度地降低不稳定因素。

在常规信息公开中，政府部门要通过运用舆情监测工具等方式实时捕捉社会的热点关切并快速加以回应；遇到重大突发事件，则要利用一切可能到达公众的传播方式，告知其原因、影响范围、相关损失、应对措施、领导态度、行动路径、追责及赔偿方案等关键信息，既要说真话、说对话以让政府成为首要信息源，避免媒体和公众“靠谣言过日子”，又要积极表态，有同情心和同理心，获得公众的理解、信任和支持。在突发事件方面，国务院办公厅2016年11月发布的《〈关于全面推进政务公开工作的意见〉实施细则》做出如下强调：“对涉及特别重大、重大突发事件的政务舆情，要快速反应，最迟要在5小时内发布权威信息，在24小时内举行新闻发布会，并根据工作进展情况，持续发布权威信息，有关地方和部门主要负责人要带头主动发声。”

2017年1月4日，在国务院常务会议上，李克强总理明确要求国务院各部门负责人主动回应社会关切："对于各类市场主体提出的有代表性意见，对于群众的重大利益关切，各级政府要敢于担当，主动回应!"

针对频频困扰国人且引发热议的雾霾问题，2017 年 1 月 6 日，时任环境保护部部长的陈吉宁在媒体见面会上提出将从六个方面来强化冬季污染治理：一是要加大燃煤锅炉取缔力度；二是加快推进城中村、城乡接合部和农村地区的散煤治理；三是加大工业企业冬季错峰生产力度；四是提高行业排放标准；五是强化"小散乱污"企业整治；六是机动车相关事项，加快淘汰老旧车，加大对重污染车的监管。1 月 7 日，时任北京市委副书记、代市长的蔡奇在与媒体和市民代表座谈时表示，2016 年针对治霾难点，北京市打响了治理农村散煤、高排放机动车、城乡接合部"三大战役"，整体空气质量有所改善，但治理的效果与中央的要求和市民的期盼还有差距。对此，政府要久久为功，锲而不舍，把大气污染作为工作的重中之重；强化执法，回应市民关切，不断改进工作，把效果、措施和难点告诉公众，引导全社会广泛参与，共同治理。①

（四）加强解读，提升价值

基于民本位的理念，政府的信息公开不应该是"我有什么就说什么"，也不应该是"我想怎么说就怎么说""以前怎么说现在还怎么说"。若想使信息对公众而言有用、有价值，除了洞察他们的需求，最好还要让信息与他们的生活图景（衣、食、住、行、用）、政治关切（如法治、民主）、生命主张（如自由、爱与被爱）等关联起来，并积极创新语言表达方式，用公众喜闻乐见的形式进行传播——这些都体现着信息公开的"解读"能力。《〈关于全面推进政务公开工作的意见〉实施细则》也特别提到要强化政策解读："部门主要负责人是'第一解读人和责任人'，要敢于担当，通过发

① 中国政府网．总理发话后，"部长们"第一时间回应公众关切［EB/OL］．（2017-01-12）［2017-02-26］．http：//www.gov.cn/xinwen/2017-01/12/content_5159191.htm.

表讲话、撰写文章、接受访谈、参加发布会等多种方式，带头解读政策，传递权威信息。”“解读政策时，着重解读政策措施的背景依据、目标任务、主要内容、涉及范围、执行标准，以及注意事项、关键词诠释、惠民利民举措、新旧政策差异等，使政策内涵透明，避免误解误读。”

政府提升解读能力的路径主要如下：

(1) 借用专家的视角。通过智库、专家库的建设，为政府聚集一批专业强、懂政策、有深度、会表达的解读专家，既可以借用他们的多元视角和多样观点，也可以借用他们的自媒体和关系网加以表达。

(2) 运用目标受众喜闻乐见的语言。例如不少政务微博会巧妙套用“元芳体”“甄嬛体”“友谊小船体”“一言不合体”等流行语传达自身的政务信息。

(3) 使用故事体文风。生动的故事不仅能使政府的信息更接地气，还利于提升信息的关注度和分享力，从而在打动人心的同时让相关信息得到广泛传播。例如中国政府网微信平台推出的 H5 动画《2016 明宝家的大小事》(见图 4-3)，将随迁子女入学政策、“五证合一、一照一码”登记制度改革、城乡医保并轨、创业支持政策的解读贯穿于明宝上小学、爸爸开公司、爷爷看病、姑姑大学毕业找工作等几件小家庭的日常事务，使政策解读更接地气，更易被理解。

(4) 引用鲜活的案例。与简单的陈述和一味的说教相比，真实的案例在有效提升信息可信度的同时利于增强受众的临场感，使他们在情景带入的过程中更好地了解和理解相关信息。例如广州市黄埔区人民检察院的微信平台“黄埔检察”改变传统的官方说教模式，或结合热点新闻事件，或引用真实案例，用生活化的语言向公众普及司法知识。

(5) 善用让人一目了然、“一见倾心”的视觉呈现方式，在信息选择上不求多而求精，不求繁而求简，不求全而求准。例如北京市政府运用信息图对《北京市“十三五”时期信息化发展规划》所做的解读（见图 4-4）。

图 4－3　中国政府网微信政策解读：《2016 明宝家的大小事》

（五）建设平台，联动发布

政务信息能否被目标受众看得见、听得着，关键在于是否有效运用各种传播渠道或手段。相关文件已对此做出强调，如《政府信息公开条例》规定“行政机关应当将主动公开的政府信息，通过政府公报、政府网站、新闻发布会以及报刊、广播、电视等便于公众知晓的方式公开”，《〈关于全面推进政务公开工作的意见〉实施细则》则结合移动新媒体的发展趋势，提出一系列“加强平台建设”的建议：

（1）强化政府网站建设和管理。推进网站集约化建设，将没有人力、财力保障的基层网站迁移到上级政府网站技术平台统一运营或向安全可控的云服务平台迁移。

图 4－4　北京市政府运用信息图解读《北京市“十三五”时期信息化发展规划》

（2）加强网站之间协同联动。打通各地区各部门政府网站，加强资源整合和开放共享，提升网站的集群效应，形成一体化的政务服务网络。要加强政府网站与主要新闻媒体、新闻网站、商业网站的联动，通过合办专栏专版等方式，提升网站的集群和扩散效应，形成传播合力，提升传播效果。

（3）充分利用新闻媒体平台。各级政府及其部门要在立足政府网站、政务微博、政务微信、政务客户端等政务公开自有平台的基础上，加强与宣传、网信等部门以及新闻媒体的沟通联系。

（4）发挥好政府公报的标准文本作用。政府公报要及时准确刊登本级政府及其部门发布的规章和规范性文件，做到应登尽登，为公众查阅、司法审判等提供有效的标准文本。各级政府要推进历史公报数字化工作，争取到“十三五”期末，建立覆盖创刊以来本级政府公报刊登内容的数据库，在本级政府网站等提供在线服务，方便公众查阅。

总的来说，渠道的运作需坚持以下原则：一是联动，即政府自建渠道（网站、微博、微信、客户端）与其他渠道的联动，以及政府自建渠道的联动；二是集约，减少和杜绝重复建设，关注投入和效果，重点考量渠道依托各自优势产生协同效应的“质”，而非彼此组合的“量”；三是服务，也就是说绝不能让平台建设和渠道联动变成形象工程或表面文章，而应真正确保各类渠道能让公众方便、快捷、清晰地获取和了解政府信息，从而发挥政府信息对人民群众生产、生活和经济社会活动的服务作用。

这里我们可以参考中国政府网在“两会”报道中网站与“两微一端”的联动策略。

在2015年全国“两会”期间，中国政府网一方面通过滚动播报、现场直播、即时采访等报道形式第一时间发布信息，传递政府声音，反映百姓呼声。如以文字、图片、音频、视频和背景资料相融合的方式，对人大、政协开闭幕式，人大、政协各场次全体会议，各场新闻发布会，总理政府工作报告，总理记者招待会等重要活动进行了全景式报道，并围绕“两会”、重要政策、重点工作和社会热点，策划组织了11场高端访谈，及时对重要政策、社会热点进行阐释解读，回应公众关切。另一方面，中国政府网的“两会”报道充分发挥微博、微信的作用，用网民“看得到、听得懂、能监督”的方式回应关切、释疑解惑，拓宽了政府和百姓沟通交流的渠道。例如，在听取总理政府工作报告之前，中国政府网在“两微一端”上以H5的形式推出数据动画——《2015年政府工作如何，国务院交成绩单》，以生动而简洁的形式向公众展现了2015年度政府在铁路投资、新建改建农村公路、城镇就业、保障性安居工程等领域做出了哪些举措，取得了什么成果。此外，中国政府网还与其他新闻媒体进行合作，例如中国政府网入驻“今日头条”政务头条号，将国务院办公厅发布的权威信息推送给客户端用户，还与360新闻合作，在其国内新闻页面上开设“政府声音”板块。

（六）预先测试，监测评估

哪怕信息公开的内容、形式、渠道、时机等都以细致的受众分析为基础，在正式发布之前仍有必要进行预测试。政府可通过对目标受众的抽样访谈、小组座谈、问卷调查等方式，判断信息公开方案的可能效果，例如有没有造成受众的疑惑与误解？会不会引发受众的反感和敌意？是不是真的与受众的特征、需求及关切相契合？不同类型、不同情境下公开的信息，其评测标准会有所差异，譬如台风、洪水、传染病等预警信息，通常须符合以下标准：具体、一致、明确、易懂、准确、充分（包含足够细节）、反复强调。①

除了事前预测试，如果条件具备还应进行事中和事后评估，也就是说在信息发布期间和某项、某一时期的信息公开工作完成后，对信息公开加以监测和评价。事中评估重在对信息公开计划或方案的实施情况进行评价，以确保信息公开的每一步都产生最佳效果，如果发现问题则要及时做出调整。事后评估旨在评价信息公开目标的完成程度，这样的评估利于政府不断提升自身的信息公开能力。

如今，我国的政府信息公开已引入了第三方评估机制，例如中国社会科学院法学研究所受国务院办公厅政府信息与政务公开办公室委托，对国务院部门及31家省级政府的信息公开情况进行年度评估。这种有益的尝试多多益善，期待早日形成涵盖事前、事中与事后评估的、科学的、常态化的信息公开评估体系。

---

① MILETI D S，PEEK L. The Social Psychology of Public Response to Warnings of a Nuclear Plant Accident [J]. Journal of Hazardous Materials，2000，75：181-194.

第三节　优化政府网站以促进信息公开

尽管“两微一端”的搭建和运作如火如荼，但作为政府最早建设的数字化信息发布渠道，政府网站仍被视为全面的信息公开平台、权威的政策发布解读和舆论引导平台、及时的回应关切和便民服务平台。① 为了更好地发挥其独特的优势，以与其他新媒体平台一同促进政府的信息公开工作，我们需对政府网站的定位和建设方向做出与时俱进的设计。

一、政府网站的核心功能

作为我国电子政务建设的重要组成部分，政府网站无论是在互联网时代还是移动互联网时代都是政府履职的重要平台，其核心功能包括信息公开、政务服务和政民互动。

（一）信息公开

政府网站是政府信息主动公开和依申请公开的主要平台，该平台可根据各部门的职责，编制信息公开目录，通过栏目或专题等形式，向公众提供机构职能、工作动态、政府公文等信息。

政府网站的信息公开功能强调信息的全面性、准确性、实用性。全面性即政府信息公开以“公开为原则，不公开为例外”，主动或依申请公开涉及政府信息公开范畴的信息。准确性即政府网站发布的信息要有权威的信息来源。实用性即信息公开要从公众的信息需求出发，及时回应公众的关切，提供公众真正需要的信息，而非为了公开而公开。

（二）政务服务

随着近年互联网在社会资源配置领域逐渐显现出力量，“互联网＋政务

---

① 中共中央办公厅，国务院办公厅．关于全面推进政务公开工作的意见：中办发［2016］8号［A/OL］．(2016-02-17)[2017-02-26]．http://www.gov.cn/xinwen/2016-02/17/content_5042791.htm.

服务”成为一种高效的电子政务模式。这一模式是将简政放权、放管结合、优化服务改革推向纵深的关键环节，对加快转变政府职能，提高政府服务效率和透明度，便利群众办事创业，进一步激发市场活力和社会创造力具有重要意义。[①]

政府网站作为政务服务的重要依托平台，利于开展网上办事，提供与企业注册登记、年度报告、变更注销、项目投资、生产经营、商标专利、资质认定、税费办理、安全生产，与居民教育医疗、户籍户政、社会保障、劳动就业等相关的服务事项的网上受理、网上办理、网上反馈。[②]

政府网站的政务服务功能强调服务的便捷与高效。政府可以通过规范网上服务事项、优化网上服务流程、创新网上服务模式、全面公开服务信息等提高服务质量，切实解决公众反映的办事难、办事慢、办事繁的问题。

（三）政民互动

政府网站上的政民互动是搭建政府与公众沟通桥梁及保障公民参与权和监督权的重要手段。政府网站可通过在线咨询、网上投诉、在线访谈、意见征集、网上调查等方式加强与公众的互动交流。

政府网站的互动交流功能的充分实现，除了要认真倾听公众的需求、意见和建议，也要及时研判，做出回应。2014 年印发的《国务院办公厅关于加强政府网站信息内容建设的意见》对回应时间有明确要求：“其中有价值、有意义的应在 7 个工作日内反馈处理意见，情况复杂的可延长至 15 个工作日，无法办理的应予以解释说明。”

① 国务院办公厅．国务院关于加快推进“互联网＋政务服务”工作的指导意见：国发［2016］55 号［A/OL］．(2016-09-29)［2017-02-26］．http：//www.gov.cn/zhengce/content/2016-09/29/content_5113369.htm.

② 同①.

二、我国政府网站的发展历程

1998年，我国首个真正意义上的政府网站——青岛政务信息公众网开通。1999年，中国电信和国家经贸委经济信息中心牵头，联合40多家部委（局、办）信息主管部门发起了“政府上网工程”，拉开了我国政府网站规模化发展的序幕。进入21世纪后，《全国政府系统政务信息化建设2001—2005年规划纲要》和《国家信息化领导小组关于我国电子政务建设指导意见》等文件的发布对建设和整合电子政务网络提出了要求，推动了政府网站的基础建设，形成了网站层级体系。

自“十一五”开始，政府网站的建设重心逐渐从技术开发转向内容建设。国家相继发布了《国家电子政务总体框架》《国务院办公厅关于加强政府网站建设和管理工作的意见》等文件，对健全政府网站体系、加强政府信息发布和在线办事能力、改进网站展示形式、推进互动交流等方面加以要求和指导。

“十二五”和“十三五”期间，《国务院办公厅关于加强政府网站信息内容建设的意见》及《国务院关于加快推进“互联网＋政务服务”工作的指导意见》等文件的发布又推动着政府网站建设“从有信息、有服务、有渠道的建设阶段向有维护、有内容、有服务、有互动的发展阶段迈进”①。网站的整合、创新、服务、便捷及应用效果成为评估政府网站绩效的重要指标，这主要表现在以下几个方面。② 其一，保障网站健康度成为提升网站服务性能的基础。2015年下发的《关于开展第一次全国政府网站普查的通

---

① 郑爱军．政府网站新目标——智能化公共服务平台［EB/OL］．(2012-02-02)［2017-02-26］．http：//www.wugang.gov.cn/art/2012/2/2/art_140_113288.html.

② 中国软件评测中心．2013年中国政府网站绩效评估总报告［R/OL］．(2013-11-29)［2017-02-26］．http：//2013wzpg.cstc.org.cn/jxpg2013/zbg/zbglist.html；2014年中国政府网站绩效评估总报告［R/OL］．(2014-12-04)［2017-02-26］．http：//2014wzpg.cstc.org.cn/zhuanti/fbh2014/zbg/zbglist.html；2015年中国政府网站绩效评估总报告［R/OL］．(2015-12-15)［2017-02-26］．http：//2015wzpg.cstc.org.cn/wzpg2015/zbg/pgbg_detail.jsp?id=127567.

知》要求对全国政府网站开展普查，消除“休眠”和“僵尸”网站。其二，进一步强化对网上信息公开能力的要求。2015 年的评估指标体系结合部门和地方特色，提出了重点信息或政务专题的评估要求，以更好地满足用户的针对性需求。其三，强化网站政民互动功能，聚焦互动交流和回应关切。如今，评估标准从对网站互动和回应栏目的基础建设及维护转向更深层次的互动质量的评估。如 2015 年的评估指标体系细化了对政务咨询和调查征集两类渠道的评估要求，从解答及时程度、态度友好程度、问题解决程度等方面，对网站是否从受众需求角度出发做好互动回应工作进行了评估。其四，注重政府网站影响力。2015 年的评估指标体系对政府网站的多元渠道建设以及站内外搜索等方面提出了评估要求。

经过近 20 年的发展，到 2015 年底，各地区、各部门开设的政府网站已达 84 094 个[①]，无论是建设规模、功能设置还是实际成效，都取得了很大的发展与进步。

三、我国政府网站的建设方向

移动互联网的快速发展使手机网民的数量于近年不断攀升，网民上网设备进一步向移动端集中。为了适应公众移动获取、便捷查询、个性定制、双向对话、浸入场景等移动互联时代沟通交流的新特点、新需求，信息资源丰富、功能多元且公信力较强的政府网站亦需顺应大势、不断创新，可从联通、智能、友好、联动四个方面入手进行创新和优化。

（一）从隔绝到联通：消除“信息孤岛”，推进信息开放共享

“信息孤岛”指信息资源体系中各系统相互封闭、各自独立，犹如一个

---

① 国务院办公厅．国务院办公厅关于第一次全国政府网站普查情况的通报：国办函［2015］144 号［A/OL］．（2015-12-15）［2017-02-26］．http：//www.gov.cn/zhengce/content/2015-12/15/content_10421.htm.

个分散、独立的岛屿，缺乏联通，信息随之体现为一种散落各处的“碎片”。政府网站作为政府信息公开的第一平台，拥有丰富的信息资源，但由于长期行政体制的条块分割，信息资源的开发利用意识弱、标准不统一等原因，各部门网站多处于隔绝状态，无法互享信息，信息价值有限。

随着“互联网＋”、大数据技术、云计算等的快速发展，政府网站加强信息的联通整合，并在此基础上建立共享应用机制，成为当下提升政府信息使用率和服务有效性的重要途径。2015 年发布的《促进大数据发展行动纲要》对大力推动政府信息系统和公共数据互联开放共享、加快政府信息平台整合、消除信息孤岛进行了部署。2016 年发布的《〈关于全面推进政务公开工作的意见〉实施细则》则对打通各地区各部门政府网站，加强资源整合和开放共享，提升网站的集群效应，形成一体化的政务服务网络提出了进一步要求。在具体实践上，贵州政府网站云平台的经验值得借鉴。①

贵州省自 2015 年开始推进全省政府网站集约化建设工作，以贵州政府网站云平台（见图 4－5）作为具体实践对象，通过统一的数据交换平台、开放接口平台对各级政府信息资源进行有效的整合，逐步实现贵州省电子政务资源的整体利用与共享。

云平台主要由政府网站群、统一数据平台、政务应用商城三个子系统构成。

平台的开放共享主要体现在三个方面。

第一，通过统一标准和集中存放，将全省政府网站的相关数据信息集合于平台，使政府部门能够数据互通、共享、开放利用。

第二，通过搭建开放式的商城平台，构建面向公众的“众创空间”。依

① 陈曦．“贵州省人民政府门户网站云平台”正式上线运行［N/OL］．贵州日报，2015-07-07［2017-02-26］．http：//gzrb. gog. cn/system/2015/07/07/014419980. shtml；徐海星．“一张网”打通数据壁垒——全省政府网站云平台建设成效显著［J］．当代贵州，2016（5）：22.

图 4-5 贵州政府网站云平台“中国贵州”主页界面

照法律规定开放各类政府数据，为开发者和创客提供了智能化的开发创新和应用平台。

第三，建立云工程数据资源共享会商机制，公众可按需调用政务信息公开、网上办事大厅、旅游云、交通云和电商云等“7＋N”云工程信息，实现各部门数据资源聚合并集中呈现，初步形成贵州政府门户政务、商务、事务“一网式”查询办理构架。

此外，平台还具备地方化、个性化等特征，例如，采用国内外互联网主流媒体网站的设计理念，创造性地把贵州人文风光和特色地标与网站设计深度融合。又如首页设置了智能搜索和功能性按键，用户可以一键查阅个人关注的新闻、政策、办事流程等，实现定制化、精准化、个性化信息服务。

（二）从传统到智能：整合资源，实现智能互动

在建设智慧型政府的目标导向下，以透彻感知、快速反应、主动服务、科学决策等为特征的“智慧政务”成为现阶段电子政务发展的新方向。人工智能技术是推动智慧政务发展的重要工具，能在降低政府行政成本的同时提高行政效率。政府网站可以基于对信息服务资源的整合，运用人工智能技术搭建智能互动平台，实现自动回应，以满足用户的实时互动需求。

这方面的典型代表是上海“白玉兰助手”智能服务平台。①

为了进一步优化整合“中国上海”门户网站的信息和服务，实现政府“自助式浏览”的服务模式，“中国上海”门户网站于 2015 年 7 月进行了全新改版，推出了“白玉兰助手”智能服务平台。

智能服务平台由智能前端交互系统、智能数据采集系统、智能引擎处理系统、智能数据处理系统、运营管理分析系统五部分组成（见表 4－3）。

表 4－3 “中国上海”门户网站智能服务平台构成

智能前端交互系统	交互逻辑呈现
智能数据采集系统	智能收取、信息去噪、智能更新、数据源监控、数据回滚
智能引擎处理系统	智能问答、模糊匹配、敏感词过滤
智能数据处理系统	数据处理与算法训练
运营管理分析系统	采集管理、日志管理、报表管理、系统管理

该平台的特点主要体现在以下三个方面。

其一，庞大且有序的政务资源库。智能服务平台的内容整合了市政府门户网站、区县网站、市级部门网站和管委会网站。通过对政府网站群信息和服务的梳理，实现数据语义自动化、智能化处理，形成自动采集、自动更新、自动加工，将民生关注度较高的内容资源进行整合，建成政务资源库（见表 4－4）。

其二，优化的门户网站主题服务，更强的数据关联性。主题服务平台将门户网站数据以数据标签的形式进行智能关联，在公众使用相关主题服务时自动对网站内容加以智能化呈现，同时还会自动推荐。

① 中国软件评测中心．2015 年中国政府网站绩效评估总报告［R/OL］．（2015-12-15）［2017-02-26］．http：//2015wzpg. cstc. org. cn/wzpg2015/zbg/pgbg _ detail. jsp? id=127567.

表 4-4　“中国上海”门户网站智能服务平台政务资源库层级

用户层	通过 H5 技术满足包括微信、App 等移动客户端以及桌面 Web 端的统一用户界面的数据支持
应用层	为网站的智能服务平台、检索平台、微门户提供数据应用支撑
接入层	根据网站数据的类型采取不同的接入方式：内容报送、数据接入、应用接入。各个子网站在统一的内容保障平台内对接入数据的更新及校对负责
数据层	各门户网站提供数据

其三，智能化和人性化的服务。通过自动语义智能化处理，允许采用自然语言进行信息的交互，提供智能问答、智能搜索、智能引导、智能标签、关联推荐等多种功能。智能服务平台会将用户需求的内容根据需要以文本、图片、表单、声音和视频等富媒体方式展现。

（三）从易用到友好：以受众为中心，提升体验感

用户体验是从 20 世纪 90 年代开始渐渐为人们所熟悉的概念，指人们对于使用或期望使用的产品、系统或服务的认知印象和回应。政府网站在易用的基础上，进一步提升至“友好”，是“以受众为中心”的内在要求，也是推进服务型政府建设的重要环节。在实现过程中，可重点考虑如何使网络使用能力较弱的受众便于操作，如何满足残疾人、老年人等群体对政府网站的特殊需求等问题。

这方面的案例可参考“首都之窗——政务信息（无障碍）公共服务平台”（“智联政府”，见图 4-6）。2016 年 2 月，该平台正式发布，它通过人机语音、信息影像化等智能化应用，打造政务信息无障碍交流的环境。该平台的无障碍服务主要集中在三个方面：第一，在政务搜索中提供智能化无障碍服务。第二，建设网站无障碍系统。系统连通体系内各网站，并对所有网站按照无障碍规范进行改造，形成以门户网站为核心、部门网站为支撑的互联互通的系统。通过提供键盘操作、在线读屏、视力补偿、人机语音互动等服务，满足盲人、老年人、低文化人群获取信息和服务的需求。第三，提供大字幕影音服务（见图 4-7）。在简洁的操作界面中，运用大字幕和影音化的方式呈现信息和服务，提供特大鼠标、全程键盘和语音命令等操作方式。

图 4-6 “智联政府”网站无障碍系统界面

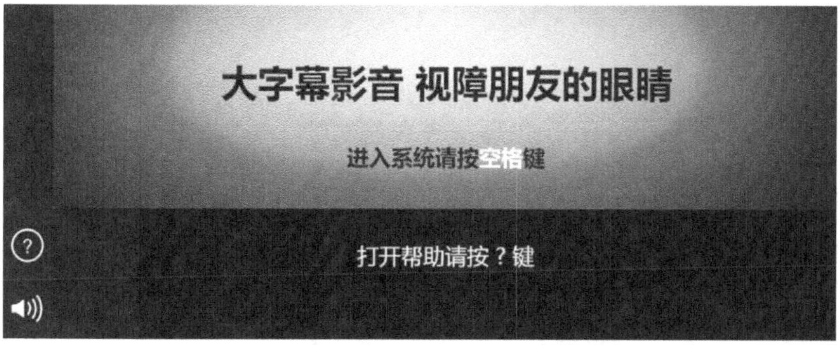

图 4-7 “智联政府”大字幕影音服务界面

此外，“随时随地”是移动互联时代信息传播的突出特征。因此，政府网站的建设也需考虑受众访问政府网站的场景，并在此基础上优化网站设计，增强受众使用的舒适度。

（四）从独白到联动：提升适配性，加强媒体融合传播

在移动互联时代，政府网站的建设要更多地考虑到公众信息获取的新特点。一方面，提高其对手机、平板电脑等移动端的适配性能，如采用 H5 响应式网站布局，使政府网站的信息与服务适用于多样化的终端设备，为信息的多渠道传播奠定基础。另一方面，加强其与“两微一端”等移动新媒体的联动，在政府网站中提供面向移动新媒体的信息分享服务①，或将政府网站作为信息的“大本营”，把政务微博、微信等新媒体作为广泛传播与精准传播的信息分发渠道，以拓展信息传播的广度与深度。例如，重要的政府信息以及重大突发事件的新闻发布，可以在政府网站进行首发的同时，利用政务微博现场发布、即时发布，发挥微博“快媒体”优势，以抢占“第一时间”；政务微信则发挥其针对性强、目标推送精准的优势，提高政策发布说明、危机预警和辟谣的公信力。②

目前，很多国家的政府网站都与时俱进地针对多元媒体的联动发布做出优化。例如，2015 年 4 月美国白宫网站（whitehouse. gov）进行了改版（见图 4 - 8），改版后的网站制作采用了 H5 响应式布局技术。响应式布局即

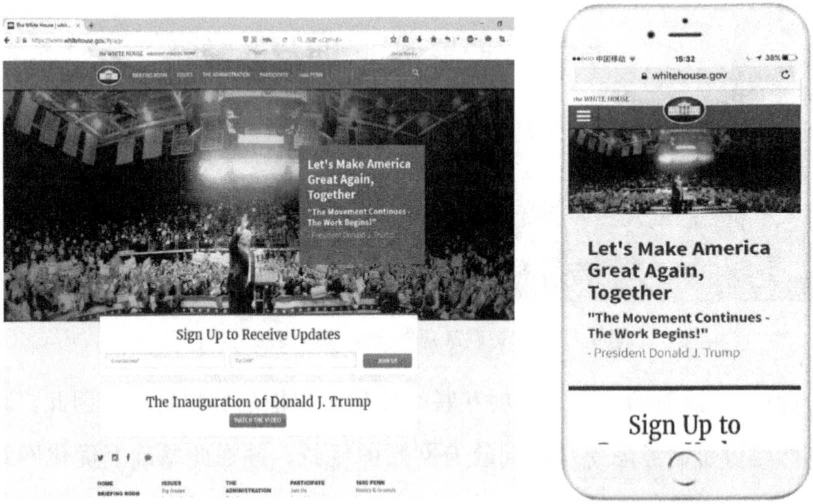

图 4 - 8 美国白宫网站 PC（左）及手机端（右）浏览界面

① 国务院办公厅．国务院办公厅关于印发 2014 年政府信息公开工作要点的通知：国办发［2014］12 号［A/OL］．（2014-04-01）［2017-02-26］．http：//www. gov. cn/zhengce/content/2014-04/01/content _ 8728. htm.

② 李丹．政府网站和政务新媒体的融合发展［J］．新闻战线，2015（13）：140-141.

一个网站能够兼容多个终端，而不是为每个终端设计一个特定的版本，其优点在于面对不同分辨率设备灵活性强，能够快捷解决多设备显示适应问题，为不同终端的用户提供更舒适的界面和更友好的用户体验。白宫网站改版后，网站可以根据不同设备的屏幕尺寸和分辨率自动调整布局方式，从而使用户获得最佳的浏览体验。

第五章　政府讲故事的现实困境与破解之策

2013年，习近平总书记在“8·19”讲话中提出要“讲好中国故事，传播好中国声音”，并将之作为把握传播话语权，塑造政府和国家形象，引导国内、国际舆论的重要手段。对各级政府而言，讲好民主施政、依法行政、勤廉从政的“中国故事”既是一个事关社会和谐稳定和政府形象构建的战略性问题，也是当前移动互联网深入发展及政府、公众深度互动条件下如何做好舆论正向引导的技术性问题。本章首先从叙事理论出发，梳理构成“好故事”的必要因素，继而基于当前政府“讲故事”的主要问题，提出政府讲好故事的路径与方法。

第一节　什么是“好故事”

一、“好故事”所具有的传播优势

对政府来说，讲好故事，就是把政府在施政、行政过程中优秀的方面总结、梳理出来，通过故事这种清晰、易于记忆、富有吸引力和感染力的叙述方式，在传递事实的同时让受众产生一种愉快的、难以忘怀的情感体验和正面联想。

讲故事与政府传播惯常采用的新闻宣传报道存在很大的不同。这种不同主要体现如下：其一，新闻报道侧重传达信息，而故事则注重描写经历，故而新闻报道往往言简意赅、突出重点，而故事则会提供更加丰富的信息内容，通过再现生活的诸多细节来揭示其意义；其二，新闻报道强调结果，如“村村通”项目今年又覆盖了多少新用户，而故事强调的则是过程，如讲述“村村通”项目在推进中如何影响村民的生活点滴；其三，新闻报道追求及时性、接近性以及贴近社会热点，而故事则更关心个体的戏剧性价值，如成长、蜕变、坚持信仰、克服困难等等。

由于这些差异，相较于一般的宣传报道，故事往往会更加吸引受众对传播内容的关注与兴趣，更为重要的是，故事还有助于激发受众对传播主体行为与观点的共鸣和认同感，从而促进劝服目的的实现。20 世纪 90 年代，当代政治学家约瑟夫·奈就将“讲故事”作为国家软实力建设的重要途径，并称在信息时代，政治竞争的胜利取决于“谁的故事最终能打动人”[①]。2013 年 8 月，习近平总书记在全国宣传思想工作会议上也提出“提升我国软实力，讲好中国故事”，强调宣传思想工作“关键是要提高质量和水平”，“增强吸引力和感染力，让群众爱听爱看、产生共鸣”[②]。

好的故事之所以有显著的劝服效果和舆论引导潜能，源于其在传播中具备如下特殊优势：

第一，故事能够将抽象的观点形象化。所有好的故事实际上都在传递某种意义。正如高小康在《叙事作品论》中所说，“在传统的社会环境中，讲故事，还是游吟诗人弹着七弦琴向围坐篝火旁的人们讲唱史诗和英雄传奇……都不仅仅是为了娱乐消遣，而是为了向故事的听者传播这个社会的历史和价值观念”[③]。这一价值观念，即意义，大到那些恒久的行为价值或人类生命运动的“元规则”，譬如善良、真诚、友谊、公平、合作；又可细微至个体对生命和生活本质的体认，像是乐观、奋斗、勤劳、慷慨。而与

---

① 黄滢．软实力之父约瑟夫·奈接受本刊专访［J］．环球人物，2011（34）：44-46.

② 中国文明网．全国宣传思想工作会议在京召开［EB/OL］．（2013-08-20）［2017-04-02］．http：//www.wenming.cn/xj_pd/ssrd/201308/t20130820_1422721.shtml.

③ 高小康．叙事作品论［M］．北京：北京师范大学出版社，2006：1-2.

采用下定义、列数据、逻辑推理等方式对意义进行理性诉求或直接灌输不同，讲故事是以具体例证为基础的，通过精心布局的叙事，让受众对故事的主人公产生认同，带领其设身处地地感受、回应故事中出现的情境，最终一步步接近与发现意义。在这个过程中，故事的优势体现在为受众创造了强烈的现场感、参与感与娱乐感，这一方面为其阅读增加了兴趣和乐趣，另一方面也使故事的意义以一种更为具体、生动、可感的形象出现在受众面前，降低了他们接受的门槛。因此，从这一角度看，如尼克·南顿等人所言，“故事是树立‘论点’的最佳途径”①。

第二，故事更易激发受众的情感、共鸣与行动。早在古希腊时期，柏拉图在其著作《斐多》中就已讲述过其老师苏格拉底对故事的理解，后者将“故事”与“论说”对举，认为“论说”是“曲高和寡之乐”，而“故事”则是“民众喜闻乐见之乐”②。后者之于前者的优势在于精心编织的故事“生育”能力更强，即能够更广泛地影响并激发民众对美和善的认知与追求。换句话说就是好的故事具有非常强大和持久的劝服效果。从社会认知理论上看，这是因为故事为受众设定了一种“真实”的情境，受众比较容易从认知和情感上改变自身日常的信息处理习惯，进而浸入故事角色中去，并由此带来两方面的效应：一是叙事卷入和角色卷入限制了反驳与不相容的产生③，降低了受众的抵制并可令其欣然接受故事中的信息；二是个体还具有潜在的学习能力和模仿能力，受众会在阅读过程中学习、模仿他们所喜欢和认同的行为、理念、信仰，因此也会增加其接受故事中的观点

---

① 南顿，迪克斯．故事营销有多重要：用终极故事和传媒思维打造独特品牌［M］. 闾佳，邓瑞华，译．北京：中国人民大学出版社，2016：35.

② 刘小枫．诗术与编故事：亚里士多德《论诗术》题解绎读［J］. 兰州大学学报（社会科学版），2011，39（1）：14-18.

③ SLATER M D，ROUNER D. Entertainment-Education and Elaboration Likelihood：Understanding the Processing of Narrative Persuasion［J］. Communication Theory，2002，12（2）：73-191.

和态度的可能性。

第三，故事更易于传播。叙事是人类行为的基本模式，“人天生是一个讲述者……我们创造故事、讲故事来告诉别人我们知道什么，我们在想什么”[①]。人们在日常生活中，与他人的交流和沟通通常都是以讲故事的形式进行的。因此，对于绝大多数人来说，讲故事是一种舒适的且熟悉的信息沟通方式。特别是在新媒体平台上，震撼感人的主题、紧张有趣的情节、个性鲜明的人物、扣人心弦的叙事——好故事的诸多特征恰好契合网民主动分享、传播的信息内容的偏好。因此，一则好故事不仅能够以更加通俗、有力的方式传播观点，其传播成本也更低，并且在借助网民关系网络展开“病毒传播”的情形下，其传播的广度和深度也会大大增加。

二、什么样的故事是好故事

好故事往往都有一些共同的特点，比如其主题具有普遍性和教育意义，注重事件的选择及组合，人物塑造注重圆形化，以及具体叙事和抽象叙事相结合。不过，在阐述好故事的特点之前，我们有必要先对故事的结构及要素做出梳理。

（一）故事及其构成要素

关于什么样的叙述是故事而什么不是故事，每个人都有天然的直觉，甚至在很大程度上是一种社会共识。通常，“故事”可被看作以一定的方式，对按逻辑和时间先后顺序串联起来的一系列由行为者所引起或经历的事件的描述。[②] 自从人类有了语言这个工具，故事就开始以传说、神话、宗教等形式演变与流传。

① SCHANK R C，BERMAN T R. The Pervasive Role of Stories in Knowledge and Action [M] // GREEN W C，STRANGE J J，BROCK T C. Narrative Impact：Social and Cognitive Foundation. NJ：Lawrence Erlbaum，2002：287-313.

② 巴尔．叙述学：叙事理论导论 [M]．谭君强，译．北京：中国社会科学出版社，1995：3.

从古希腊时期开始，故事研究者便致力于发展和描述故事的潜在结构。亚里士多德率先指出这样一个看似平常实则非常重要的事实：肃剧[①]的情节均有开始、发展和结局。19 世纪，德国戏剧理论家古斯塔夫·弗雷塔格将故事的结构划分为序幕（交代故事发生的背景）、情节上升、高潮、逆转（重要的转折点）、结局（灾难或者解决）。[②] 俄国形式主义的代表人物弗拉基米尔·普洛普对故事结构的分析则从变量与不变量的区分出发，提出故事是由不断变化的人物与人物所执行的不变的情节功能（譬如干坏事、惩罚坏人等）组成，并据此总结出了 31 种人物行动及其在故事中的分布规则。[③]

本章对故事的分析采用叙事学中一种较为公认的分类假设——认为故事可分为"故事（所叙之事）"和"话语（文本）"两个层面（见图 5 - 1）。[④] 其中，故事指所讲的内容，或者说是情节；话语，则指内容的讲述方式，这既包括叙事的结构，也包括其在媒介中的呈现方式。

具体而言，故事的结构包括：

1. 事件

事件可以是行动，即由一个行动原引发的或对一个被动者造成影响的一种状态的改变；也可以是事故（happenings），即叙事对象所在环境发生的状态的改变。一系列精心选择与有意安排的事件构成了故事的情节，此时，

---

① 肃剧（tragedy），也被称为"悲剧"。在古希腊时期，肃剧为酒神祭歌之间插入的有情节的表演，多取材于神话、英雄传说或是史诗。亚里士多德在《论诗术》中提出肃剧是对一个高尚、完整并有分量的行为的模仿，目的则是通过引起观众对剧中人物的怜悯或对命运的恐惧来净化其情感（刘晓枫．"古希腊悲剧注疏集"出版说明［M］//褚朔维．高贵的言辞：索福克勒斯《埃阿斯》疏证．上海：华东师范大学出版社，2010：1）。

② 弗雷塔格．论戏剧情节［M］，张玉书，译．上海：上海译文出版社，1981：53-58.

③ 普洛普．《民间故事形态学》的定义与方法［J］．叶舒宪，译．民族文学研究，1988（2）：86-94.

④ 费伦，拉比诺维茨．当代叙事理论指南［M］．申丹，等译．北京：北京大学出版社，2007：12.

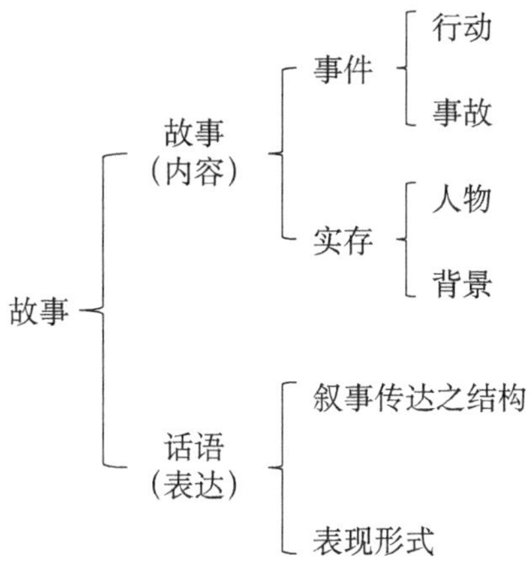

图 5-1　故事的诸要素

资料来源：查特曼．故事与话语［M］．徐强，译．北京：中国人民大学出版社．2013：12.

事件则可被视为一个个情节点，促使故事向一个特定的方向发展，以揭示故事的主题及其在道德、情感上的意义。从这一角度上说，事件是故事的最小叙事单位。

在故事的叙事中，事件具有如下特征：（1）故事中的事件是相互关联、相辅相成的；（2）在故事中，事件以流布的方式出现，但其顺序不是简单的线性关系，而是因果关系，即使两个看似无明显相互关系的事件，也会随着故事的发展发生关联；（3）按照推动情节与展现主题的作用的大小，事件还可分为核心事件和从属事件，前者是情节发展中的关键节点，对叙事逻辑起到直接的支撑作用，而后者则主要用于填充、说明、完善核心事件。

2. 人物

人物是事件中所含行动或事故的“行动原”及“施动者”。茨维坦·托多罗夫根据行动与人物的重要程度将故事划分为两种类型：一是情节中心的或非心理的故事；二是人物中心的或心理的故事。[①] 在这两种不同类型的

---

① TODOROV T. The Poetics of Prose［M］. Syracuse：Cornell University Press，1997：6.

故事中，人物的功能、地位以及塑造方式存在着显著差异。

对于情节中心的故事来说，人物是情节的派生物，其作为事件的参与者或行动的行动者存在。在这类故事中，人物的心理、行为、情感与道德观念（即“他们是谁”）是第二位的，其在推进情节过程中的“角色”和“功能”（即“他们做了什么”）才是第一位的，因此也无须对人物本身进行过多的刻画。与此相反，在人物中心的故事中，人物居于行动之上，行动（即“他们做了什么”）更多是为了例证人物本身的特性（即“他们是谁”）而存在。对于这一类型的故事，人物的塑造涉及所有使其独一无二的全部特性，既包括外表特征，如外貌、年龄、性别、个性、行为举止；也包括其深层性格，诸如诚实还是虚伪、勇敢还是懦弱、慷慨还是自私、坚强还是脆弱；并且，能否深刻而真实地揭示人物的深层性格，在很大程度上决定了故事能否成功。

3. 背景

从广义上看，背景是故事中发生的事件以及人物行为所背靠的环境的集合。著名剧作家罗伯特·麦基把故事的背景划分为四个维度。[①]（1）时代，即故事在时间中的位置，如故事是发生在当下抑或是某一个特定的历史时期；（2）期限，指故事本身的时间跨度；（3）地点，关于故事在空间中的位置，如故事发生的具体地理位置；（4）冲突层面，指向故事所讲述的“斗争”的层级，比如是聚焦人物内心的冲突，还是人际冲突，或是与社会机构的斗争，再或是与环境力量的对抗等。

故事的背景有助于受众确认故事所描述的宏观世界。而除了这一功能，在特定的故事文本中，背景还承担了向受众展示事件发生与人物活动所在的具体空间形象的任务。故事不仅可以通过呈现场景，为事件的演变和人物的行为提供条件及理由，还可帮助渲染故事叙事的基调，从而服务于故事意义的构建。

---

① 麦基．故事［M］．周铁东，译．天津：天津人民出版社，2014：71-72.

4. 话语

按照查特曼的定义，话语指的是故事的表达形式，它包含两个方面：一是传达故事所采用的媒介，包括文字、语音、影像等多种传播样式与传播媒介；二是叙述故事所采用的叙事结构，包括叙述的手法（直接向受众呈现还是经由文中的叙述者表达）、叙事的视角（如第一人称叙事、第二人称叙事还是第三人称叙事）、叙事的方式（如概括叙事、场景叙事）、时态（如过去时、现在时、将来时）等。话语不仅作为一种表达方式在方法上辅助故事的叙述与呈现，同时也是意义生成的重要途径，故事的作者可以通过采用上述不同的方法来表达和实现他们的想法与目的。

（二）"好故事"的共同特点

正如上文所阐述的，故事是一个包含复杂结构的叙事文本，每一个结构要素对故事最终的呈现都具有很大影响。此外，不同的故事所讲述的事件、人物亦有差异，这就像乔恩·富兰克林所说的"故事就像是雪花，看上去差不多，但是每一片都不一样"。这两个方面均为探究何为"好故事"增加了难度，或者说，打造好故事未必存在一定之规。但我们仍然可以通过对故事文本的观察，在诸多"好故事"中发现它们具有的共同特点，笔者对此分说如下：

1. 一个有价值的主题

这里谈到的主题，即故事想要构建、阐发与分享的意义。主题是故事叙事与写作的焦点，应该说，故事的所有情节都是为主题服务的。缺少主题这一要素，故事中堆砌的事实便会显得苍白空洞，没有意义，没有情感，没有启迪。剧作家拉约什·艾格瑞曾说，主题是戏剧的"前提"，是整个戏剧的基础。①

---

① 哈特．故事技巧：叙事性非虚构文学写作指南［M］．叶青，曾铁峰，译．北京：中国人民大学出版社，2012：143.

有了好主题，才能让故事值得讲且令人愿意听。从古代的神话故事、历史故事，到当代的生活故事，好的主题均具备如下两个核心特点：

其一，普遍性，即发现每个人生活的共通性，表达一种具有普遍性的人性体验，包括道德的（如善与恶、忠诚与背叛）、伦理的（如是与非、爱与恨）或者仅仅附和着纯粹的价值（如生与死、自由与奴役）。只有具有普遍性的主题，才能够在和受众的沟通中找到一种“背景”，将故事和他们的生活联系起来，激发受众的同感与共情。而这也促成了一种十分常见的阅读体验：“故事让我如此感动，是因为它让我联想到了自己的生活。”[①]

其二，教育意义。正如葆拉·拉罗克所言，人类历史上所有伟大的文学作品，“实质上都是道德寓言或者警示寓言”[②]。好故事的主题总会在一定程度上对受众有所教益，这也是其能够引起受众共鸣的关键之一。教益越重要，故事的附加值就越大。但这并不意味着故事要注重说教，所谓的教育意义，是让受众通过阅读、观看、聆听去体验故事中的人与事，从而重新发现自己、发现生活，去欣赏、去学习、去增加生活的深度，从而照亮自己的日常现实。

2. 遵从“叙事弧线”来选择和组织事件

在故事研究领域已有的一个共识是，故事的事件及其构成的情节是读者投入故事的核心因素。[③] 好的故事通常会注重事件的选择，并将入选的事件按照一定的结构有机地组合起来。而所谓的结构，即是从写作意图出发，将入选的事件组合成一个具有战略意义的序列，反过来表达作者的写作意图。

① 哈特．故事技巧：叙事性非虚构文学写作指南［M］．叶青，曾轶峰，译．北京：中国人民大学出版社，2012：145.

② LAROCQUE P. The Book on Writing：The Ultimate Guide to Writing Well［M］. TX：Grey and Guvnor Press，2013.

③ GUSE M. Toward a Theory of Entertainment Persuasion：Explaining the Persuasive Effects of Entertainment-Education Massages［J］. Communication Theory，2008，18（3）：407-425.

由此提出的一个问题是，事件的组合应该遵循何种规则？亚里士多德提出情节应有开始、发展、结局，而为更多故事所采用的叙事结构则是“序幕—情节上升—危机—高潮—结局”模式，由于这一结构从情节的紧张度上看呈先扬后抑的特点，故而被有些人称作“叙事弧线”。具体来说，序幕阶段介绍故事发生的背景，界定人物角色；情节上升阶段则由一系列相继发生的事件组成，事件的发生带来悬念的形成和揭晓、困境的出现与解决、希望的新生和幻灭，情节随之逐步展开，由于这一部分往往容纳了故事的大多数事件，故而其所占的篇幅通常最多；危机阶段是故事情节的“逆转”，主人公突然被置于最危险的境地或事件急转直下到了最危险的情境，此时情节的紧张程度达到尖峰；第四个部分是高潮，高潮是解决危机的一系列事件，此时困境彻底被瓦解，叙事弧线开始下行；至结局阶段，故事逐渐放缓并接近尾声。

好的故事往往都隐含着这样一条叙事弧线。以印度电影《摔跤吧，爸爸》① 为例，故事在序幕中介绍父亲的摔跤冠军经历与未完成的世界冠军梦，但没有儿子的他只好放弃了这一理想。紧接着情节上升，这位父亲发现了女儿的摔跤天赋，决意培养她们从事摔跤运动，由此一连串事件展开，包括开始魔鬼训练，通过民间比赛崭露头角，继续加强训练，大女儿参加职业比赛并获全国冠军，大女儿成为国家队成员在新教练的指导下继续深造。随后危机到来，进入国家队的大女儿与父亲在摔跤方法上产生冲突，父女关系决裂，同时大女儿在国际赛场屡战屡败，逐渐对自己失去信心。面对危机，在故事的高潮阶段，父女和解，女儿再度接受父亲的指导，完成自我超越获得世界冠军。至此，故事转入结局，父亲实现了梦想并为女儿自豪。

① 这部电影讲述了一个曾经是国家冠军的父亲打破印度传统，培养两个女儿成为摔跤冠军的故事。

3. 人物塑造注重圆形化

在有些研究者眼中，人物是故事得以成功的最关键因素。著名作家爱德华·福斯特将故事中的人物划分为圆形人物与扁平人物两类。[①] 圆形人物的性格往往更加丰满立体，其一般不遵循好与坏这一简单的分类方法，而是呈现出人性的复杂性和多面性，并会随着情节的发展发生变化，如自私成性的人也会舍己救人，英雄人物也会胆小怯懦；相反，扁平人物的性格一般只体现出单一的或很少的特征，其行为因不会与这些特征发生冲突而具有高度的可预见性，比如某个人物被设定为坏人，那么他的行为就只有残暴、邪恶、不择手段等特征。

一则成功的故事往往具有至少一个圆形人物。[②] 这是因为，只有当故事中的人物反映出复杂的人性时，其缺点、矛盾、变化才会使受众与其发生共鸣，故事才能得到受众的认可。经典小品《英雄母亲的一天》之所以深受观众的喜爱，一个十分重要的原因即是剧中的母亲并没有因为自己是英雄的妈妈而被塑造为深明大义、满腹诗书或者爱讲大道理的形象，反而是既会讲《司马光砸缸》来教育孩子，又有些健忘、有点迷信，还着急买豆腐做饭的普通人形象，而往往是这种真实、可感的人物更容易吸引和打动受众。

当然，任何故事都不会对每个人物皆进行全面的描绘。前文曾提及，当故事更为偏重事件而非人物时，很多人物只是为了推动情节的发展而存在。但这并不意味着其不能生动有力。在很多好故事中，“配角”也不完全扁平，而是各具特色。譬如纪录片《舌尖上的中国》中出现的很多人物：一边看着老伴遗照，一边守护百年虾铺的 76 岁老人郭少芬；一心想供孩子

---

① 福斯特．小说面面观［M］．冯涛，译．北京：人民文学出版社，2009：37-72.

② 哈特．故事技巧：叙事性非虚构文学写作指南［M］．叶青，曾铁峰，译．北京：中国人民大学出版社，2012：79.

上学，天未亮就划船去挖藕的挖藕人；远赴秦岭养蜂，为了吃一口豆花而变得怕老婆的四川人老谭；以及就为给即将上大学的弟弟一份礼物，不顾危险徒手爬上 40 米高的大树取蜂蜜的西藏小伙白马占堆……尽管他们的出现更多是为了介绍食物和食材，但正是这些饱满的“配角”为这部描绘食物的纪录片赋予浓浓的人情味，从而感染了众多观众。

4. 具体叙事与抽象叙事相结合

故事总是力求以小见大，它一方面需要通过对事件、人物、背景的细节描写增强故事的戏剧性、可读性，令故事所呈现的场景更接近现实；另一方面也需要通过抽象的概括，超越个体以及时间、地点的局限，表达、讨论更为普遍的意义。这也就是说，从叙事方式的角度来看，好的故事均为具体叙事与抽象叙事有机结合的产物。

然而需要注意的是，这两种叙事方式在叙事的方法方面实际上存在着较大的差异。语义学家早川一荣在其著作《行动的语言》中对此作出过论述。他认为，所有的语言都存在于阶梯上：最概括或最抽象的话语即抽象叙事位于阶梯的顶端，而最具体、最明确的话语即具体叙事则在阶梯的底部。[①] 对讲故事来说，它们差别如下：(1) 阶梯底部的写作是展示，主要通过具体的案例呈现细节，而阶梯顶端的写作则是言说，主要呈现概况，表达抽象的意义；(2) 阶梯底部的叙事根据不同的场景来组织，通过具体的视角对情节的诸过程加以呈现，而阶梯顶部的叙事则是根据话题来组织，其叙事的视角是无所不知的，相较于过程其更注重陈述结果；(3) 阶梯底部的叙事目的是再现经历，局限于一时一地，而阶梯顶部的叙事则意在传达信息，因此关切的是更广阔的时空。

有鉴于此，一则好的故事需要准确地运用这两种叙事方法。在呈现事

① 克雷默，考尔．哈佛非虚构写作课：怎样讲好一个故事［M］．王宇光，等译．北京：中国文史出版社，2015：102-103.

件、塑造人物时多采用具体叙事，通过细节的展示，提升故事的现场感和可读性；而在介绍故事背景、事件原因以及影响等方面则需采用抽象叙事，为故事增加纵深感与普遍意义。在讲故事的过程中，切忌忽视具体叙事而多抽象叙事，否则故事就会缺乏具体内容而显得空洞；相反，若具体叙事过多而抽象叙事太少，事实的罗列感便会增强，也会削弱故事对意义的表达能力。

第二节　政府如何讲好故事

过去的几十年中，“讲故事”作为一种辅助手段，在典型人物的塑造及重大事件的宣传报道中屡被采用，由此形塑了很多公众十分熟悉的人物形象，譬如雷锋、焦裕禄、王进喜等。但随着媒介环境和受众认知的变化，一些传统的“讲故事”模式已不再适用，如何根据移动互联时代的传播特点及移动用户的阅听偏好讲好故事，成为各级政府面临的全新课题。

一、当前政府讲故事存在的三个主要问题

面对移动互联时代的新型传播语境，各级政府和许多媒体已经开始有意识地转变讲故事的思路与方法，包括越来越注重讲述普通人的生活故事，如腾讯网推出的“中国人的一天”栏目、重庆华龙网开设的“百姓故事”栏目，均将镜头对准平凡的普罗大众，通过展现个体的生活图景来反映整个社会的和谐风貌；以及采用图片、短视频、H5 等多媒体方式对故事进行呈现，如中国青年网推出的 H5 专题新闻《中国人的故事》，用 H5 技术报道了 20 位典型人物的拼搏历程。

目前，政府和媒体在“讲故事”方面的短板，很大程度上并不是报道什么主题、选择什么人物以及采用什么样的新媒体表现形式，而是出现在讲不好故事这一问题上，由此导致了不论讲谁、怎么讲、采用什么方式讲

都缺乏故事性。总的来说这些问题集中体现为如下三个方面：

（一）重结果轻过程，导致故事结构松散、缺乏冲突

在政府传播的故事文本中，一个较共性的问题是故事本身缺乏冲突。这并不是说故事缺乏斗争或争执，而是指其往往把叙事的焦点放在记述主人公经历的事件上面，对这些事件如何影响人物，在经历事件的过程中人物面临哪些困难与挣扎以及最终人物发生了什么变化却很少涉及。后者的缺乏，导致现有的很多故事虽然事件和情节很多，却没有一个亟待解决的“核心问题”，故事结构松散，叙事悬念不足，人物的形象一成不变，很难看到从故事开始的“此岸”到历尽千帆到达“彼岸”的变化与升华。

以腾讯网人物故事栏目“中国人的一天”中的典型作品《小站“盲警”夫妻岗》为例，该故事讲述了贵州铁路民警潘勇，13 年前因病导致失明，在保安妻子的帮助下，坚守高原小站，辖区 10 年刑事案件、铁路交通事故和危及行车安全事件“三无”的故事。故事运用文字与图片，先后呈现了潘勇患病后放弃组织照顾主动请调到偏僻的高原小站工作，入户进行爱护铁路宣传，帮助困难老人，走进学校开展护路防伤教育，严格执行铁路安检工作，一丝不苟地完成铁路巡线工作以及夫妻二人幸福的日常生活等多个情节。然而，尽管情节丰富，但故事却缺乏可读性，原因在于，“失明”本应是潘勇在实现成为一名优秀铁路警察这一人生目标的过程中发生的重大变故，是其必须要跨越的重大阻碍，但故事对潘勇如何战胜失明没有进行任何细节的描述，却将叙事的重点放在罗列潘勇在战胜失明之后继续辛勤工作、为人民服务的先进事迹上面。

相较于结果，故事更适合表现过程，唯有如此，故事才存在序幕、发展、高潮与结局，叙事才具有冲突和悬念，才能够激发受众的好奇心。然而在大多数宣传类故事中，故事的主人公登场伊始就是无坚不摧的强者、人格高尚的先进，后续出现的事件和情节则主要是为了证明这一点；但对于受众而言，这样的故事却可能更像是一场先进事迹报告会。

（二）“榜样示范”模式致使人物个性缺失、形象扁平

故事想要实现其劝服的目标，一个重要的前提和途径是能够让受众与故事中的人物感同身受，两者一起体验痛苦、挫败、希望与喜悦，最终发现生活的意义，实现共同成长。尽管这在叙事学、戏剧理论领域是一个共识，但综观我国的典型报道实践，却仍然倾向于采用“榜样示范”而非“共同成长”，其做法是要么选择一个“榜样”，要么把普通人塑造为“榜样”，以此强势输出劝服的目标。这一模式使得故事中的人物大多不太像“人”——不是缺少“人性”就是有些不通“人情”，受众看到的只是“活化了的时代精神、社会规范或政治主张”[①]。

例如《人民日报》微博、微信公众号在 2017 年 8 月 3 日推送的《泪目！致敬！这位老人在孤岛 30 年，用“算盘”造出一艘核潜艇！》[②] 一文，该报道介绍了工程院院士、中国第一代核潜艇总设计师黄旭华，在 20 世纪 50 年代至 80 年代克服简陋条件，用算盘和计算尺建造出中国核潜艇的事迹。“孤岛 30 年”“算盘和计算尺”这两个细节体现出了黄旭华院士人生故事的冲突性和戏剧性，但报道却没有体现在这一艰苦的过程中他的痛苦、挣扎与抗争，而只用“日日夜夜”“毅然决然”“以身许国”，并为此 30 年“没有回过家，没有联系过自己的家人”来展示他的爱国与奉献精神。由此塑造的黄旭华院士的形象尽管光辉伟岸，但却甚为单一，与受众也有较大的距离。

在人物塑造方面，急于展开劝服带来的另一个消极影响，是限制了故事塑造人物的方式。而这主要是由于目标的单一性所带来的手段的有限性导致的。亦如黄旭华院士的案例，假使故事中的人物只有爱岗敬业这一个特征，那能用来进行说明与佐证的便只有“舍小家，顾大家”“三过家门而

---

① 李良荣．西方新闻事业概论［M］．上海：复旦大学出版社，1999：227.

② 泪目！致敬！这位老人在孤岛 30 年，用“算盘”造出一艘核潜艇！［EB/OL］．（2017-08-03）［2017-08-05］．http：//weibo.com/ttarticle/p/show？id=2309351001254136600962507994.

不入”等少数情节；以此类推，也就导致了很多故事塑造人物的手法过于单一，情节缺乏新意，内容空洞无趣，从而导致人物的扁平化。

有研究者将我国典型人物塑造中普遍存在的扁平化问题总结为四个类型：(1) 雕像化，塑造的人物高高在上，空洞说教，没有亲切感；(2) 画像化，人物的形象千人一面，毫无特色；(3) 神像化，故意回避人物缺点，营造光环效应，缺乏可信度；(4) 蜡像化，看似栩栩如生，实则毫无情感和生命力。[①] 显而易见的是，在移动互联时代，面对这样的人物，不要说让受众感同身受，甚至想要获得人们的注意和关注都十分困难。

(三) 在叙事方式上缺乏细节，常用“告诉”代替“展示”

前文曾提到过，故事实际上讲述的是一个能够以小见大的个案。用叙事阶梯的方法看，故事的特殊性处在阶梯的下端，而其所表征的意义则在阶梯的上端。好的故事不会直接用抽象语言描述意义，而是通过对情节的推进、人物的塑造以及细节的呈现向受众展示意义，即“展示”而非“告诉”。

然而，目前多数故事的叙事方式却是“展示”不足、“告诉”过多。2014 年，山东大众网报道了济南市一对普通母子赡养一位与其并无血缘关系的孤寡老人 35 年的感人事迹[②]，但故事并未向人们展示母子照顾老人的细节，而是一直在“告诉”大家这个家庭为了照顾老人做出了哪些牺牲，包括从未一起远行旅游，父亲中途离世，儿子为照顾老人辞去工作，等等，最后将之总结为“齐鲁大地的孝之典范”。但在叙事方式上，这个报道的叙事重心已不是讲述母子二人如何排除万难照顾老人的“故事”，而是通过“告诉”受众母子二人的种种“失去”，生硬地渲染出一个榜样来。

---

① 程家驹，曹星光．突破典型报道的传统模式［J］．军事记者，2003（5）：26-28.

② 大众网．孝在三生［EB/OL］．（2014-07-08）［2017-04-02］．http：//www.dzwww.com/2014/xzss/.

除了具体场景和细节的缺失，“告诉”还体现为在讲故事的过程中，多采用议论乃至抒情的手法直接点出主题或使主题更为突出。例如《“全国模范检察官”念以新：托起群众心中的太阳》①，该报道意图讲述山东聊城东昌府区人民检察院白云民生服务热线办公室主任念以新十年间接听群众热线、化解居民矛盾、资助困难家庭的先进事迹，但在讲述的过程中频频出现作者对念以新的评价，诸如“爱的最高境界是爱人民。念以新把对群众的深情融入了接访的一举一动”“念以新没有检察官的‘架子’，他有的，只是一名党员的责任感”“念以新把人民二字深深地刻在了心里，用忠诚托起百姓心中希望的太阳，如水滴，把自己的生命融入了浩渺的东昌湖、旖旎的古运河，融入了水城百姓的幸福梦想里”。

之所以很多故事注重“告诉”而非“展示”，不仅是由于作者对场景或细节的描述能力有限，更为重要的原因则是过去长期形成的宣传写作模式以及对宣传主题的刻意强调。而事实上，真正的典型根本不需要浓墨重彩地加以渲染，因为事情本身就已具有说服力；同理，好的故事也不需要作者特意点明主题，因为随着问题的解决和人物的改变，受众自然会领悟到故事所要阐明的意义。

二、讲好故事的策略与方法

针对上述问题，对照第一节提到的故事的结构及好故事的标准，政府和媒体在提升讲故事能力、优化故事文本方面可重点关注如下三条路径：

（一）提升情节意识，重建对“故事”的认知

若想讲好故事，除了确定核心事件与核心人物，还需确立一个核心问题，并以此为中心选择事件和设计叙事的结构。

---

① 蔡楚培．“全国模范检察官”念以新：托起群众心中的太阳［EB/OL］．（2015-12-14）［2017-04-02］．http：//news.xinhuanet.com/gongyi/2015-12/14/c_128527529.htm.

这里，我们可以将核心问题理解为故事的基本情节。克里斯托弗·布克通过对文学作品、电影和电视节目的分析，提出7种最易与受众产生共鸣的情节，分别是征服怪物、白手起家、追寻、旅程、喜剧、悲剧与重生。[①] 而针对政府“讲故事”的目标和需求，其中的四类情节或将更加适用。

1. 征服怪物

所谓的怪物，既包括人内心或机构内部的邪恶与缺陷，也包括外部环境的阻碍与威胁。“征服怪物”的基本情节是“英雄”发现这一“怪物”威胁到目标实现，然后历经困难并最终战胜怪物。这类情节最容易唤起公众的英雄情结，因而为许多故事所采用，诸如个体克服弱点、自我救赎的蜕变故事，战胜病魔、身残志坚的励志故事，以及奋勇抗争、保卫家园的战争故事等。

2. 白手起家

这一基本情节是一个普通人从低点起步，最终实现惊人的成功。该情节之所以备受欢迎，主要原因在于它能给人们以希望，令他们在敬仰这类人物的同时感觉自己也有可能成功，典型的例子有美国著名黑人主持人奥普拉·温弗瑞、苹果公司创始人史蒂夫·乔布斯，还有国内的马云、刘强东等。

3. 追寻

追寻的情节是这样的：“英雄”必须离开日常生活，到外面去寻找对自己或整个社群的未来至关重要的一样东西、一个人或是某些信息。唐代玄奘西行、老一辈中国共产党人留法探索救国真理以及电影《冈仁波齐》均为此类情节。

4. 重生

重生就是从悲惨的失败里重夺胜利的故事情节，如红军长征、中华民

---

① 南顿，迪克斯．故事营销有多重要：用终极故事和传媒思维打造独特品牌 [M]. 闾佳，邓瑞华，译．北京：中国人民大学出版社，2016：71-75.

族伟大复兴。在重生的情节中，“英雄”一般会克服压倒性的负面事件或环境而取得胜利，因此会让受众感受到非凡的希望和鼓舞。而这里的“英雄”可以是一个人、一个组织、一座城市，或者是一个民族、一个国家。

另外需要说明的是，以上几种情节可能同时出现在一个故事当中，不过，应该至少有一个情节在所讲述的故事中占据主要地位，并提供基本的叙述。而不论故事采用上述何种情节，都必须保证所选择的事件和相应的叙述完全真实。在移动互联时代，证伪的门槛很低且被证伪的代价很大，哪怕仅有百分之一的不真实也会让整个故事丧失可信度。

（二）将榜样和典型还原为真实的人

诸多案例都表明，在故事传播中，普通人更愿意接受普通人的故事。这里提到的普通人，不只是身份的平凡，更在于他（她）是一个真实的、活生生的、有血有肉的人。这也契合了前文所述的好故事中的人物应该是圆形而非扁平的观点。因此，要讲好一则故事，在确立故事的核心问题（即基本情节）之外，另一个关键便是塑造故事中的人物。

塑造一个圆形人物需要呈现其复杂的人性。诚然，内心单纯和表里如一的人的确存在，但在故事中，这样的人物未免显得乏味且与普通人的距离过大。相比较而言，多面复杂的人物往往更能吸引受众的注意。在策略层面，圆形人物的塑造主要有三种手段：

其一，呈现人物表面特征与其深层性格之间的矛盾。例如 1980 年美联社为时任纽约市市长的爱德华·科克撰写的人物报道《抓住高树使劲摇撼》，报道中的科克市长，是个不漂亮、不时髦、不性感的 56 岁单身汉，但与其外在特征形成鲜明反差的是，科克市长为人耿直，很有主见，虽然他时常考虑问题很不周全，做事也毛毛躁躁，但在关键时刻却能够沉着冷静、轻松幽默地化解危机。报道通过不断地将科克的表面特征与其深层性格进行对比，不仅塑造出了科克超凡的人格魅力与领导能力，同时也摆脱了严肃刻板的长官形象而令他显得真实可爱。

其二，呈现人物在不同情境下所展现出来的深层性格之间的矛盾。以莎士比亚笔下的哈姆雷特为例，在故事文本中，哈姆雷特既有信神的表现又有渎神的行为，他有情又无情，孤傲而自怜，机智而悲哀，清醒而迷茫，理智亦疯狂，包含了诸多人性特征而成为一个多维的矛盾体，也正因如此，才会有“一千个观众眼中有一千个哈姆雷特”的俗谚。与之类似的还有司马迁笔下的项羽，在《史记·项羽本纪》中，项羽一方面豪迈大气、无坚不摧，一方面又优柔寡断、刚愎自用，既有恭敬慈爱之心亦能做出坑卒屠城之事，性格坦荡爽朗、以诚待人却也嫉贤妒能、多疑狡诈，虽叱咤风云也有儿女情长……复杂矛盾的性格使项羽成为中国文学史上一个鲜明的人物形象。

其三，在故事的讲述中展现人物内在本性的变化。曾经获得普利策新闻奖的人物报道《一个恐怖分子的成长》即是代表。在这篇报道中，成为恐怖组织成员的女孩戴安娜·奥顿，并非生来就孤僻偏激。相反她出生在一个富裕的家庭，曾经是一个温和、快乐、无忧无虑的女孩，在上大学时也爱好取乐，甚至有些虚荣。但伴随她越来越多地接触社会不公平的一面，奥顿逐步对社会失去信心并变得越来越激进，最终演变为想要毁灭整个美国的反社会人格。故事对奥顿完整人格的呈现不仅能让受众客观地了解奥顿其人，也真实地说明了恐怖分子并非一类特殊群体，而更多是由普通人转变而来的。

（三）从优化细节入手，提高故事的讲述能力

契诃夫有一句名言：“不要告诉我月亮有多亮，拿一块碎玻璃让我看看它折射的光。”[①] 同样的，故事所要传达的意义以及其他任何概念性的、抽象的观点，都必须在人物身上具体、有形地展示出来，如此受众才能看到、感知和体验到它们，否则故事便会沦为空洞的说教。这意味着在叙事的方法层面，讲好一个故事的全部要义在于将无形变有形，把抽象转化为具体。在故事中，值得着重描写的细节包括如下四类：

---

① 克龙．你能写出好故事［M］．秦竞竞，译．西安：陕西人民出版社，2014：162.

其一，有助于还原真实场景的细节。报道 1998 年抗洪抢险的新华社通讯《四百壮士战洪魔》中就有过这样一段描写："洪水在几分钟内急速上涨近 50 公分。一路上成群结队后撤的群众开始往军车上爬。戴应忠发现事态严重，命令部队撕开篷布和伪装网准备弃车，不料话没说完，一排几层楼高的巨浪就呼啸着打来，把他乘坐的延安牌重型牵引车打得连翻几个跟斗，一车人全部身陷洪流漩涡"。"急速上涨""成群结队的群众爬军车""几层楼高的巨浪""连翻几个跟斗"，没有直言"危险"，但一系列的细节描写逼真地还原了凶险、悲壮的抗洪场景。

其二，能够构成与情节相关的因果关系的细节。在《南方周末》2004 年 6 月 3 日发表的人物通讯《任长霞传奇》中，第一部分"绣花姑娘打老虎"里有这样一句话："早先一个公安局长的窗台边被人摆了一个炸药包，当时吓得邻居四处躲藏。"尽管简洁，但通过这一细节，就能让受众真切地感知到任长霞到登封市公安局赴任时所面临的严峻而危险的工作环境，为后文她获得国家和人民的认可做出铺垫。

其三，利于受众深入了解人物的细节。新华社在 2012 年发表了人物特稿《"人民群众是我们力量的源泉"——记中共中央总书记习近平》，在这篇特稿的最后，有一段对习近平总书记的描写："他喜欢吃陕西、山东家常菜，朋友聚会时还会喝酒助兴。他喜欢游泳、登山，爱看篮球、足球、拳击等比赛，有时也会在深夜看电视转播的体育节目。"这一系列细节，让习近平总书记的形象从前面的"高大上"变得更加"接地气"，同时还能够让受众对习近平总书记的了解更为全面深入。

第四，可以暗示人物深层性格和外部环境特征的细节。获 1995 年普利策新闻奖的人物报道《她把所有的 15 万美元都捐给了一所大学》① 特意写

① 这个报道讲述了一位名为奥斯奥拉·麦卡锡的黑人洗衣妇，把毕生积蓄的 15 万美元捐给某大学以资助黑人学生的故事。

过这样一个细节："她（指奥斯奥拉·麦卡锡）的《圣经》已经破烂不堪，她就用透明胶将它粘住，以防《哥林多书》掉出来。"此处的《哥林多书》便是极为重要的细节，因为在《圣经》中，《哥林多书》主要强调的是道德与爱的力量，教导信徒活出圣洁的生活。展现麦卡锡对《哥林多书》的珍爱，不仅能够揭示她是一位虔诚、富有爱心的人，同时也为其节俭一生却将积蓄全部捐赠的行为提供了十分合理的动机。

生动的细节可以增强故事的可信度，但这并不意味着细节越多越好。细节过多不仅会让受众应接不暇，难于记忆，也会干扰故事的线索，使叙事臃肿。因此，应选用那些最能够代表或是支撑故事核心理念的细节，以及那些最能透露真情、最能打动人心的细节。

以上三个方面的建议意在改善政府和媒体在故事写作方面的不足。但需要强调的是，除了故事写作，政府和媒体也需要进一步设计具有时代特征、符合大众审美的故事主题，选择能够反映时代精神、具有鲜明特色的人物，并适应移动新媒体发展的潮流，采用使受众可感知、可亲近、可分享、可互动的传播方式。上述诸要素形成合力，才能真正讲好中国故事，有效引导舆论，构建良好政府形象。

第六章　网络问政的演化和制度设计

“知屋漏者在宇下，知政失者在草野。”人民群众是政府施政的基础，问政于民可知得失，问需于民可知冷暖，问计于民可知虚实。创新与完善问政机制，切实地问政、问需、问计于民，不仅是党和政府优化执政效果的有效路径，也是“推进国家治理体系和治理能力现代化”的题中应有之义。

在新媒体普及之前，政府体察民情、汇聚民意的渠道虽然不少，但限于公众问政意识的薄弱和这些渠道自身存在的覆盖面窄、程序烦琐、缺乏反馈等不足，政府与公众之间的沟通有着较大的局限。如今，网络新媒体的发展给公众提供了更加便捷的意见表达方式，增强了他们的参与意愿，同时使政府拥有了与公众交流沟通的畅通渠道。通过网络问政平台的搭建，一方面有利于政府的政策、方针、思路、想法、执政情况等信息及时为公众所知晓，另一方面也使得公众的所思所愿、好想法好建议可以迅速直达为政者。相应的，“善于运用网络了解民意、开展工作”，成为“新形势下领导干部做好工作的基本功”①。

本章首先梳理了网络问政于我国的发展脉络，继而基于移动互联网的发展背景，对综合性网络问政平台的运营要点加以总结，并详细剖析人民网“地方领导留言板”这一典型案例，从而对网络问政平台的管理制度、

---

① 程宏毅，闫妍．习近平在网络安全和信息化工作座谈会上的讲话［EB/OL］．(2016-04-26)［2017-05-16］．http：//news. xinhuanet. com/zgjx/2016-04/26/c _ 135312437 _ 2. htm.

工作流程等内容展开深入讨论。

第一节　网络问政的发展状况

一、网络问政的积极意义

问政，即咨询或讨论为政之道，是执政者实现科学决策和民主决策的手段。大体上看，问政的主体是各级政府机构，问政的对象是广大社会公众，问政的内容主要是公众的需求和其对政府管理、社会运行的疑问、意见和建议。网络问政是依托新媒体平台的问政方式，政府部门通过互联网、移动互联网与公众进行沟通、对话，以达成体察民情、收集意见和建议、优化决策和提升执政能力的目标。

网络问政之于传统问政的优势，亦源自它所依托的新媒体平台。凭借着新媒体平台用户规模庞大、传播速度快、互动便捷等特征，网络问政在拓展问政覆盖范围、简化问政流程、提升问政实效等方面具有更为明显的优势。这样的优势有助于政府部门快速而广泛地向公众征集意见和建议，有效汇集以往零碎散落、难被捕捉的民智、民需、民意，从而促进社会治理格局的完善、治理理念的转型和治理效果的优化。正如 2016 年 10 月 9 日习近平在中共中央政治局第三十六次集体学习时所言，“随着互联网特别是移动互联网发展，社会治理模式正在从单向管理转向双向互动，从线下转向线上线下融合，从单纯的政府监管向更加注重社会协同治理转变”①。具体而言，网络问政具有下述三个方面的积极意义：

第一，网络问政可提供畅通的社情民意渠道，完善社会治理格局。在传统问政方式中，社情民意的沟通阻滞较多：一方面，公众诉求的表达和

---

① 林巧婷．中共中央政治局就实施网络强国战略进行第三十六次集体学习［EB/OL］.（2016-10-09）［2017-05-16］. http：//www. gov. cn/xinwen/2016-10/09/content _ 5116444. htm.

问题的反映，只能通过信访、上访或是人大代表、政协委员等途径，中间环节较多且容易受阻；另一方面，政府官员了解民情也只能借助考察、调研、会议、接见等方式，受到诸多条件限制且覆盖面较窄。互联网、移动互联网等新媒体的普及有效地弥补了传统问政方式的缺陷。借助于网络问政平台，政府得以搭建一个开放、便捷、无障碍的政民沟通和交流的场域——公众能够以评论、留言等最直接的方式向政府反映问题、表达诉求、提出建议，各地政府和职能部门也能在第一时间获悉公众的所思、所想、所盼。而这种成本更低廉、操作更便捷、更易引起领导重视的诉求表达方式又会进一步增强公众的表达意愿，促使更多的公众参与社会治理工作中来，为政府执政建言献策。

第二，网络问政可促进服务型政府建设，推动政府职能转型。党的十八大报告提出要“建设职能科学、结构优化、廉洁高效、人民满意的服务型政府”。所谓服务型政府，指的是可以倾听民意、挖掘民需、改善民生、切实解决公众问题的政府。在这一过程中，具有开放传播、实时互动等传播特征的网络问政平台，既有助于促进政府与公众之间的交流和沟通，令政府充分了解社情民意并将之应用于决策和执政环节，切实将“为人民服务”的执政理念落到实处；又可将问政的发起者、问政的对象、问政过程置于网络公共传播的平台上，使公众得以随时通过网络对政府的应对、施政进行监督和评议，从而不仅大幅加快了问政进程和预期结果的实现，亦从外部督促政府机构强化服务意识，切实提高服务质量和水平。

第三，网络问政可解决公众实际问题，优化社会治理效果。借助网络问政平台，公众有了开放、便捷的参政议政渠道，在反映自身需求或对相关事务进行咨询和投诉时可以“少跑一趟路，少踏一个门槛，少走一道程序”，而对政府的决策、制度、工作等提出的意见与建议又会直达相关部门。随着需求的满足、问题的解决、建言的采纳，网络问政将进一步加深公众对政府部门工作的理解，密切党群、干群关系，从而使得大量社会矛盾化解在基层、化解在萌芽状态，最终优化社会治理效果。

二、网络问政的发展历程

20世纪90年代后期，伴随政府上网工程的启动，我国各地政府开始“触网”，陆续建立自己的政府网站，并在政府网站上公布领导信箱、领导热线等信息，希望增强与公众的沟通。但此时，各级政府仅是做到了将政府机构的联系方式公布在网上，与公众的交流仍旧以线下沟通为主，较传统的问政方式并无太大实质性的变化。[①]

网络问政的开端可以追溯到2003年。是年1月，因为网民“我为伊狂”在人民网“强国论坛”、新华网“发展论坛”发表的一篇探讨深圳市在人才引进、投资环境、行政效率、国企改革以及文化氛围等诸多方面问题的网文，时任深圳市市长的于幼军与“我为伊狂”进行了一次两个半小时的面谈，这被香港《明报》评价为“开创了中共省市级高官与网上批评者当面交流的先河”。随后，3月27日，全国人大常务委员会副委员长成思危通过人民网“强国论坛”与公众交流；12月23日，时任外交部部长李肇星也通过外交部网站“中国外交论坛”和新华网“发展论坛”与公众进行在线交流。

亦是在这一年的5月，山东省烟台市开通了国内第一个真正意义上的网络问政平台——胶东在线网站的“网上民声”栏目，网络问政从此跃入国人视野。胶东在线网站开通于2002年4月28日，是以新闻宣传为龙头、集信息服务和技术应用为一体的区域性媒体，是烟台市对内和对外宣传的重要窗口。作为烟台市的官方网络媒体，该网站以“为民服务，为党分忧”为建设目标，在创办初期开通了“政策法规”和“便民服务”等子栏目，

① 邓兆安．中国式网络问政：胶东在线的标本意义［M］．广州：南方日报出版社，2010：58.

并大力整合报纸、电视、广播等多种媒介信息。当时，互联网的普及程度还不高，网络问政的概念还没有兴起，国内也没有成功的网络问政平台先例。胶东在线网站的工作人员为此展开了大量的研究分析工作，于2003年初提交了“网上民声”栏目建设的初步设想。2003年5月，在烟台全市开展的“环境建设年”活动中，烟台市委机关建设办公室和胶东在线网站开辟了“网上民声”栏目，前期联系确定了28个政府部门参与“网上对话”，此外又在市直机关开展了互联网上听取群众意见活动，进行线下同步推广，迈出了网络问政的第一步。

此后，从中央到地方各级政府治理理念的逐步转型以及对互联网重视程度的不断提升，推动着我国政府开展网络问政的实践日益增多。2005年3月，温家宝便在全国“两会”记者招待会上称，“网民的许多建议和意见是值得我和我们政府认真考虑的”，这被视作“国家领导人首次表示从互联网上了解民意”[①]。2008年6月20日，胡锦涛视察人民日报社，在人民网“强国论坛”与公众进行了5分钟的在线交流，并称互联网是“做事情、做决策，了解民情、汇聚民智”的重要渠道[②]，这标志着中国党和国家最高领导人首次在网络上与公众直接沟通。从2009年至2011年，温家宝连续三年在全国“两会”前夕与公众在线交流，回应了公众提出的涵盖经济、社会生活等各项热点的相关话题。2013年，国务院办公厅发布文件，要求各地区各部门应“着力建设基于新媒体的政务信息发布”，并“充分利用新媒体的互动功能，以及时、便捷的方式与公众进行互动交流”[③]。2016年，习近平总书记亦多次强调，“各级党政机关和领导干部要学会通过网络走群众路

---

① 南都报系网络问政团队．网络问政［M］．广州：南方日报出版社，2010：274.

② 唐维红，刘海梅．胡锦涛总书记通过人民网强国论坛同网友在线交流［EB/OL］．（2008-06-20）［2017-05-16］．http：//politics. people. com. cn/GB/7406621. html.

③ 国务院办公厅．国务院办公厅关于进一步加强政府信息公开回应社会关切提升政府公信力的意见：国办发［2013］100号［A/OL］．（2013-10-01）［2017-05-16］．http：//www. gov. cn/xxgk/pub/govpublic/mrlm/201310/t20131018 _ 66498. html.

线”，借助互联网“了解群众所思所愿，收集好想法好建议”，“让互联网成为了解群众、贴近群众、为群众排忧解难的新途径”①。

在中央政府的带动下，越来越多的政府部门与政府官员主动加入借助新媒体“问政于民、问需于民、问计于民”的活动中，并推动网络问政逐渐向制度化、常态化运营发展。虽然网络问政自2003年便在我国发端，但彼时大部分政府部门与官员仍未注重通过网络与公众进行互动沟通，直至2008年后这一情况才得到真正改变，网络问政始进入活跃阶段。② 当年在629名地方党政县处级以上领导中，近70%的干部有“触网”的经历，其中，78.18%的领导干部表示上网时喜欢接触当地群众意见以及政策反馈等信息，82.54%的被访者认为互联网对促进工作很有帮助。③ 而在2010年1月，网络问政更是首次被写入安徽省政府工作报告，报告提出要“创新联系群众方式，支持网络问政，建立健全领导干部接待群众和工作联系点制度”④。

与此同时，伴随新媒体的普及和移动互联网环境下新技术、新应用、新平台的出现，网络问政的形式、渠道、运营方式等更加丰富多样。

比如，随着政府网站对互动板块与实时互动功能的完善，以在线对话、留言板、在线调查等为代表的网络问政形式开始出现。

又如，在意识到政府对网络问政加强重视之后，一些媒体组织借助自身对公众的影响力，主动搭建网络问政平台以集纳网络言论，组织公众讨论，在政府和公众间穿针引线。代表性的例子有南方报业集团所属的奥一网网络问政平台，湖南省重点新闻网站红网的“百姓呼声”“问政湖南”栏

---

① 程宏毅，闫妍．习近平在网络安全和信息化工作座谈会上的讲话［EB/OL］．（2016-04-26）［2017-05-16］．http：//news.xinhuanet.com/zgjx/2016-04/26/c_135312437_2.htm.

② 邓兆安．中国式网络问政：胶东在线的标本意义［M］．广州：南方日报出版社，2010：58.

③ 裴智勇．中国政坛新气象：近七成领导干部有“触网”经历［N］．人民日报，2008-10-08（13）.

④ 安徽“网络问政”引起全国关注［EB/OL］．（2010-01-29）［2017-05-26.］http：//www.ah.xinhuanet.com/news/2010-01/29/content_18902122.htm.

目，以及人民网的“地方领导留言板”。

再如，基于移动互联网快速发展、用户规模不断扩大的新时代背景，许多政府机构和政府官员将与公众沟通的渠道从论坛、博客逐步向微博、微信等移动新媒体平台转移。截至 2016 年底，新浪微博平台认证的政府机构官方微博超过 12.5 万个、公务人员微博近 4 万个，今日头条 App 上的政务头条号账号亦达到 3.4 万个。①

还如，随着各级政府网络问政实践的逐步深入，各政府部门在运营综合性网络问政平台、“两微一端”等问政平台时，逐步探索出适用于各平台技术特征的差异化定位与功能，并推出各自的平台管理、绩效考核、平台联动等相关运营制度等。

三、移动互联时代网络问政的类型

目前，网络问政类型多种多样，我们可以从不同维度对其进行划分。

以问政渠道观之，作为传统互联网的延伸，移动互联网既包含了所有传统互联网的内容，同时还可以通过各种“应用”提供更多的信息与服务。相应的，移动互联时代的网络问政既可以通过传统互联网上的综合网络问政平台、论坛、留言板、电子信箱等渠道进行，又可以借助移动互联网上以“两微一端”为代表的新应用开展。

以问政形式观之，网络问政既有政府部门通过留言板、网络新闻发言人、电子信箱等渠道对公众留言定期回复，也有政府官员与公众进行即时交流与互动，如在线访谈、在线听证。政府与公众之间的交流与互动，既可以在论坛、博客、微博等渠道上公开呈现，也可以在微信、电子信箱等渠道上的“私密对话”。交流与互动的内容除文字外还可以是语音、图片、

① 中国互联网络信息中心．第 39 次中国互联网络发展状况统计报告［R/OL］.（2017-01-22）［2017-05-16］. http：//www.cnnic.cn/hlwfzyj/hlwxzbg/hlwtjbg/201701/t20170122_66437.htm.

视频等多种形式。

以开展模式观之，网络问政又可分为下述两种类型：一是常态化的问需于民。这指的是政府在日常工作中，通过政府网站、“两微一端”等新媒体平台与公众保持长期、良好的对话及互动，从中筛选出公众对政府工作的意见反馈，并设立公众留言审核制度、信息流转制度、问题办理与回复制度、公众监督与投诉制度等相关制度，督促相关政府部门于特定时限内对公众提出的意见反馈加以线上答复和线下解决。二是活动式的问计问策。这主要指政府围绕特定的议题，定期或不定期地举办网络问政活动，面向公众征集建议。例如重庆市江北区政府就曾在微博上发起过问计活动，该活动面向全球公众征集关于提升江北城市形象、城市管理更科学、城市环境更优化、城市交通畅达以及劳动就业、社会保障、教育、医疗、文化等民生改善方面的“金点子”。而公众参与活动的方式有三种：(1) 在腾讯微博上，以＃重金征集微建议＃为话题，发布140字以内的“微建议”；(2) 登录腾讯·大渝网、江北网等门户网站的专题网页，提交2 000字以上的“深度建议”，具体可以论文、方案、规划、可行性研究等形式呈现；(3) 针对公众提出的问题，江北区公布了区委书记和区长的电子信箱，可以让领导直接与公众进行沟通交流，坦诚纳谏。江北区政府最后会评选出获奖“金点子”，将之汇编出版《全面升级跨越发展——中国重庆江北全球征集“金点子”集萃》一书，并刻录“金点子”视频、CD等视听资料，还会对作者予以最高10万元的奖金奖励。

尽管网络问政在我国发展迅速、形式多样、成效显著，但同时我们必须注意到网络问政在常态化、制度化、规范化等层面所暴露出的一些问题。比如，一些政府部门开展网络问政，并非出于改进工作方法、改善工作作风、优化工作制度的目的，而是看到其他政府部门在这样做或上级部门有要求，就被动地跟风“做样子”，无论是问政的理念、态度还是方法都非常落后，网络问政自然收效甚微；又如，一些地方网络问政的开展并没有上升到有组织、有制度的运作层面，以至于“三天打鱼两天晒网”“空有其名而无其实”的现象普遍存在，公众提出的问题未能得到切实改进，问政效果难以保障；还如，有些问政平台缺乏规范化的运营，对公众发言“把关”不严，导致公众散布、传播不实信息，或是发表具有攻击性、煽动性或侮辱性言论等无序参与问题出现，对网络问政的健康发展带来消极影响。[①] 上述种种问题不仅打击了公众参与公共事务的热情，甚至还会损害政府在公众心中的形象。

网络问政平台能否持续发挥积极作用，除了要看政府官员的观念和意识，还有赖于完善的制度体系。本章将在接下来的内容中，结合典型案例对此进行深入讨论。

第二节 综合性网络问政平台的创新发展

综合性网络问政平台指的是在政府网站、中央级重点新闻网站、地方新闻网站等新媒体平台上开创的集综合信息发布、公众留言、政府答复、在线访谈、领导信箱等功能于一体的问政平台。这类平台通常内容丰富、功能齐全，并设有相应的管理机制和流程规范，以保证其持续高效的运作。

综合性网络问政平台是我国网络问政的重要组成部分，在网络问政发展初期便已出现。当时，一些媒体组织（尤以各地党委宣传部主管主办的报刊集团为代表）出于对网络民意的重视以及自身作为政府与公众之间“连心桥”的定位，在其下属的网站上开办了一些有助于公众参与、利于政府官员与公众开展交流的栏目，并凭借传统媒体自身的公信力及其对公众的影响力，发挥了重要的参政问政作用，推动了我国网络问政的进一步发

① 刘西平，连旭．中国网络问政长效机制研究——基于网络问政行为偏好的实证分析［M］．北京：中国传媒大学出版社，2015：41.

展。典型的如河南日报集团所属的大河网于 2004 年 10 月创办的“焦点网谈”栏目，其因栏目新颖、互动效果好，当年就被评为中国新闻奖新闻名专栏一等奖，首创中国互联网媒体获此殊荣的先河；而该栏目所设置的论坛发帖、焦点话题、焦点民生、焦点报道、嘉宾访谈等功能板块，也大多为后来的综合性网络问政平台所承继。其后，随着我国电子政务建设的推进以及政府网站对互动功能的完善（这得益于 2006 年国务院办公厅印发文件《关于加强政府网站建设和管理工作的意见》，要求各地区各部门的政府网站加强互动栏目建设，“不断丰富互动交流形式，为公众参与互动交流创造条件”[①]），我国各政府机构在政府网站上开设了自身的网络问政栏目（如首都之窗的政民互动栏目），或是搭建了专门的网络问政平台（如江西省政府办公厅搭建的“民声通道”网站），并逐步探索出了在线访谈、网上咨询、电子信箱（包括行政首长信箱、公众监督信箱）、留言板、网上调查、网上听证等问政形式，以及配套的留言回复、问题处理等工作机制，这推动着政府自建的网络问政平台逐步发展成为网络问政的主要力量。

发展至今，综合性网络问政平台在平台功能、问政流程、制度建设等方面积累了较为成熟的运作经验。本节将整合一些有代表性的综合性网络问政平台（见表 6－1）的运作经验，总结、提炼其运营要点。

表 6－1　　部分综合性网络问政平台范例

搭建主体	平台名称	所属网站	标识	功能板块
政府	互动栏目	中央人民政府网站	中华人民共和国中央人民政府 www.gov.cn	我向总理说句话、部长之声、回应关切、督查、高端访谈、文津圆桌、意见征集、国务院常务会议、文件搜索

① 国务院办公厅．国务院办公厅关于加强政府网站建设和管理工作的意见：国办发［2006］104 号［A/OL］.（2008-03-28）［2017-05-16］. http：//www. gov. cn/zhengce/content/2008-03/28/content _ 1149. htm.

续前表

搭建主体	平台名称	所属网站	标识	功能板块
政府	政民互动栏目	首都之窗门户网站	首都之窗 政民互动 www.beijing.gov.cn	政风行风热线、人民建议征集、网上调查、法规文件意见征集、精品专题、互动访谈、市长信箱、信访接待
	互动栏目	广州市政府网站	中国广州政府 www.gz.gov.cn	接访预告（书记信箱、市长信箱、局长/区长信箱、网上信访、信访指南、网上举报）、12345热线专区、案例分析、热门话题、知识库、意见征集、政府行风热线、网上调查、政务微信/微博互动
媒体	重庆网络问政平台	重庆华龙网	重庆网络问政平台 网络民意桥，有事请吐槽	网民正在问、最新回复、问政简报、问政大数聚、媒体跟踪
	网络问政平台	广东奥一网	网络问政平台	话题列表、我@省委书记、问省直机关、问21地市领导、县市行、问政观察员、南方民间智库、网络问企、专题
	网上民声	烟台胶东在线	网上民声 PEOPLE VOICE ONLINE	部门列表、一管到底、嘉宾访谈、热点话题、市长关注、民生聚焦、民间智囊团、回复率、满意度、网友评议
	百姓呼声	湖南红网	百姓呼声 REDNET.CN	投诉举报、咨询求助、建言献策、酸甜苦辣、呼声回音、律师点评、呼声简报、维权参考

结合目前综合性网络问政平台的运营实践来看，为促进政民沟通渠道畅达，促使问政取得良好效果，政府在运营该类平台时，可以从创新观念与意识、合理设置平台栏目及功能、建立网络问政长效机制、运用新技术

创新平台功能与问政方式等方面入手。

一、创新观念与意识

综观各地实践，综合性网络问政平台的运营效果在很大程度上取决于当地领导对新媒体和问政所持有的观念和意识，这具体包括他们是否懂网、是否愿意触网、是否重视民意、是否认可公众的智慧等方面。只有主管领导创新了自身对待新媒体、网络民意的观念和意识，积极去熟悉新媒体，主动去倾听网络民意，并在政策和资源层面对网络问政平台的搭建和运营予以支持，才能促进各部门通力合作，切实改进问政态度、提升问政速度、优化问政效果，发挥网络问政平台应有的功效。对此，习近平总书记在网络安全和信息化工作座谈会上特别强调："各级党政机关和领导干部要学会通过网络走群众路线，经常上网看看，潜潜水、聊聊天、发发声，了解群众所思所愿，收集好想法好建议，积极回应网民关切、解疑释惑。"①

譬如，奥一网网络问政平台（见图 6－1）的发展壮大就与广东省主要领导的理念密不可分。当地政府及官员积极倡导"解放思想"，对网络舆论和公众意见较为重视，从而为奥一网网络问政平台的运营、问政工作的落实提供了保障，并进一步激发了公众的参政议政热情。2006 年，奥一网率先提出并实践"网络公民"理念，于"两会"期间推出"有话问省领导""有话问市长""博客参政"等旨在促进官员、代表委员与公众互动的栏目，并获得了广东省一些官员的响应和支持：深圳市正副 8 位市长接连就市民关心的话题做出积极反馈；22 名广东省和各地市级人大代表、政协委员在奥一网网络问政平台上开通了各自的民意博客，听取民意，发表观点。2007 年底，时任广东省委书记汪洋提出了"广东以新一轮思想大解放推动新一

① 程宏毅，闫妍．习近平在网络安全和信息化工作座谈会上的讲话 [EB/OL]．(2016-04-26) [2017-05-16]．http：//news. xinhuanet. com/zgjx/2016-04/26/c _ 135312437 _ 2. htm.

轮大发展”的主张，奥一网网络问政平台顺势推出“捎给汪洋书记的话——我向广东科学发展建言献策”子板块。这些栏目均得到了公众的热烈回应，并受到了上级领导的关注。2008 年 4 月 17 日，汪洋为了认真听取公众对广东省委、省政府的意见与建议，与 26 位网民代表进行了沟通和交流，这被称为“汪网会”，并开启了中国第一位政治局高层领导与网民直接会面的先河。① 此后三年，汪洋与网民“每年一相会”，会议主题涉及解放思想、经济转型、文化强省、社会建设等多项内容，汪洋本人也被网民亲切地称为“汪帅”。在高层带动下，广东省各地市的“网络问政”之风勃然兴起，许多地市市委书记相继加入了与公众开展在线交流、互动的行列，基于奥一网网络问政平台的各类问政活动越来越多，问题交办机制、网络发言人等相关工作制度陆续建立，网络问政工作逐渐步入常态。

图 6-1 奥一网网络问政平台

二、合理设置平台栏目及功能

综合性网络问政平台的栏目设置作为平台核心定位和功能的集中体现，

① 南都报系网络问政团队．网络问政［M］．广州：南方日报出版社，2010：206.

决定了该平台可以面向公众提供何种问政形式、实现哪些问政功能，而合理的栏目设置还能大幅提升问政平台的易用性，增强网络问政的针对性，优化公众的使用体验，从而激发公众建言献策的意愿。因此，政府及相关部门在运营综合性网络问政平台时，首先应结合自身定位，对平台的栏目和功能加以合理规划，并依据公众的需求、技术的演进不断开发新栏目、新功能。

目前，不同主体搭建的网络问政平台在栏目和功能上各有侧重。其中，由政府搭建的网络问政平台的栏目与功能设置较为简单，多集中在信息发布与咨询、政民互动、决策征询、民意调查、建言献策、政务评价、举报投诉等方面。[①] 如北京市政府的官方网站首都之窗，即设置有“政风行风热线”“人民建议征集”“网上调查”“法规文件意见征集”“互动访谈”“市长信箱”“信访接待”等栏目，并同时建设有“首都之窗”微信公众号、“@北京发布”政务微博等“两微一端”账号，方便公众在移动终端的便捷访问。而媒体搭建的网络问政平台，凭借着媒体信息整合力强、信息传播专业、社会影响力大等优势，在传统的问政功能之外，还多可提供诸如舆情监测、智库信息、主题宣传活动策划与传播、组织公众的建言献策等功能。以奥一网网络问政平台为例，该平台一方面按照问政对象将传统的问政功能细化为“话题列表”（以列表的形式集中展现公众提出的所有问题，并分为“已答复问题”和“待答复问题”两个类别）、“我@省委书记”“问省直机关”“问 21 地市领导”“县市行”等栏目，以增强对公众问政的引导，另一方面依循“民意畅通大平台”的定位，增设了“南方民间智库”“网络问企”“一问到底”“网络问政管理创新榜”等子栏目，并且还开发出网络问政移动版、网络问政触屏版等形式，形成了一个全媒体、多维度的网络问政集群（见表 6-2）。

---

① 刘西平，连旭．中国网络问政长效机制研究——基于网络问政行为偏好的实证分析［M］．北京：中国传媒大学出版社，2015：188.

表 6-2　　奥一网网络问政平台的主要栏目及功能

栏目	标识	定位与功能
网络问政	网络问政	延续自 2009 年起建立的综合性网络问政平台的整体架构和模式，以留言板的形式呈现公众的留言以及政府的回应；参与问政的官员涉及广东省委、省政府领导，省直机关领导，21 地市领导，以及各区长、市（县）委书记等多个层级；此外还引入“网络问政特约观察员”和“政府部门网络新闻发言人”两个角色，以进一步促进普通公众与政府部门的沟通
南粤梦·深改年	南粤梦·深改年 YUE GAI	2014 年 3 月起，南方报业传媒集团旗下《南方都市报》、南方民间智库、奥一网网络问政平台联合推出广东全面深化改革年度访谈系列活动“南粤梦·深改年”。由媒体记者对政府官员、专业学者、行业人士三方代表就广东省经济发展、城市建设、社会保障、生态保护等方面议题展开访谈，并以视频形式呈现在奥一网网络问政平台的同名栏目中，用以总结、推广广东省在政府治理和社会治理方面的改革经验
南方民间智库	南方民间智库 South Nongovernmental Think-tank	民间智慧和民间力量的机构动态及观点展示平台，集纳了南方民间智库（成员包括海内外知名学者、意见领袖、民意代表、知名网友及其他各类社会精英）的最新活动信息、研究成果，以及智库成员新近发表的文章
网络问企	网络问企	网络问政平台的企业版，目的是促进企业与公众的良性互动，提升企业的公民意识，共建和谐、责任社会；形式仍是在留言板上对公众的意见和企业的回应加以集中展现；目前参与的企业包括中国电信、中国移动、中国联通、中国石化、中国石油、康菲中国、中国南方航空、中国南方电网、奥的斯电梯、比亚迪汽车、思念水饺、广州白云山制药总厂等近 30 家知名企业
网络问政管理创新榜	网络问政管理创新榜	自 2014 年 3 月起推出，以案例、访谈等形式对广东省的网络问政经验加以总结，并以榜单的方式进行集中呈现

三、建立网络问政长效机制

网络问政既以网络技术的发展和问政平台的搭建为基础，又有赖于长效机制的建设、完善。本部分从参与主体和保障制度两个方面对网络问政的长效机制加以梳理。

（一）厘清网络问政的参与主体

“问政”工作从本质上可被视作政府与公众相互协商以共同对社会公共事务进行治理和决策的过程，相应的，综合性网络问政平台的运行亦须整合、协调多元社会主体和社会力量，它们既各司其职又相互合作，最终形成一个快速运转的有机整体。这些参与主体如下：

第一，公众。公众是网络问政的对象，是具体问题、意见和建议的提出者，也是社情民意的反映者。因为地域、职业、收入等方面的不同，公众参与网络问政的目的、诉求和方式并不能一概而论。在网络问政平台上，公众的诉求通常可分为以下几种类型：（1）信息咨询类，即咨询不明了的政策、程序；（2）个人利益诉求类，希望通过与有关部门的沟通，解决与自身利益相关的问题；（3）公共利益诉求类，希望有关部门解决不良的社会现象和问题；（4）权益诉求类，主要为举报、投诉违法行为或表达对某些行政问题的不满；（5）参政议政类，即借用平台为公共事务决策出谋划策。

第二，政府。政府作为网络问政的行使主体，扮演着公众发言的回应者、政务服务的提供者、实际问题的解决者等多重角色，并担负以下职责：（1）通过公众的诉求表达了解民需、民意，以便改进其实际行政管理工作；（2）及时回应公众发起的咨询，解决公众提出的问题，以体现政府的服务职能；（3）积极与公众展开沟通协商，汇集民智，以丰富公共决策的参考意见。

第三，平台运营主体。由于问政是在综合性网络问政平台上展开的，因而问政平台的管理和运营者也是重要的参与主体之一。在网络问政的过程中，该类主体须完成下述工作：（1）通过对问政平台的运营维护，为政府和公众提供便捷的沟通渠道，为网络问政建立技术基础，提供功能支持；（2）通过设立多种制度来加强对公众和政府两个平台使用主体的管理与服务，令网络问政有章可循、井然有序、发挥实效。在实践中，该类角色通常由建设平台的媒体组织或是政府机构中的组织协调部门（如办公室）充当。

（二）建立健全网络问政的保障制度

网络问政是一个需要协调多元主体的复杂系统，若要使每个参与主体都遵守规范，每个环节都有序运作，就必须建立健全保障制度。

1. 平台运营主体：管理与服务并重

以促进政民沟通为宗旨的综合性网络问政平台，其运营者既应围绕平台的两个使用主体——公众和政府而制定相应的保障制度，亦可结合平台自身特点设计差异化的运营机制。

（1）针对公众的言行规范。

网络问政旨在问民意、民需、民计，因而，公众发表的问政信息的数量、针对性、真实性、准度及深度都是影响网络问政质量的关键因素。对此，平台运营主体一方面应针对公众的发帖、提问等行为制定详细的章程，在保障公众参与权利的基础上，引导公众的有序参与；另一方面还可建立“先审后发”的流程机制，参照相关制度对公众的发言进行严格审核，以保证在该平台发布的言论真实、有效、合法。

以重庆网络问政平台为例，其针对公众的言行就出台了一系列规则：第一，为了保证公众发言的真实并便于发帖事项的核实，该平台要求公众在发帖时须提供真实姓名、联系电话、电子信箱等信息，同时承诺这些信息会被完全保密以保障公众的隐私安全。第二，为了保证平台呈现内容的合法性，在公众提交留言后，平台运营主体将在规定时间内核实情况，确定是否受理。第三，出于增强公众发言的有效性、促使公众提问事项得到顺利解决等目的，该平台不仅将公众问政内容细分为建言献策、投诉举报、咨询求助、其他等四个类别，按照市直属机关、区县领导的分类对公众的提问对象进行划分，同时还建议公众“针对具体的问题和事情咨询投诉，且每次发帖最好只反映一方面问题”①。

（2）面向政府的多元服务。

为了方便政府机构的使用、提升网络问政的效率，综合性网络问政平台运营主体可面向政府机构提供如下服务：

其一，在将公众发帖转达给政府机构前，平台运营主体可对公众发言进行审核、筛选、分类汇总，以增强信息对政府机构的针对性，优化政府机构获取信息的效果与效率。例如，烟台胶东在线“网上民声”会在逐条审核、严格把关公众留言的基础上，依据审核结果，对留言进行分类处理。其中，对符合规范、宜于公开的留言予以审核通过，直接发布到网站上，并转交给有关部门，如果公众指定的部门不恰当，编辑会为其重新选择部门，使问题得到最快的回复；对内容中涉及他人、企业、单位的投诉、举报等的留言，未经证实、事实不明了的，编辑会进行“转内参”处理，该留言会以保密的形式转交给相关部门，待问题得到落实或证实后再予以公开；对不符合规范的留言，如使用侮辱性语言，明显的诽谤、恐吓和威胁等，编辑会予以删除，并在删除时说明原因；对具有普遍性的典型问题进行编辑整合，并放置于“网上民声”相关栏目中，提高栏目质量。

其二，简化政府机构在该平台的发言和操作流程，为政府机构主动发帖、开展互动、引导舆论提供便利服务，以提升政府机构问政的积极性。

---

① 刘卓．重庆网络问政平台帮助指南．[EB/OL]（2014-7-18）[2017-05-16]．http：//cqwz2.cqnews.net/html/2014-07/18/content _ 31407651.htm.

此处我们可以借鉴奥一网网络问政平台的运作经验，虽然该平台对政府发言也遵循“先审后发”的流程——“政府部门准备通稿—转交网络编辑—网站审核—网站发布”，但平台运营主体同时也会在日常工作中对参与问政的各政府部门、官员的ID予以审核，经认证的ID可以走“绿色通道”，拥有“先发后审”的权利，发言流程可以直接简化为“政府部门发通稿—政府部门在网站直接发布稿件”两个步骤，以此来增强政府部门发言的时效性，最大限度避免信息传递过程中可能出现的失真问题。

(3) 政民互动机制。

平台运营主体亦可结合自身在社会影响力、信息发布专业性和权威性等方面的优势，创新舆论引导和政民互动机制。

比如奥一网网络问政平台于2009年成立的“网络问政特约观察员”制度。该平台从广东省骨干网民、意见领袖、社会精英等群体中选出代表作为网络问政的“观察员”，以在政府机构与普通公众之间构筑起沟通的桥梁：一方面，“观察员”可通过自身的社会地位和影响力，更快、更有效地向政府决策部门传达公众反映的问题，促使问题得到及时解决；另一方面，“观察员”也可以通过自身的信息发布、活动组织等行为来影响普通公众的言行，协助政府更好地进行社会治理工作。

又如，湖南红网“百姓呼声”平台设置了“律师点评”栏目，通过邀请专业律师从法律的专业角度对公众反映的问题进行解读并提出建议，推动公众选取合理、合法的方式解决问题。

还如，中国政府网自2014年起于每年“两会”期间开设“我向总理说句话”栏目，面向国内外社会公众征集关于住房、医疗、养老、教育等15个政府工作领域的看法和建议，并将之汇总整理、报送至国务院相关领导和政府工作报告起草组参阅。2016年的《政府工作报告》有93处部署具体工作的表述与公众建议高度契合；在“两会”总理记者会上，李克强总理回应了公众留言关切的全国医保联网问题；教育部、人力资源和社会保障部、国家税务总局等多个部门办理并解答了公众给总理的留言。①

2. 政府机构：基于问政流程的管理机制

作为网络问政的行使主体，政府机构需配合网络问政平台运营者对公众的问政需求（如投诉、咨询、建议）按转办、交办、督办的流程加以处理，同时还应针对网络问政流程建立相应的管理机制，以监督和保障各环节的执行过程和质量。这具体可包括下述内容：（1）跨部门沟通与协调机制，即在各部门中安排专门的机构和团队负责日常的问政工作，明确权责、理顺关系、对接平台，使部门之间有效协同；（2）网络问政的运作机制，这包括使用网络问政平台的值班制度，以及处理公众留言的流程、时限等规范性制度；（3）绩效考核和问责机制，将各部门开展网络问政的结果列入部门绩效考核内容，由主管部门定期或不定期地对各政府部门的问政结果展开考核，通过内部通报和公示的方式传达考核结果，并对问政效果不佳的政府部门予以问责；（4）反馈监督机制，与网络问政平台相配合，增加公众对政府反馈结果的再反馈和满意评价的功能，并由平台运营主体将公众评价意见通报给相关单位，督促各政府机构改进行政行为和提升绩效。

例如，为了更好地运用“网上民声”问政平台、保证问政效果，烟台市政府将该平台的统筹、协调工作交由市委市直机关工委负责，并围绕网络问政工作的各环节建立了一整套管理制度。②

第一，定时值班制度。“网上民声”栏目给每个参与网上交流的部门都设立了单独的账号和密码，烟台市政府要求各部门结合实际情况制定专门的答复程序和时限，分管领导亲自抓网上对话工作，并设置专人在每天上午 10：00 和下午 4：00 两个时间段使用本部门的用户名和密码登录下载网

---

① 刘淼．中国政府网等网站启动 2017 年“我向总理说句话”网民建言征集活动［EB/OL］．(2016-12-20)［2017-05-16］．http：//www.gov.cn/xinwen/2016-12/20/content_5150342.htm.

② 邓兆安．中国式网络问政：胶东在线的标本意义［M］．广州：南方日报出版社，2010：58.

上问题分发给各科室和所属单位进行处理，处理结果经部门领导签批后上网回复，并按回复意见认真解决公众反映的问题。

第二，办理时限规定。对“网上民声”上公众提出的问题，烟台市政府要求各部门尽力在三日内答复，最晚不得超出七个工作日；特殊情况下需要延长工作周期的，必须事先在网上向市民解释原因，待问题解决后再次沟通。同时，各政府部门对于具体问题的办理过程与时限亦出台了各自的管理办法。如烟台市教育局规定，各单位对属于咨询性质的留言，原则上应立时办结；对一般投诉与举报，应于受理之日起三个工作日内办结；对内容较复杂的投诉与举报事件，不能在规定时限内办结的，应当即时向投诉举报人做出解释；对于重大的投诉和举报，应由承办单位或责任人员拟定上网答复的内容，报分管领导审批同意后，即时上网公布；对特别重大的投诉和举报，市教育局工作人员按照重大事项办理程序送交领导批阅后按程序办理。

第三，反馈和考核制度。“网上民声”为公众提供了再次反馈平台，公众可对政府机构的回复做出“满意”或“不满意”的评价，平台运营主体每周将各部门的问题回复率①、满意度②等情况汇总并上报市直机关建设办公室，市委市直机关工委每两周进行一次调度、每月进行一次小结、每季度进行一次通报，重点对问题回复不及时和群众满意度低的部门加以督促，并把各部门解答公众疑问、解决公众问题的情况以文件的形式上报市委、市政府主要领导，同时下发到各“网上民声”的交流部门，作为年底机关效能考核的参考。在每年年终举行的“万人评机关”和“万人评窗口”活动中，积极吸收公众参加评选，将日常网上问题的回复和解决情况当作评

① “回复率”指标，主要考核被评议单位对群众的问题意见类评议信息的回复和办理情况，具体为部门回复的问题意见类评议信息占转给该被评议单位问题意见类评议信息总量的比例。

② “满意度”指标，主要考核被评议单位对群众问题意见类评议信息的回复和反馈是否得到了评议人的认同和好评，主要由评议人对评议回复结果进行打分与评价得来。

选的重要依据。这使得网络问政既有明确的奖励制度，又有严格的惩戒手段。

四、运用新技术创新平台功能与问政方式

近年来，以移动互联网技术、大数据技术为代表的新技术日新月异，除了催生种种新的沟通渠道和方式，还使政府和公众对网络问政形成诸多新需求，一些知名的综合性网络问政平台在运营过程中顺应了此种趋势，借用新技术不断升级平台的功能、创新问政方式。

（一）移动问政与平台联动

伴随移动互联网和移动终端的普及，网络问政所处的环境发生了很大变化。譬如，公众访问网络的门槛相较于PC端大幅降低，手机网民的数量不断攀升，这使政府得以向规模更为庞大的公众征集民需、民意、民计；又如，在公众对移动端的使用和接触日益增多时，随时随地参与、便捷发声查询、及时获得回应、双向平等沟通成为他们对网络问政的新需求。有鉴于此，一些部门有意识地将问政工作向以“两微一端”为代表的移动平台上延伸，这样做的价值如下：一者，借助移动平台操作便捷、交互性强、精准推送等技术特征，政府机构可在传统文字留言的问政形式外增添“随手拍”问政、语音互动、自动回复等新的互动方式，以及进行实时的、更具场景化的政务公开、政务服务，从而不仅为公众的参与提供了便利，还使他们的需求得到了进一步的满足；二者，通过建设相应的信息流转、问题处理与回复等工作机制，政府机构还可以将各个平台的信息以及各个部门的工作相互打通，构建网络问政多平台联动的新格局。

以广州市12345政府服务热线为例，开通伊始，广州市政府就将之定位为集“政务咨询、民生诉求、政民互动、投诉举报、效能监察”为一体的政务平台。在实践中，该平台通过建立有效的转办督办和监管考评机制，以及发挥处置非紧急事项的指挥调度中心作用，给广州市民提供了便捷的

意见反馈渠道。另外，结合公众的媒体使用习惯与服务需求，12345 政府服务热线相继上线了网络、微信、移动 App 等渠道，从而使市民只需动动手指就可以随时随地向广州市政府反映诉求、表达意见。

其中，“广州 12345”微信平台（见图 6－2）设置有市民投诉（包括求助/投诉/举报、咨询建议、消费纠纷、户籍迁移、社保业务、噪音扰民）、在线客服、市民服务（包括案例公开、热门话题、工作动态、知识查询）和个人中心（包括我的诉求、进度查询、用户绑定等业务）等四个业务板块，并嵌入了地点定位、拍照上传附件等功能，供公众在表达诉求时便捷地进行“随手拍”反映真实情景，以及明确发送事发地址。

图 6－2　“广州 12345”微信平台界面

在业务流程上，12345 服务热线形成如下规范：（1）一号受理，以一个号码对外，采用多个渠道受理公众意见；（2）分类处理，将公众反馈的信息按咨询类、诉求类、突发类、重点类（如领导和“两代表一委员”接听的来电事项，反映涉及群众重大利益并有可能引发群体性事件的事项，一天内多人反映或多次反映未解决的事项）、指引类（应指引公众前往专业渠道反映的事项，如属 110、119、120 等专线业务的事项，或涉及党员干部贪腐问题的事项）等类别进行划分；（3）单位承办，承办单位通过 12345 热线信息系统接收转办工单后应主动向群众进一步了解情况，按程序和职责办理事项，并在规定时限内办结事项、回复公众；（4）为了督促事项的办理，该平台还形成了协调督促、复核回访、办结归档等监督机制。①

（二）大数据问政

在开放的、用户规模不断扩大的网络问政平台上，公众进行的是人人都可以参与、人声鼎沸的“广场式”讨论，此时个体的发言、诉求很容易被淹没，如何有效、快速地获取更真实、更全面、更有针对性的民意、民需、民计，成为政府在开展网络问政时亟待解决的问题。而大数据技术的发展则为之提供了新思路：可将网络问政信息建成数据库，在此基础上借助数据挖掘与分析工具，去重去噪、提炼重点、洞察关联、发现规律、预测趋势，并以直观易读的方式呈现，为政府的决策、施政提供有益参考。

这里可以借鉴重庆网络问政平台的例子。为了更全面地反映重庆地区公众的诉求，增强对各相关政府部门的决策参考，重庆网络问政平台引入大数据聚合分析技术，在整合各个栏目问政数据的基础上建立了专门的问政数据库体系，并于 2014 年 6 月推出了“问政大数聚”栏目，以可视化的形式按月呈现公众发布的咨询投诉的热点问题、各区县网络问政指数（包括区县公众使用网络问政的积极性和区县职能部门回复网民的情况两方面

---

① 广州市人民政府政务管理办公室．广州 12345 政府服务热线工作实施意见：穗政务办［2014］34 号［A/OL］．(2014-07-14)[2017-05-16]．http：//www.gz.gov.cn/gzszfb/tzgg/201407/2704256.shtml.

指标）、公众反复投诉没有得到解决的问题等内容，并对下月可能集中出现投诉的问题进行了预测。例如，2017 年 3 月的“问政大数聚”显示，公众在 3 月共进行有效咨询投诉 2 025 件；公众在房地产、环境、教育三个领域反映的问题最多，分别占据总体的比例为 18%、9%和 7%，其中公众对教育领域的投诉较 2 月显著提升，值得关注。[①]

第三节　人民网“地方领导留言板”的运作经验

人民网是人民日报社建设的以新闻为主的大型网上信息交互平台。作为国家重点新闻网站的“排头兵”，人民网在权威性、大众化、公信力等方面具有相当的优势。为了能充分发挥其自身优势以促进政民互动，人民网选择了具有页面简洁、操作便捷、直接呈现对话内容等特征的留言板作为沟通形式，创办了我国唯一覆盖全国的网上群众工作平台——“地方领导留言板”栏目，并通过持续的制度化建设和运作，对网络问政和我国民主政治的发展形成助推。

一、“地方领导留言板”的发展历程

“地方领导留言板”栏目最早可以追溯到 2006 年。这一年，人民网“地方领导”频道尝试把“干部简历”页面中的“我要留言”区合并到一起，开辟了全新的留言专栏。

2008 年 7 月，“地方领导留言板”全面建设完成，为除台湾地区外全国 22 个省、5 个自治区、4 个直辖市及香港、澳门两个特别行政区在内的数千位各地各级党政“一把手”开通了专属留言板，公众既可以在留言板内以

① 华龙网．三月重庆问政大数聚［EB/OL］.（2017-04-26）［2017-05-16］. http：//cqwz2.cqnews.net/html/2017-04/26/content _ 41498776.htm.

匿名方式自由发言，亦可随时浏览其他公众的留言。

2010 年 5 月，留言板正式向各地市级领导留言办理单位开放回复权限，从而使留言回复工作更加及时、高效；同年 8 月，在既有的省、市两级留言板基础上，开通了县级领导留言板，为 2 000 多位县委书记分别建立专属版面。

至 2016 年底，“地方领导留言板”已形成了 PC 端、微信、微博、App 等多个渠道联动发展的格局，先后吸引了 59 位省委书记、省长在此与公众展开互动，2 000 多位市县“一把手”公开回复留言，22 个省份陆续建立起留言办理的固定机制；该栏目于十年间累计回复留言超过了 62 万项。对此，中共中央原政治局常委、中央书记处书记刘云山曾做出批示称：“反映社情民意、回应群众关切、推动问题解决，互联网应该成为新形势下群众工作的平台。人民网‘地方领导留言板’的做法和经验应很好总结。”[①]

二、“地方领导留言板”的运作经验

（一）栏目设置

“地方领导留言板”在导航栏设有“首页”“留言”“反馈”“指数”及“帖近现场”等功能区，在其下又设置了“今日热点”“最新留言”“人物访谈”“我要留言”“网友反馈”“数据排行榜”等子板块（见表 6－3）。

表 6－3　“地方领导留言板”主要栏目及其内容

功能区	栏目名称	内容设置
首页	今日热点	对关系民生的重大问题的处理进行及时报道
	最新留言	分地区对公众发布的最新留言加以呈现
	人物访谈	发表政府官员、学界专家关于网络问政的最新观点

① 刘艳丹．人民日报社总编辑：做群众工作互联网能办好三件事［EB/OL］．（2016-09-23）［2017-05-16］．http：//news. xinhuanet. com/zgjx/2016-09/23/c _ 135708602. htm.

续前表

功能区	栏目名称	内容设置
留言	我要留言	给全国各省市、区县领导干部的留言入口，同时呈现各地政府部门领导的年度总留言量、年度公开回复量等信息
	查看简历	查看全国各省市、区县领导干部的简历
反馈	回复反馈	编辑对各地网民留言及相关政府部门答复意见的选登
	网友反馈	留言得到回复的公众的反馈信息
指数	数据排行榜	以互动图表的形式，按留言及回复数量、主题（如城建、交通、拆迁）的热度、关注热度、领导回复数量等四个分类指标，对全国各省领导自 2013 年 1 月 1 日至今的留言回复情况加以呈现
	领导干部排行榜	按照留言数量、回复数量、回复率三个指标，对全国副省、地市级领导干部和区县级领导干部的留言回复情况集结成榜单加以呈现
帖近现场	帖近现场	精选经典留言案例，由人民网派出记者进入留言现场，以新闻报道的形式再现网络问政背后政府机构重视民意、优化行政行为、为公众排忧解难的真实情境
	热词地图	按照公众留言中经常涉及的热点话题（如工资、供暖、征地、拆迁等），提供公众留言的检索服务
	新闻排行榜	集纳近期关涉组织人事、反腐倡廉、领导活动等话题的热点新闻

（二）制度建设

为保证留言板的秩序和公众权益，“地方领导留言板”采取如下运作制度：

1. 匿名留言

公众无论注册与否，在留言板上均是以“匿名”或是“笔名”的方式进行留言，以此来切实保障公众的权益。不过公众在留言信息中应填写个人信息（真实姓名、联系电话），以方便留言办理单位调查处理，网站则承诺对公众的个人信息严格保密。

2. 先审后发机制

该机制适用于如下对象：第一，全体公众。留言板管理员会按照《互联网信息服务管理办法》和《地方领导留言板管理条例》对公众的所有留言内容进行审核和部分修正（如修改错别字、理顺语句）后，才会公开至留言板上并交由各地留言办理单位负责办理、反馈。一般而言，工作时段（周一至周日的 8：00—17：00）的公众留言会在发布后 30 分钟内审核完毕，其他时段的留言将延至工作时段进行审核。第二，部分政府部门。以往留言板对所有政府部门均采用“领导或政府机构将自动回复传递至人民网—人民网确认来源及内容无误—由管理员同意发布回复”这一套运作流程，凡党政部门发来的留言回复，刊前都经过多种方式进行来源确认，切实保障每条回复都具有可信性、权威性。① 但自 2010 年后，留言板开始逐步向政府部门放开留言回复权限，政府留言办理单位只需填写回复权限申请登记表（注明单位名称、登录用户名、注册名、开通权限板块、联系人及联络方式）并加盖公章后传真至人民网，经人民网认证后，各留言办理单位开通自身的留言回复账号，登录进入“机构后台”便可自行对留言加以处理，以此来提升留言回复的时效性。

3. 留言通报机制

留言板安排专门的编辑人员以省为单位，阶段性地对公众留言进行归类、汇总，并发送给相应省份。汇总时，将一定时期内公众反映较多、意见较大的问题着重标识，以引起相关领导和部门的重视与快速应对，从而促使大量有可能引发和激发社会矛盾的问题在萌芽状态下及时得到重视和解决。此外，针对一些在审核后未能公开发布在留言板上，或不确定是否属实、需要调查落实的公众留言，编辑也会加以汇总，不定期报送给各位

① 杨佳．人民网“地方领导留言板”成官民互动新渠道［EB/OL］.（2008-09-25）［2017-05-28］. http：//leaders. people. com. cn/GB/8103451. html.

领导，帮助领导更全面地了解社情民意。

4. 反馈制度

反馈是问题处理的最终环节，为了保证问政的实效，“地方领导留言板”建设了如下反馈制度：第一，借助排行、统计等数据分析，按回复数量、回复率等指标定期发布“副省、地市级领导干部排行榜”“区县级领导干部排行榜”等榜单，对地方领导干部的执政效率、效能进行直接呈现，同时对消极怠慢的个别领导干部形成直接的鞭策监督作用①；第二，为网民提供反馈平台——“网友反馈”栏目，在这里，公众可再次向地方领导留言，对其问题处理工作做出回应，从而形成网络监督，督促各级政府、职能部门在现实社会中切实落实问政工作。

（三）特色活动

在运作过程中，除了常规的留言、审核、回复工作，“地方领导留言板”还充分发挥了平台资源丰富和用户规模庞大的优势，推出一系列问政活动，以进一步汇聚社会公众关注，扩大问政范围，提升问政效果。

自2011年起，每年“两会”期间，人民网都会推出互动栏目“两会来了，我托书记省长捎句话”，邀请公众关注全国“两会”，并通过“地方领导留言板”将自己的“两会”愿景捎给各地书记、省长；一些具有代表性的公众留言将走进人民大会堂，在人民网设立的大屏幕上滚动播放，以引起更多代表、委员驻足观看；而一些公众集中反映的诉求，也得到了各地书记、省长的回应。以2017年的活动为例，截至2017年3月9日，该活动吸引了超过13万公众的参与，农村教育、城乡交通、医保报销、民风民俗、环境保护、简政放权等成为公众关注的热点话题，相继有20多个省份对公众的上万条留言做出公开答复，共计12位省级党政“一把手”通过人民网

① 人民网舆情监测室，人民网地方部．全国网民留言回复办理10年研究报告［R/OL］.（2016-09-21）［2017-05-28］. http：//bbs1.people.com.cn/post/129/1/2/158726489.html.

致信公众。浙江省委书记夏宝龙在回信中谈到，公众借助人民网“地方领导留言板”给他的留言，他都认真阅读，对于建设性的建议和合理诉求，要求有关部门认真吸纳和努力解决，及时回复。①

2013 年底，人民网地方领导频道推出“学习手册”栏目。截至 2016 年底，该栏目发布了 20 期内容，涵盖了政治、经济、社会生活等多个领域的话题。在内容呈现上，“学习手册”兼具“高颜值”和“高信息量”，不仅对“地方领导留言板”中公众关注度较高的问题做出了权威的政策解读，还辅以大数据的支持、精美的版面和插图设计，提升了内容的易读性和可读性。例如，针对公众对养老金的疑惑，“学习手册”制作了“‘养老金双轨制’的破冰之旅”，生动形象地阐释了传统“双轨制”养老金体系的缺陷、“养老金并轨”的好处以及养老金双轨制改革的进程等内容；再如，为解释自贸区政策，推出了“四大自贸区将怎样改变你的生活”专题，围绕与公众日常生活密切相关的海淘、购物、买车、医疗、出境旅游等领域，介绍了自贸区改革对公众生活的影响。

2016 年，在开设十周年之际，“地方领导留言板”与《人民日报》共同策划了主题为“互联网＋群众路线怎么走——以人民网‘地方领导留言板’为例”的调研活动，特派记者前往天津、辽宁、安徽、江西、河南、湖北、湖南、四川、陕西、甘肃等 10 个近年来办理公众留言情况名列前茅的省份进行深入采访，盘点梳理了这些地区的政府领导对网络问政的认识和实践经验，以供其他地区政府部门借鉴。

三、各省份运用“地方领导留言板”的保障制度

截至 2016 年底，已有 20 个省份陆续出台了“红头文件”，用各具特色

---

① 杨高宇，韩月 . 12 位书记省长给全国两会留言互动网友回信［EB/OL］.（2017-03-09）［2017-05-28］. http：//leaders. people. com. cn/n1/2017/0309/c178291-29134547. html.

的制度保障留言板问政取得实效。结合各地的保障制度观之，大体具有三方面特点：第一，留言办理的职责分工明确。各地大多将办理留言的管理单位设置于督查系统、信访系统、独立处室等机构之中，并创建了具体的协调督办机制来明确各承办主体的职责分工以及促进其与管理单位的对接。第二，留言管理的工作机制完善，这包括交办机制、审核把关机制、公开回复机制、分析通报机制、考核激励机制、定期指导机制等具体化的工作机制。具体到每一项工作机制，相关省市均通过出台规章制度的方式，对办理时限、回复程序、目标考核等做了明确规定，保障了留言办理各个环节分工明确、有章可循、相互配合。第三，领导的重视助推政策延续。相关省份的前任领导与继任者都对网络民意高度重视，这使得该地区的网络留言办理政策、办理工作得到了较好的延续。比如，张高丽在任天津市委书记期间，曾专门主持召开了“人民网网民留言办理答复座谈会”，继任者孙春兰也同样对此事保持高度重视；又如，刘奇葆在主政四川时便多次要求总结和完善留言办理工作，并亲自视察公众于网络反映的问题，王东明书记在上任后，对“地方领导留言板”做出批示，进一步要求各政府部门提高效率，把该项工作纳入目标考核。①

接下来，笔者将结合推行留言办理制度较早的安徽省的相关实践对此加以说明。2008 年 10 月，安徽省委主要领导要求各地把办理网民留言作为网络问政重要内容抓紧抓好，指定省委督查室具体负责。2009 年 4 月 11 日，安徽省在全国率先出台《关于办理人民网网友给省委书记留言的暂行规定》，通过建立健全工作机制来推进办理留言工作的制度化和规范化。正是得益于领导的重视和保障制度的建设，安徽省在留言回复率、回复时长、留言被交办数量、网民满意度等留言回复办理效度方面领先于全国其他省

---

① 地方领导留言板．地方领导留言板十年回望．[EB/OL].（2017-09-23）[2017-05-28]. http://leaders.people.com.cn/GB/178291/218130/407268/index.html.

份，在2016年发布的全国网民留言回复办理指数排行榜上位居第一位[①]，其运营经验也为其他地区所广泛借鉴。具体而言，安徽省建立的留言办理制度包括以下方面：

第一，在责任分工方面，安徽省各市委和省直部门是办理人民网网民给省委书记留言的承办单位，各市委督查室和省直部门办公室具体负责办理工作，省委督查室负责对办理工作的督促检查。各留言承办单位须与信访、政府督查室等部门建立协调配合机制，明确责任，避免重复办理，提高效率，确保办理工作落到实处。

第二，在工作流程方面，办理留言工作实行主动认领和交办相结合的做法。对涉及地方的留言，以各市主动认领为主；对涉及全省工作问题和政策性的留言，由省委督查室交相关省直部门办理。具体来说，则是各市委督查室明确专人每天定时上网浏览，主动认领涉及本地内容的具体的、言之有物的留言，每个工作日将当天认领情况发送至“人民网安徽视窗”；若一周内没有认领到留言，在周五实行“零报告”。省委督查室明确专人每天上网浏览，对各市的留言认领情况进行审核、登记，对未能认领的留言及时提醒，督促认领。对于主动认领和省委督查室交办的留言，各承办单位须认真组织核查，提出处理意见，向省委督查室书面反馈办理情况（并通过党政内网发送电子文档）；而反馈时间则要求能快则快，一般不超过1个月，因情况复杂不能按时办结的，要向省委督查室反馈进展情况。

第三，在留言回复方面，安徽省政府要求各单位能够回复网民的应尽量回复。回复意见经承办单位负责同志审签后，与“人民网安徽视窗”联系，以承办单位名义在人民网回复；对有联系方式的网友也可直接向其本人回复；而对重要问题的回复意见应经省委督查室审核把关。

---

① 人民网舆情监测室．全国网民留言回复办理指数报告[R/OL].(2016-09-21)[2017-05-28]. http://yuqing.people.com.cn/n1/2016/0923/c364391-28736627.html.

第四，在监督考核方面，省委督查室每月对办理网民留言情况加以汇总整理，以《安徽督查（网友留言办理）》形式报送省委领导，并在一定范围内通报；对网民反映的问题不及时认真解决，造成严重后果的，将严肃追究有关领导和工作人员的责任。

此外，其他省份所建立的保障制度也各有特色。比如，广东省建立了一套政府与人民网、南方网、奥一网网民良性互动的机制，每天安排专人负责整理、分析、归类公众留言，编发《网友留言周报》。又如，河南省创建了督查体系，涵盖如下方面：一是领导重视情况，即政府部门主要领导同志对网民留言办理工作做出批示、指示的情况，召开专题研究部署会议的情况、人员配备的情况；二是内部管理情况，即政府部门印发网民留言办理工作文件，建立工作制度、工作流程的情况；三是基础建设情况，考核是否配备分别连接互联网、省委督查专网的计算机以及照相机、摄像机、录音笔等专用设备；四是留言办理情况，考核各级政府部门及时认领网民留言并按时办结的情况，主要考察留言办理依据是否准确、处理是否到位，办理报告格式是否规范，主管领导是否审签，是否对有联系人、联系电话的留言进行回访，是否有留言办理通报、民意分析报告，是否有留言办理方面的理论文章或经验材料。①

四、全媒体平台联动发展

在移动互联网快速发展的背景下，移动终端成为广大公众获取资讯、沟通交流、休闲娱乐的首选媒体。对此，“地方领导留言板”相继推出了微信、微博、App、微信小程序等新平台，既对PC端留言板的政务功能加以拓展，丰富了政民沟通的渠道与手段，进一步方便了公众和政府机构的使

① 人民网．安徽省委督查室获2009年“全国网民留言办理工作先进单位”称号［EB/OL］．(2010-01-21)［2017-05-28］．http：//leaders. people. com. cn/GB/70158/179923/10818900. html.

用，又通过各个平台的差异化定位，满足了公众的多元需求，实现了全媒体平台互为补充、联动发展。

其中，新浪微博“地方领导留言板”的定位为典型问政案例、每周留言盘点、地方领导对网络问政的观点、栏目发展动态等信息的实时发布平台，目标是通过与公众的日常互动提升公众对平台的认知度和好感度。不过该平台不承担留言交办的职能，在其页面简介中明确建议公众前往“地方领导留言板”官方网站去“反映问题，给领导留言”，“相关领导会统一在上面看留言来回复”。

官方微信的信息发布功能相对稍弱——每天只推送四则问政动态信息，但却加入了便捷问政的功能，公众只需点击微信页面导航栏上“我要留言”的按钮，便可直接跳转至与PC端一样的页面给各地领导干部留言。此外，公众还可利用手机的拍摄功能快捷上传照片。

App则集成了所有PC端内容和其他移动端功能。其面向普通公众的版本（见图6-3）由“首页”“浏览”“指数”“留言”四大功能区组成，分别实现网络问政新近信息发布、各地公众留言与回复动态实时呈现、领导干部排行榜发布、公众的发言以及发言状态实时查看（是否被通过、是否得到回复）等功能，基本承继了PC端的主要信息内容和功能。同时，App还借助移动端信息采集和处理的优势，增添了“随手拍”直接上传照片，以及将信息快速分享至微博、QQ、微信、朋友圈等功能，方便公众的使用。与其他留言渠道不同的是，App要求公众在注册、登录后方能留言。

而旨在方便各地领导干部及政府部门移动化办公、快速查看和交办留言的App版本则提供了留言办理（包括网民留言的回复、举报、领导批示、认领交办）、留言筛选（按是否得到回复的状态、发布时间、留言类别、关涉领域等指标对留言进行分类）、留言情况查看（所有留言数量、待回复数量、已回复数量、待解释数量）和超时自动断开登录的账号安全保护等功能。

图 6-3　面向普通公众的“地方领导留言板”App 界面

为了进一步方便公众的使用、提升公众留言的积极性，“地方领导留言板”还于 2017 年推出了微信小程序，令公众省去了下载、安装 App 以及注册、登录的烦琐流程，只需在微信上“扫一扫”或是“搜一下”就可以打开相应的应用页面，公众用自己的微信账号登录后就可以浏览和使用跟 App 同样的内容与功能。

第七章　再论政务微博的功能与价值

微博自2010年前后在国内呈现“井喷式”发展以来，凭借互动、即时、开放、裂变式传播等特性，迅速成为政府获取社情民意、公开政务信息、推行网络问政、塑造政府形象的重要平台。随着移动互联时代的到来，政务微博的发展又面临全新的环境：一者，政务微信、政务App的快速发展重塑了政府的宣传格局，政务微博的影响力有所下降，其价值受到质疑；二者，“互联网＋社会治理”渐成大势，各类新媒体如何联动、协调以助力社会治理水平的不断提高，成为业界和学界共同关注的重要话题。对此，本章在梳理政务微博发展历程的基础上，结合微博的特征和比较优势，以及社会治理的需求与目标，从信息、互动和服务三个维度对政务微博的功能与价值做出阐述。

第一节　政务微博的发展状况

一、政务微博兴起的背景

微博是微型博客的简称，因其与传统博客相比发布字数受到限制（大多微博平台规定每条微博不得超过140个字）而得名。政务微博则是由政府机构及其工作人员因公共事务而开设的微博，通过这一平台，政府可以实时发声，与民互动，发起活动，展开问政。

我国政务微博的兴起主要得益于以下三方面的背景因素：

第一，互联网技术的发展。互联网技术的飞跃，在提升信息传播便捷性与即时性的同时，也大大降低了网络使用门槛，扩大了网民规模，夯实了微博的用户基础。2009 年底，中国网民规模为 3.84 亿，互联网普及率为 28.9%[①]，而到了 2016 年底，中国网民规模将近翻了一番，达到了 7.31 亿，互联网普及率上升为 53.2%[②]。近年来，移动互联网的跨越式发展扩大了手机网民的规模，而这又为微博注入活力。2016 年 12 月，新浪微博月活跃用户达 3.13 亿，其中 90%为移动端用户。[③]

第二，政府职能转变和深化改革的需要。政务微博的兴起虽得益于技术发展，但也离不开政府内在的驱动。如今，政府正在由管理型、全能型政府向服务型、有限型政府转变。借助微博等新兴平台，政府能够及时发布和公开信息，倾听民意并回应人们的关切，汇集民智、民计以优化自身的决策和执政，更好地“发扬人民民主、接受人民监督”，从而在推动政府转型和改革的同时加速我国的民主化进程。

第三，公众公民意识的提升。互联网对民智的开启和培养作用无疑是积极而有效的。通过在网络平台上的信息获取、学习示范、活动参与、交流对话，人们以主体意识、责任意识、权利意识、法律意识、监督意识、参与意识等为内核的公民意识持续提升，一大批有问题意识、愿意参与、懂得方法且相对更为理性的公众愿意借助微博这些互动性强、影响力大的平台行使自身的知情权、参与权、表达权和监督权，借此达成参政议政、解决问题和监督社会的目的。

---

① 中国互联网络信息中心．第 25 次中国互联网络发展状况调查统计报告 [R/OL]．(2010-01-15) [2017-04-02]．http://www.cnnic.net.cn/hlwfzyj/hlwxzbg/index_3.htm.

② 中国互联网络信息中心．第 39 次中国互联网络发展状况统计报告 [R/OL]．(2017-01-22) [2017-04-02]．http://www.cnnic.net.cn/hlwfzyj/hlwxzbg/index.htm.

③ 新浪．2016 年第四季度及全年财报 [EB/OL]．(2017-02-23) [2017-04-02]．http://tech.sina.com.cn/i/2017-02-23/doc-ifyavvsh5976842.shtml.

二、政务微博的发展历程

2009 年，新浪微博等微博平台上线，拉开了政务微博蓬勃发展的大幕。当年 11 月，湖南省常德市桃源县在新浪微博平台开通了官方微博“@桃源政府网站”，成为我国首个政务微博。[①] 之后，云南省政府新闻办开通了“@微博云南”，并通过该微博第一时间发布了螺蛳湾批发市场群体性事件的处理情况，引起了网民的广泛关注。

2009 年 11 月 21 日上午，昆明市螺蛳湾市场部分商户因拆迁纠纷而制造了一起堵路事件，部分人员沿途砸毁施工隔离栏，堵断交通，打砸工程车辆，并用砖块攻击现场执勤民警。这一事件持续了近 5 个小时，下午 4 时，昆明警方在云南网和昆明信息港等网站召开网络新闻发布会通报事件情况，同时，为了增加信息公开途径，“@微博云南”落户新浪。当日晚 9 时 35 分，“@微博云南”发布了螺蛳湾事件通报：“今天上午 9 时许，昆明市螺蛳湾市场及云纺商业区 100 余名不愿搬迁的商户聚集散发传单，抵制关闭市场。随即，现场围观人员聚集了 1 000 余人，部分人员沿途砸毁施工隔离栏，堵断交通，打砸工程车辆，并用砖块攻击现场执勤民警。下午，警方先后将 24 人带离审查，事态得以平息。”这一微博的发布，体现了政府在面对突发事件时从“捂盖子”转向“揭盖子”，提升了政府公开、透明的形象，赢得了社会的好评，对其他政府部门起到了示范作用。

2011 年政务微博呈“井喷式”发展，后来这一年被有的研究者称为“政务微博元年”。[②] 在各类政务微博中，以“@平安北京”和“@平安肇庆”为代表的公安微博异军突起，成为最大的政务微博门类。同年 11 月，

---

① 人民网舆情监测室．指尖上的“政”能量——如何运营政务微博与微信［M］．北京：人民日报出版社，2013：34.

② 张志安，曹艳辉．政务微博微信实用手册［M］．广东：南方日报出版社，2014：3.

首个政务微博发布厅——“北京微博发布厅”在新浪上线运行，首批共有20个北京市政府部门的政务微博加入，其中“@平安北京”承担沟通协调、督促善政的职责。此外，还有7个部门的新闻发言人开通个人微博，通过“发布厅”与网民互动。[①] 政务微博发布厅模式随后被各级政府机构广泛采用。2013年，最高人民法院联合各地司法机构推出“全国法院微博发布厅”，借助“发布厅”及时向社会发布、公开审判执行信息，并在“发布厅”中开展主题开放日活动，邀请人大代表、政协委员、基层群众、未成年人等走进法院、走近法官，零距离感受法院工作，成为政务微博发布厅创新的典型案例。

基于政务微博的勃兴之势，2013年10月，国务院办公厅发布的《关于进一步加强政府信息公开回应社会关切提升政府公信力的意见》将政务微博正式确立为继政府网站、政府新闻发布会及新闻发言人制度之后的第三大官方权威信息发布平台。[②] 2014年4月国务院办公厅发布的《关于印发2014年政府信息公开工作要点的通知》又明确提出要“加强新闻发言人制度和政府网站、政务微博微信等信息公开平台建设”。在中央政府的推动下，各地区、各层级、各部门的政府机构纷纷开设政务微博，政务微博的运作日趋常态化。截至2014年底，政务微博的数量已超过了10万个。[③]

尽管政务微博渐成规模，但“僵尸微博”“作秀微博”等问题却普遍存在。为了保证政务微博在信息公开、舆情回应、官民互动等方面的实效，我国又相继发布了一系列政策文件。例如，2016年2月，中共中央办公厅、国务院办公厅联合印发了《关于全面推进政务公开工作的意见》，提出要

---

① 人民网舆情监测室．指尖上的“政”能量——如何运营政务微博与微信［M］．北京：人民日报出版社，2013：34-47.

② 陈尚荣，孙宜君．论全媒体语境下的政府形象传播［J］．现代传播，2015（12）：55-58.

③ 人民网舆情监测室．2014年度人民日报政务指数报告［R/OL］．(2015-01-29)[2017-04-02]．http：//yuqing. people. com. cn/GB/392071/392730/index. html.

“充分利用互联网优势，积极探索公众参与新模式，提高政府公共政策制定、公共管理、公共服务的响应速度”，“充分利用政务微博微信、政务客户端等新平台，扩大信息传播，开展在线服务，增强用户体验”，并对政务微博等政务新媒体平台与其他新闻媒体的联动合作予以重视。同年 8 月，国务院办公厅印发了《关于在政务公开工作中进一步做好政务舆情回应的通知》，要求各地区各部门利用政务微博等新媒体平台的传播优势，提高政务舆情回应时效，并适应传播对象化、分众化趋势，提升回应信息的到达率。

回顾政务微博发展的近 10 年时间，我们可以发现这一政务新媒体平台大致经历了从摸索尝试、学习借鉴，到多点开花、政策推动，再到遭遇瓶颈、转型创新的过程。若以功能观之，有研究者又将政务微博的演进分为三个阶段：(1) 在 1.0 阶段，政务微博将信息发布作为核心功能；政府部门相继开通政务微博，数量增长迅速，政务微博逐渐发展成为政务信息公开的重要平台。(2) 在 2.0 阶段，随着政务微博的规模化发展，在信息发布之外，政务微博通过评论、私信等功能为公众提供话语空间，汇集民意，反映民声，畅通官民的对话渠道，其互动价值逐渐凸显。此外，政务微博在突发舆情应对与公共话题议程设置方面也进行了大量的实践与探索。(3) 在 3.0 阶段，服务与关系成为政务微博信息、互动之外的新发展导向。①

大体来看，近年的政务微博显现出规模化和矩阵化的新态势。

在规模化方面，仅以新浪微博观之，2010 年新浪政务微博仅有 552 个，但截至 2016 年底，这个数字变成了 16 万。② 政务微博的覆盖面也从发展初期的公安、旅游、宣传、司法系统逐渐拓展至交通、气象、环保、医疗卫生、教育等多个领域。

---

① 沈阳．政务微博的模式演进［EB/OL］．（2015-01-29）［2017-04-02］．http：//city. sina. com. cn/focus/t/2015-01-29/114548882. html.

② 人民网舆情监测室．2016 年人民日报·政务指数微博影响力报告［R/OL］．（2017-01-19）［2017-04-02］．http：//yuqing. people. com. cn/n1/2017/0119/c209043-29036185-2. html.

在矩阵化方面，政务微博改变了先前“一盘散沙”的发展格局，形成了上下联动、横向协作、跨部门跨层级协同参与的模式。2012 年 1 月，甘肃省政府新闻办在腾讯微博上线了我国首个省级政务微博矩阵，尝试形成各党政部门统一的网络传播出口。近年，银川、昆明、成都等地建设了一批优秀的政务微博矩阵，进一步强化了矩阵功能。对此，中国传媒大学媒介与公共事务研究院曾撰写研究报告加以总结，并将政务微博矩阵分为三类形态。①

一是正能量传播矩阵形态。此类矩阵大多数体现在垂直职能或行业内部，通过主动策划传播、上下联动形成传播声量，如共青团、国资委等政务微博。

二是突发公共事件新闻舆论引导矩阵形态。这是在突发公共事件及社会热点事件中，政务微博进行多职能、多层级、跨区域和纵横交错式的积极应对的形态。比如，全国多地在遭遇夏季暴雨或洪涝灾害时，不同地区、不同部门、不同层级的政务微博协同作战，主动发声，告知事实，澄清谣言，还原真相。

三是以问题为导向的社会治理矩阵形态。这是一种常态化、制度化的矩阵运营形态，强调既要以矩阵式组织管理模式加强内部的垂直沟通联动，又要与横向职能单位进行协同合作，从而使政务微博深度参与社会治理当中，回应并解决网民问题。

以宁夏银川市的政务微博矩阵建设为例，2012 年，为充分运用和发挥政务微博在反映社情民意、汇聚民智、强化舆论引导等方面的作用，银川市制定出台了《银川市党务政务网络平台管理暂行办法》，将政务微博矩阵化作为建立快捷、高效政务微博平台的重要途径。以“@问政银川”为主

---

① 中国传媒大学媒介与公共事务研究院 .2016 年中国政务微博矩阵发展报告［R/OL］.(2017-02-07)［2017-04-02］. http：//www. sohu. com/a/125760925 _ 483389.

导的政务微博矩阵形成以来，成效显著，为政务微博矩阵建设提供了优秀范本，表 7-1 对其运作要点做出提炼呈现。

表 7-1　　银川市政务微博矩阵的运作要点

运作要点	具体措施
服务决策	对受理的具有普遍性、倾向性、苗头性的问题分发到有关单位进行专题调研
	将银川网民关注的热点事宜及建言献策，以《银川微博平台网民热议事项专报》形式报送市委领导，在获得批示后，由市委督查室督促各部门及时进行落实
	市委、市政府重大决策征询社会各界的意见和建议，汇集各方意见以服务于决策
促进联动	部门上下联动：通过党务政务网络平台受理的问题转交各县（市）、区和市直部门办理，整合工作力量
	媒体联动：将微博问政平台与传统媒体对接，如通过《银川日报》和《银川晚报》开设的“书记、市长与百姓互动”专栏将政民互动情况进行报道；与《新消息报》合作开设了“都市阳光”栏目，对政务微博答复、解决群众诉求情况进行转登；将宁夏电视台“都市阳光”栏目、银川电视台“直播银川”栏目中接到的群众诉求通过政务微博平台办理并进行反馈
创新机制	在线互动机制：构建市、县（市）区（市直部门）、乡镇（辖区及下属部门）三级政务微博平台组织体系和水、电、暖气、燃气、公交等关系民生的公共服务体系
	网民意见反馈机制：按照“统一受理、分级负责、归口办理、及时回复”的原则，构建受理一体化、处理快速化、服务优质化的网民意见反馈机制。在回应群众（网民）诉求方面，实行限时答复制度，要求业务咨询类（政策解释类）问题，2 个工作日内回复完毕；工作建议、意见类问题，5 个工作日内回复完毕；对涉及部门较多、情况较为复杂、需协商解决的问题，15 个工作日内回复完毕
	考核督查奖惩机制：对承办单位的办理结果，按照问题性质抽取一定比例进行明察暗访；对久拖未结的问题，采取“回头看”的办法，定期集中解决，限期上报办理结果，并进行责任追究；以电话询问、实地调查、发电子邮件等多种形式回访。如 2012 年底，因“@兴庆微博”（兴庆区党委、兴庆区人民政府官方微博）对微博上收到的市民投诉不重视、办结率低，市纪委随后介入，对兴庆区党委办公室的工作人员进行了问责，市委办也发文对兴庆区党委办公室进行了通报批评，在年终绩效考评时给兴庆区扣分

续前表

运作要点	具体措施
创新机制	网络舆情监测与应对机制：微博运营团队积极收集、监测公众在政务微博平台上的留言、意见等内容，报送相关部门，加强对社会热点难点问题以及重大群体性事件、突发性事件的梳理摸排、分析研判，科学制定应对方案，及时发布相关情况、处置措施和进展信息
强化培训	邀请区内外知名专家、学者对市领导及各县（市）区、市直各部门分管领导和微博管理员加以培训，主题有“政府微博运行与管理”“微博在政府应用中的作用”“微博时代的危机处理及应对”等
	不定期进行全市政务微博管理员集中培训和各部门培训，如到灵武市、永宁县、贺兰县、金凤区、兴庆区、市建设系统开展“微时代的银川政务微博运行及微博基本操作”和“政务微博管理”等培训
	常态化培训，将实时案例进行剖析讲解

资料来源：政务新媒体学院．独家专访：“@问政银川”——“互联网＋社会治理”方法论的实践者［EB/OL］.（2017-05-17）［2017-07-11］. http：//weibo.com/ttarticle/p/show？id＝2309404108084875294980；孟川瑾，卢靖．基于新公共服务的政务微博运行机制——“@问政银川”案例研究［J］. 电子政务，2016（4）：45-53.

第二节　政务微博功能与价值的再讨论

一、政务微博遇到的挑战及需要思考的问题

尽管政务微博规模庞大、作用明显，在政府传播格局中处于重要地位，但近些年外部环境的变化和内部运作的问题使其面临着严峻的考验。

从外部环境来看，微信和各类移动应用程序的兴起，使受众与注意力分流的趋势更为明显。一方面，随着新闻客户端和微信的迅速发展，资讯与社交平台更加多元，很多微博用户迁移至形式更新颖、好友更密集的新平台。此外，由于管制力度的加强，部分微博“大V”活跃度变低，微博的热度有所下降。虽然近两年微博连续推出短视频、网红直播等新产品、新服务，其活跃用户数量也有一定回升，但在新的行业格局中，微博在内容

维度上正从早期更多地聚焦时政话题、社会信息等领域，向基于兴趣的垂直细分领域转型。另一方面，政务微信、政务 App 发展迅猛，截至 2015 年 8 月，全国开设的政务民生公众号已经超过 8.3 万个[①]，为公众提供了更多获取政务信息、办理业务、参与问政的渠道，政务微博不仅不再无法替代，反而频频受到有关存在必要性的质疑。

从内部运作来看，虽然大多政务微博的运行有专人负责，有制度保障，有经验可循，但“僵尸账号”“官腔账号”“应付账号”“错位账号”（见表 7-2）等比比皆是，严重妨碍政务微博的健康发展，对政府形象造成不小的损害。虽然政务微博受到地域特征和行业特点的影响，但其内部运作无疑是主导政务微博发展结构和趋势的最为关键的因素。目前，政务微博百强账号从地域上看多集中于广东、四川、江苏等省份，从部门上看又多为公安、新闻办等部门，从势头上看呈现出强者越强、弱者越弱的“马太效应”。虽然“@平安北京”“@南京发布”等一批优秀的政务微博取得了令人瞩目的成绩和良好的社会反响，但相对于总量接近 30 万的政务微博整体来说，优秀政务微博的数量仍十分稀少，反而是越来越多的政务微博日渐陷入无方向、无动力、无效果的窘境。

表 7-2　政务微博的几类“问题”账号

问题类型	问题说明	案例
僵尸账号	更新频率低甚至停止更新；账号被盗挪为他用，产生恶劣影响	泰州市商务局官方微博“@开放泰州”，粉丝数 3 万多，但自 2013 年 6 月 28 日认证以来，仅发布过一条微博；河北省承德市鹰手营子矿区人民法院官方微博“@承德营子区法院”，一度频繁转发各种商业账号的广告信息，10 个月后该法院才发现微博账号被盗

① 腾讯研究院．2015 微信政务民生白皮书［R/OL］．（2015-12-15）［2017-04-02］．https：//wenku. baidu. com/view/d8ab9381be1e650e53ea996e. html? re=view.

续前表

问题类型	问题说明	案例
官腔账号	发布内容多为官话、套话，受众很难找到关乎自身的实用信息	2015年1月，哈尔滨市道外区太古街一仓库发生火灾，造成多名消防队员伤亡；1月3日凌晨，哈尔滨市公安局官方微博“@平安哈尔滨”发布消息，公布火灾基本情况，通报全文共585个字，其中各级领导“高度重视”“第一时间”“现场指挥”等内容就占了258个字，一时间成为网络舆论声讨的焦点
应付账号	为了完成量化考核指标而草率更新，缺乏规范的操作流程与妥当的考核机制	2015年6月，陕西省子洲县交警大队官方微博“@子洲交警”转发帖子，批评1950年的土地改革政策；当晚“@子洲交警”在争议声中连发两条微博向公众道歉，称“土改”言论是“微博管理员责任心不强，发布微博时随意复制粘贴发布，以应付的工作态度管理微博账号”所致
错位账号	政务微博不政务，过度“娱乐化”“鸡汤化”，或成为运营人员随意发布个人观点、发泄个人情绪的渠道	为了提高阅读量和转发量，不少政务微博故意发布与业务内容或本职工作完全无关的信息。例如2017年3月，“@济南公安”发布了一张“毛驴撞大巴”图片，并配文：“世事多奇葩，毛驴怼大巴。毛驴：不服来战。大巴：容你战我千百回，受伤的总是你啊！”这条微博在网络上引起争议。济南公安回应称，上述微博不代表任何观点，是未经请示的个人行为，值班人员并非民警

基于上述种种挑战，政务微博的运营亟须针对下述三个方面进行思考，并给出清晰的方案：

微观方面，面对用户和注意力资源分流加剧的状况，依托于“弱关系”的政务微博该如何在提升关注度的同时进一步增强受众黏性？

中观方面，在“两微一端”联动发展的环境中，政务微博该怎样实现差异化发展以充分发挥自身优势并避免资源浪费？

宏观方面，政务微博该如何进行优化升级，以顺应、契合、推动“互联网+社会治理”的大势？

二、政务微博的核心功能与发展价值

无论何种政务新媒体，发布信息、与民互动及提供服务都是其在移动互联时代最基本也是最主要的功能。不过，由于新媒体平台属性的差异，政务网站、政务微博、政务微信和政务 App 的核心功能亦不尽相同。如果说政务微信偏重互动、政务 App 强在服务，那么政务微博则在信息发布的速度、覆盖范围、更新频次等方面更具优势。当然，这并不是说微博在互动和服务上没有价值，若能善加运用，政务微博也能发挥积极的作用。接下来，笔者即结合近年政务微博创新发展的典型案例，分别从信息、互动和服务三个维度入手，探讨政务微博的发展价值。

（一）信息维度

信息发布是政务微博最为核心的功能。近年，随着全面政务公开工作的推进，各级政府部门都明显加强了对政务微博这一“信息窗口”的重视与建设。通过这个“窗口”，政府可以有效推进政务公开，快速辟谣止谣，强化舆论引导。

1. 有效推进政务公开

政务微博是推进政务决策、执行、管理、服务与结果全面公开的重要平台。与其他政务新媒体相比，政务微博的政务公开形式更多样、路径更多元。

在形式上，从 140 字的纯文本发布到图文、视频、音频结合的多媒体应用，从漫画、动画、沙画的运用到互动游戏、微直播、微访谈、VR 等活动与技术的尝试，政务微博一方面保持和提升了政务信息的易读性、趣味性，另一方面也有益于营造“现场感”和“代入感”，增强政府决策、执行、管理、服务中过程性信息的公开效果。

例如，从 2016 年 8 月 9 日起，公安部交通管理局联合新浪微博组织多地公安交管部门通过政务微博等渠道开展为期一个月的“全国交警直播月”活动，直播一线执法现场。北京、天津、南京、武汉、深圳、潍坊、唐山等多地公安交管部门参与了直播活动。直播主要由三部分组成：第一，交管部门结合本地交通违法重点整治行动，呈现查处酒驾、乘车人不系安全带等执法行动的过程；第二，由一线交警对现场执法依据、执法环节、执法流程进行专业解读；第三，在直播的过程中与网民互动交流，回答网民提问。①

直播吸引了大量网民的关注。比如8月9日23点，"@深圳交警"直播了查处酒驾、违规使用远光灯的"猎虎行动"，直播观看量达124万（见图7-1）。8月13日16点，"@湖南高速警察"进行了"旅游出行交通安全"主题执法直播，并在直播过程中通过发布红包口令、转发微博抽取奖品等福利进行推广。② 在"全国交警直播月"活动落幕之后，不少交管部门将执法直播作为长期化、常态化的工作。

图7-1 "@深圳交警"直播"猎虎行动"

在路径上，基于微博的特殊功能，政务微博可充分利用"粉丝头条"③"热门微博榜""热门话题""大V转发"等功能，有效扩大信息的传播范

① 张洋，张文，方圆．看，交警直播成网红［N］．人民日报，2016-08-22（11）．

② 政务新媒体学院．全国交警直播月，阳光执法引领潮流［EB/OL］．(2016-08-17)［2017-04-02］．http：//blog. sina. com. cn/s/blog _ e082ab540102xgf0. html.

③ 粉丝头条是新浪微博官方推出的推广产品，借助该产品，微博信息能在24小时内出现在所有粉丝信息流的第一位。

围，提升传播实效。正是有了这些多元路径，即便面临政务微信、政务App在受众分流方面的挑战，政务微博的信息阅读量在所有政务新媒体平台中仍处于首位（当然也有政务微博数量更多、所发信息更频繁的原因）。有数据显示，2016年全国政务微博总阅读量达2 605亿，其中单条微博的阅读量超过100万的有11 778条，超过1 000万的有335条。[①]

2. 快速辟谣止谣

移动互联时代，谣言的滋生、繁殖更为容易。其一，借助微博等构建而成的关系网络，谣言一旦生发，其传播速度更快、扩散范围更广，常常在监管者还来不及采取有效应对措施时就已呈泛滥之势；其二，造谣者的非实名身份和传谣者传播渠道的多样性又使得控制谣言的难度加大；其三，受到出名、获利或者“唯恐天下不乱”等动机的影响，部分微博传播者片面追求内容的“新、奇、快”，不仅不去查证微博信息的真实性，反而还会通过删减细节、夸大局部、添油加醋等方式使不实信息更加符合大众的经验、思维及想象，从而加速了谣言的传播。上述因素使微博成为虚假信息传播的主要平台，数据显示，近六成假新闻首发于此。[②] 相应的，微博谣言的治理也日益受到重视，政务微博越来越成为不可或缺的治理力量。

第一，政务微博能及时发布权威信息，还原真相，压缩甚至消除谣言的传播空间，尤其在突发事件中，可以有效降低谣言带来的社会危害。2017年2月，安徽铜陵市恒兴化工有限公司高沸点溶剂罐发生爆炸，引发火灾。事故发生后，包括谣言在内的各类信息在微博平台大量传播，其中有消息称爆炸造成两人死亡，也有一些权威媒体发布了不实信息。对此，

---

① 王高飞．政务微博这一年：四个“最大”、五个优势、三种形态［EB/OL］．(2017-01-20)［2017-04-02］．http：//www.guanmedia.com/news/detail_5413.html.

② 林卓颖，何桂林，刘自然，等．新媒体时代的“假新闻”现象与治理对策研究［R］//中国社会科学院新闻与传播研究所．中国新媒体发展报告No.6（2015）．北京：社会科学文献出版社，2015：65-83.

“@中警安徽”“@安徽消防”等相关部门的政务微博及时采取了有效的辟谣手段[①]，着重在“何时说”“说什么”“怎么说”三方面寻求对策。

首先是“何时说”——抢占第一时间。政府部门对谣言的感知与回应速度对于谣言的澄清至关重要。在突发事件发生后，如果无法在第一时间（即能多快就多快）展开应对，就可能使政府部门陷入被动，并对社会造成不可估量的危害。在这一方面，政务微博为政府部门快速发声提供了有利条件。在2月8日22时50分爆炸发生后，“@中警安徽”立即发布了一则微博告知市民，公安与消防等一线力量已赶赴现场，并提醒广大市民不信谣不传谣，具体情况以官微发布内容为准。

其次是“说什么”——回应社会关切。针对此类事件，媒体和公众普遍关心事件成因、影响程度、影响范围、政府举措、责任追究等方面的情况，因此政府部门不应避重就轻或模棱两可，只有主动地、清晰地回应这些社会关切，方能为自身的意见竞争和辟谣止谣加分增力。爆炸发生后，有微博传言“爆炸已造成2人因窒息死亡”，对此，“@中警安徽”发布了最新的伤亡情况是“暂无人员伤亡”，澄清谣言。“@铜陵发布”于零点后，先后发布三篇事件原因查明续报，告知公众事实真相。

最后是“怎么说”——有理有据、联合发声。对于不少媒体发布的不实爆炸视频，“@安徽消防”详细指出其问题所在（见图7－2）。同时，在辟谣过程中，“@中警安徽”“@安徽消防”“@安徽发布”“@中国消防”等政务官微与“@人民日报”“@头条新闻”等媒体官微形成联动，共同发声，有效增强了辟谣力度。

第二，政务微博除发布辟谣信息之外，还可以通过话题设置、平台搭建等方式，鼓励微博用户共同参与谣言治理，从而充分调动公众力量，增

① 政务新媒体学院．安徽铜陵市突发爆炸，政务官微深夜响应不缺席［EB/OL］.（2017-02-09）［2017-04-02］. http：//blog. sina. com. cn/s/blog _ e082ab540102xvkv. html.

图 7－2 “@安徽消防”发布辟谣微博

强辟谣力度。

例如，2016 年 5 月 12 日，公安部联合新浪微博推出了“全国辟谣平台”[1]。该平台是全国首个针对全网范围的谣言举报和辟谣平台，以全国 189 个网警巡查官微和各地公安局的“平安”系列微博为主力，在微博开设便捷渠道接受网民对互联网谣言的举报处理。网民可通过微博首页公告栏的“全国辟谣平台”入口或“@微博辟谣”粉丝服务菜单栏中的“全国辟谣”入口进入举报页面，在上面准确填写被举报内容的链接或者上传被举报内容的截图，填写举报理由即可（见图 7－3）。提交举报后，“全国辟谣平台”上的网警巡查官微和各地公安局的“平安”系列官微会第一时间对网民举报进行核查处理，并通过发布＃微博辟谣＃内容进行官方辟谣。此外，“@

---

① 新浪科技．微博联合公安部推出“全国辟谣平台”网络辟谣可跨平台［EB/OL］．（2016-05-11）［2017-04-02］．http：//news. youth. cn/kj/201605/t20160511＿7981258. htm.

微博辟谣”也会联合公安部发布每月辟谣报告，集中公布典型谣言和相关数据。

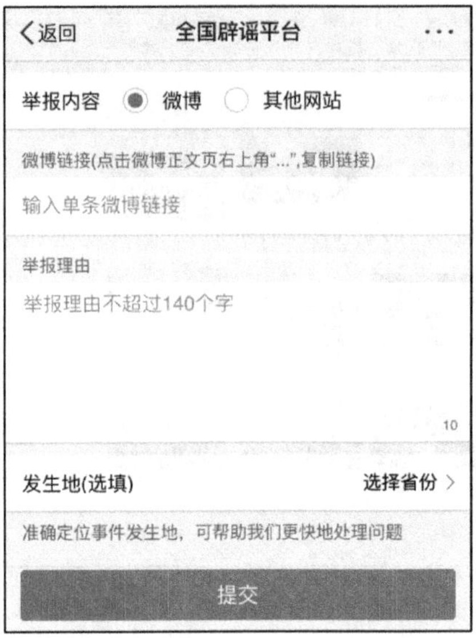

图 7-3 “全国辟谣平台”举报页面

3. 强化舆论引导

舆论是公众关于现实社会以及社会中的各种现象、问题所表达的信念、态度、意见和情绪表现的总和，具有相对的一致性、强烈程度和持续性，能对社会发展及有关事态的进程产生影响。① 在我国改革转型的关键期，公众表达自身信息、态度、意见和情绪的意愿越来越强烈，各类新媒体平台汇集着大量的社情民意并因之形成影响力巨大的“民间舆论场”。涉及政治、经济、文化和社会等各个领域的事件或问题都可能被挖掘出来并广为传播，尤其是那些与民众利益息息相关的收入分配、社会贫富差距拉大、食品安全、住房、社会保障、大学生就业、看病难看病贵、教育改革、新生代农民工的生存与发展等民生问题，以及涉及腐败、公平正义、民主法治等领域的事件，

① 陈力丹．新闻理论十讲［M］．上海：复旦大学出版社，2008：301.

更可能迅速点燃民众的情绪并进而形成声势浩大的舆论声讨。

微博是一个具有草根性、去中心化、裂变传播和规模围观等特征的多元主体诉求表达空间。在这一空间，人声鼎沸已是常态，舆论风暴频频生成，在为官方的舆论引导增加难度的同时，也一定程度上促进了政府和民众之间的对话、沟通，增强了政府对舆情生发、变化的感知，利于隐性舆情转化为显性舆情，进一步利于政府对民间舆论的有效引导。

2016年12月5日上午，微博网民"@冰-狗狗"发微博控诉昆明交警"不近人情"，大清早在幼儿园门口贴罚单："'春城骑警'一个多美的名字，今天算是真正领教了他的素质。短短进出幼儿园几分钟接送孩子，每个学校门口都是一样忙碌的早晨，谁也不会多停留，交警们早早就开始他们'不近人情'的工作，幼儿园门口贴罚单，家长们不理解，5分钟不到的时间就要贴罚单……"该微博发布后，随即被转发了4万多次，登上了微博热搜。

仅过了10分钟，昆明交警便做出响应，表示会对该网民反映的情况进行核实。12月6日下午，昆明交警专门就此事召开了新闻通报会，向媒体公布交警执法记录仪视频。同时，"@昆明交警"先后三次发布微博，对此事进行回应：第一次，表明态度，会对事件进行认真核查。第二次，通报核查情况、还原事件真相（见图7-4）。12月5日上午8时许，3名"骑警"队员巡逻发现在盘龙区金江实验幼儿园附近路段交通拥堵，拥堵系违法停车所致（该路为双向两车道，道路一侧设有停车泊位，道路双向均设有禁止停车标志，当时该路段共停放有4排机动车，仅保留1条车道供社会车辆通行）。交警在执法过程中对驾驶员不在现场的小轿车粘贴了《交通违法告知单》，并且查询到该车已经"脱检"，且有20次交通违法未处理。为此，交警要求该车车主出示相关证件。第三次，呼吁公众共同遵守交通规范。[①]

① 傅淼，李晓璇．昆明交警回应幼儿园门口贴罚单，网友为何齐呼"干得漂亮"？［EB/OL］．(2016-12-07)［2017-04-02］．http：//yuqing.people.com.cn/n1/2016/1207/c209043-28932992.html.

在此次舆情事件应对中，“@昆明交警”及时对事件进行核查通报，事实表述清晰完整，积极回应民众关切，良好表态赢得支持，将一次可能对自身造成负面冲击的舆情事件转化为构建昆明交警良好形象的宣传契机。

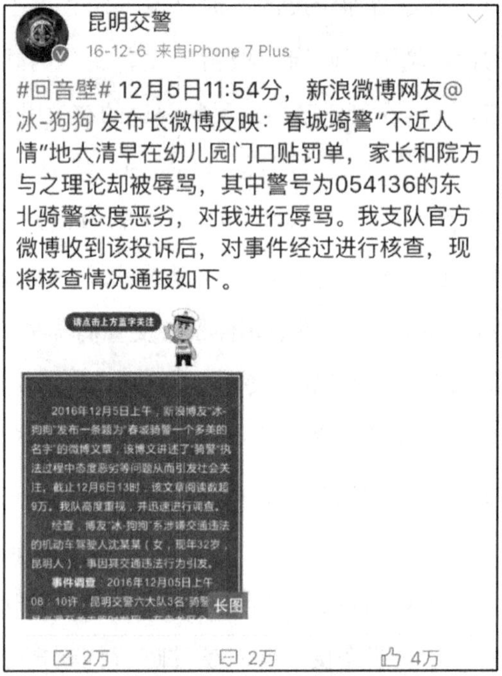

图 7-4 “@昆明交警”发文通报核查情况

另外，对于首发于微信等其他平台的舆情事件，政务微博也具有协同监测与管理的价值。

2016 年 11 月 30 日，一篇题为《罗某某，你给我站住》的文章在微信朋友圈内引起了极大关注，在短时间内阅读量便超过了 10 万。小朋友罗某某不幸身患白血病，其父亲罗尔以“卖文”的方式将这篇文章放在深圳小铜人金融服务公司的公众号“P2P 观察”里推送。读者每转发一次，小铜人金融服务公司便给罗某某一块钱，文章同时开通了赞赏功能，赞赏金全部捐给孩子。不少网民出于善心，以打赏或捐赠的方式为孩子进行筹款。然而，转发热潮未退，朋友圈却开始出现“知情人士”的爆料及质疑声——比如孩子生病是真，但“卖文”筹钱疑似网络营销；罗尔经济不差，有三套房、两辆车以及一家广告公司等。随着爆料信息的增加，网民的态度从同情支持转变为对整个事件的质疑与批评，引发了新一轮舆论风波。虽然此后“P2P 观察”及罗尔本人都对网友的质疑做出回应，但舆论持续发酵。

11 月 30 日，面对网上有关罗某某治疗费用的爆料，“@深圳市儿童医院”立即通报了救治情况，并将自费与医保支付清单明细列出，“@深圳微博发布厅”和“@健康深圳”随即进行了转发。同时，“@深圳市民政局”发布微博表示已就此事成立了调查组，并将及时公布调查结果。而民政部新闻办官方微博“@民政微语”则针对网民有争议的问题做了专家答疑。政务微博的及时介入、适时发声，对于打消公众疑虑、平息公众怒火、引导舆论走向，起到了积极的作用。[①]

（二）互动维度

政务微博最有价值的功能之一，就是政府机构可通过在线评论、私信留言、线上线下联动等方式与公众展开持续、及时、深入的互动，从而一方面丰富了网络问政的形式和渠道，另一方面塑造了政府亲民而不冰冷、具体而不抽象、鲜活而不呆板的良好形象。

1. 优化网络问政

习近平总书记在 2016 年 4 月网络安全和信息化工作座谈会上指出：“网民来自老百姓，老百姓上了网，民意也就上了网。群众在哪儿，我们的领导干部就要到哪儿去。各级党政机关和领导干部要学会通过网络走群众路线，经常上网看看，了解群众所思所愿，收集好想法好建议。”随着移动互

---

① 马剑银．“罗一笑”事件：警惕“好故事”欺骗满满善意［EB/OL］．（2016-11-30）［2017-04-02］．http：//www.infzm.com/content/121141；政务新媒体学院．从“罗尔为女筹款事件”发酵看深圳政务微博表现［EB/OL］．(2016-12-01)［2017-04-02］．http：//blog.sina.com.cn/s/blog_e082ab540102xqy6.html.

联网技术的迅速发展，微博、微信等新媒体逐渐成为公众行使其表达权、监督权、参与权的重要渠道；正如笔者在第六章提到的，在“互联网+社会治理”的时代背景下，借助各类新媒体平台进行网络问政，既可畅通社情民意的渠道、完善社会治理的格局，也可促进服务型政府的建设、推动政府职能转型，还能解决公众实际问题、优化社会治理效果。

在这一方面，政府部门除了能运用微博及时、精准地为公众提供动态服务，迅速、有效地回应公众的合理诉求，进一步提升政务服务的水平，还可以通过发起话题等形式，引导公众参与民主讨论，倾听民意，汇聚民智。典型的例子如重庆江北区政府曾在微博上组织的问计活动（详见第六章），又如在 2016 年 12 月至“两会”期间，“@中国政府网”举办了“我向总理说句话”建言征集活动（见图 7－5），鼓励网民就“住有所居”“病有所医”“老有所养”“钱包那些事”等话题发表对 2017 年政府工作的意见建议，并将精选建言报送给国务院领导或转送政府工作报告起草单位。

图 7－5 “我向总理说句话”活动页面

2. 推进形象塑造

在移动互联时代，如果不能将自身形塑为一个有人情味、有温度、有关怀的人格化形象，政府机构的正面宣传或危机传播就可能陷入信息“飞沫化”的困境——无人倾听、信者寥寥，更谈不上通过宣传打动人、影响人、说服人。而“@平安北京”“@我在 120 上班”等诸多案例已经证明，通过定位“拟人化”、发声“说人话”、互动“多走心”和“接地气”，政务微博非常有助于推进政府机构的形象塑造。在互动方面，一些政务微博打造的特色互动活动有效地提升了公众对政府机构的关注度、认知度和美誉度。

比如，自 2015 年起，天津市公安局联合新浪微博举办了“我要是警察”系列主题活动。该活动将线下活动与线上矩阵宣传相结合，以现场宣传活动、特邀嘉宾体验、H5 小游戏等形式科普安全知识，构建警察形象，引起了较大的反响。活动的直播微博阅读量达 175 万，微博话题阅读量也有 2 800万。其具体内容包括：（1）特邀嘉宾体验。2015 年 12 月，为了借助名人效应，扩大活动影响力，天津市公安局根据网民的投票结果及嘉宾实际情况，安排 6 位特邀嘉宾走近特警、交警、消防和派出所亲身体验相关工作，并由“@平安天津”全程直播（见图 7 - 6）。（2）现场宣传。2016 年 9 月 19 日至 9 月 23 日，活动以教官演示、体验互动、小品演绎等形式在商场、驾校、大学、企业、社区举办 8 场现场直播。如在首场活动中，天津市公安局特警总队教官现场演示防身自卫术，和平分局民警表演防范电信诈骗小品《抓你没商量》等。（3）推出 H5 小游戏。“@平安天津”设计了“看看自己有几分警察气质”等 H5 小游戏，让网民在游戏中体验不同警种的岗位职责，体会警察的工作艰辛。小游戏获胜者还有机会和特邀嘉宾零距离接触。随后，天津市公安局又举办了“致敬平安校园行”“蜀黍和我去闯关”等活动，以此作为“我要是警察”活动的深化和延续。“我要是警察”活动如今已经成为系列品牌活动，对提升天津市公安局及公安干警的形象起到良好的作用。[①]

图 7-6 “@平安天津”发布嘉宾体验活动

（三）服务维度

尽管与微信服务号、政务 App 等政务服务平台相比，政务微博的服务功能并不突出，但因为互动便捷、使用者众、传播力强，政务微博在提供和丰富政务服务方面也有明显的价值。

1. 提供政务服务

近年，不少政务微博开始提供政务服务，解决民众反映的问题。譬如

① 张博．于根伟、杨议、裘英俊都在“我要是警察”［EB/OL］．(2015-12-11)［2017-04-02］. http：//tech. xinmin. cn/internet/2015/12/11/29096342. html；郭佳，孔琳．“我要是警察”第二季启动，首场直播获网友点“赞”［EB/OL］. (2016-09-20)［2017-04-02］. http：//www. tj. xinhuanet. com/society/20160920/3448735 _ c. html.

“@上海发布”开设了“市政大厅”平台，为公众提供出入境业务办理、公积金查询、个税查询、路况查询等服务。又如，“@南昌发布”安排专人解决受众的问题和诉求，2016 年解决问题和诉求 1 600 余件，内容涉及交通、卫生、教育、民政、气象、社保、供水、供电等各个方面，基本做到了“事事有答复，件件有回音”①。

2017 年春节期间，“@湖南公安在线”通过微博成功帮助我国境外游客平安回国的案例也很有代表性。② 2017 年 1 月 30 日 12 时 45 分，“@湖南公安在线”收到一条求助私信：湘籍游客小颜与家人在越南度假时遭遇抢劫，丢失了所有证件，希望可以获得湖南省公安厅的帮助。收到私信后，“@湖南公安在线”一边通过微博与小颜保持联系，一边立即将情况上报负责人。在获得小颜一家的身份信息后，“@湖南公安在线”负责人迅速联系湖南省公安厅人口与出入境管理局公民出国境工作处，对来自我国驻越南胡志明市总领事馆的信息审核请求进行核查，并于 15 时将小颜一家的信息反馈给领事馆，帮助小颜解决了问题。2 月 3 日，小颜通过微博私信反馈自己和家人已成功回国。

此外，还有不少政务微博充分利用微博的私信、搜索等功能创新服务模式。例如“@成都共青团”会每天搜索“迷茫”“好烦”“想不开”等关键词，运用评论、私信等方式与信息发送者交流沟通，给予其相应的帮助；还会通过“寻物＋成都”的搜索，主动向公众提供寻人寻物的服务，长期以来形成了品牌效应，本地公众有相关需求后，常会主动联系“@成都共青团”寻求帮助。而“@成都共青团”亦曾向网民承诺，只要在凌晨两点

---

① 人民网舆情监测室 . 2016 年人民日报・政务指数微博影响力报告 [R/OL]. (2017-01-19) [2017-04-02]. http://yuqing.people.com.cn/n1/2017/0119/c209043-29036185-2.html.

② 禹亚钢，舒莎 . 湖南公安借助政法新媒体助境外游客平安回国 [EB/OL]. (2017-02-07) [2017-04-02]. http://yuqing.rednet.cn/article.asp? id=317403.

前发私信，都能第一时间得到回复。[①]

2. 强化垂直行业服务

政务微博所拥有的丰富的用户资源和关系资源使其能成为连接政府、公众、社会组织的统筹协调中心。借助这一优势，政务微博正在形成“政务微博＋”的模式，在垂直细分领域发力，连接各个行业，延展出“政务微博＋农业”“政务微博＋医疗”和“政务微博＋教育”等新模式。

以农业为例，在国家加大扶持农业力度的大背景下，多地涉农政府机构尝试依托政务微博的影响力推介当地农产品，搭建起有效的扶农助农平台。典型的如，为了将自身打造成服务农民生产生活的综合平台，郑州市供销社于2014年开通了“@郑州供销”官方微博及“@西瓜办”“@新媒助农”和“@郑州农产品流通”等子账号，形成微博矩阵，服务于“三农”。这些账号旨在：第一，发布实用信息。为了更好地将瓜农的供给与市民的需求对接起来，“@西瓜办”发布“西瓜文化”和“购瓜小常识”等信息，以帮助网民了解西瓜品种、辨别西瓜质量，还针对瓜农发布“西瓜需求指数”等具有参考价值的信息。第二，举办推广活动。郑州市供销社通过微博矩阵多次举办“网络大V体验式助农活动”以推介蜂蜜、柿子、彩虹西瓜、金银花等农产品，有效扩大了农产品的知名度和美誉度，为破解农产品买难卖难、打通农产品销售“最后一公里”做出了有益探索。第三，发展电子商务，完善系统体系。郑州市供销社在建立微博矩阵作为线上推广平台的同时，积极发展电子商务，将微博的推广成效落于实处。目前共组建电子商务企业6家，发展网店52家，形成“网订店送、网订店取”的配

① 人民网舆情监测室. 2016年人民日报·政务指数微博影响力报告［R/OL］.(2017-01-19)［2017-04-02］. http://yuqing.people.com.cn/n1/2017/0119/c209043-29036185-2.html.

送模式。[①]

2016 年 3 月，灵宝市苹果滞销严重，“@郑州供销”在网络上发现情况后，第一时间在微博上发出灵宝苹果滞销的消息，引起了系统内外的关注和互动。新郑市供销社得知消息后，即刻组织安排新郑供销好邻居日用品配送有限公司负责人前往灵宝实地察看，深入果农家中了解情况，决定帮助果农销售苹果，并借助微博将真实情况一一发布。随后荥阳市供销社马上跟进。截至 3 月 17 日，两地供销社累计运回 12 万斤灵宝苹果，并通过供销社经销网点帮助果农销售苹果，价格扣除运费、人工成本外，全部让利于当地百姓，苹果很快一售而空。[②]

---

① 刘五一：利用新媒体打通农产品销售最后一公里［EB/OL］．（2016-01-25）［2017-04-02］．http：//www.henan.gov.cn/zt/system/2016/01/25/010616104.shtml.

② 郭新建．郑州“互联网＋供销社”在探索中前行——郑州供销微博助农再发力［EB/OL］．（2016-03-26）［2017-04-02］．http：//www.zyjjw.cn/news/ec/gx/2016-03-26/320062.html.

第八章 政务微信运营的老问题与新思考

基于自身强大的即时通信功能和可扩展性，微信只用了数年时间就成为广大用户所青睐的社交平台，甚至渐渐重塑了人们的交流方式和生活图景。随着微信的更新迭代，其用户主体从个人延展至企业和政府，政务微信的数量于近年迎来“井喷式”的增长。2013 年 10 月 1 日，国务院办公厅在其发布的《关于进一步加强政府信息公开回应社会关切提升政府公信力的意见》中，于国家政策层面强调了“政务微信”的作用，要求“各地区各部门应积极探索利用政务微博、政务微信等新媒体，及时发布各类权威政务信息”。在政策的直接推动下，全国政务微信的数量直线攀升，2015 年超过了 10 万个，31 个省级行政区和 334 个地级行政区均开通了数量不等的微信公众号，县乡级公众号占 50％以上，部委微信公众号的拥有率超过 40％。[①] 不过，数据的“繁荣”也难以掩盖政务微信在定位、服务、运营和评估等方面的“痼疾”，结合当前环境对这些老问题进行新思考，是一项必要且紧迫的任务。

第一节 政务微信的发展状况

一、政务微信的兴起

微信是腾讯于 2011 年 1 月推出的一款为移动用户提供即时通信服务的

① 华政．腾讯发布《2015 年度全国政务新媒体报告》［EB/OL］．（2016-01-19）［2017-04-21］．http：//www. bj. xinhuanet. com/bjyw/2016-01/19/c _ 1117826546. htm.

应用程序。腾讯旗下的企鹅智酷发布的《2017 微信用户 & 生态研究报告》显示，截至 2016 年 12 月，微信在全球范围内活跃用户共计 8.89 亿，而新兴的公众号有 1 000 万个。①

具体到政务领域，2012 年 8 月 30 日，广州白云区应急管理办公室在其官方微博“@广州应急－白云”上宣布正式开通官方微信“广州应急－白云”，从而成为全国最早使用微信的政府部门。② 公安机关对于新媒体的尝试一直都比较积极。广东省肇庆市公安局继推出全国公安机关首个政务微博“@平安肇庆”后，于 2012 年 9 月又在全国率先开设公安政务微信“平安肇庆”。随后，广州、淮安、厦门等多地警方也陆续开通微信。2013 年 3 月 11 日，北京市公安局正式开通“平安北京”微信公众号，这成为首个通过腾讯微信认证的省级公安机关官方微信。③

随着微信的广泛应用，其在信息公开、提供服务、与民互动等方面的价值亦得到政府机构越来越多的重视。2013 年 10 月，国务院办公厅在其发布的《关于进一步加强政府信息公开回应社会关切提升政府公信力的意见》中首次提及政务微信，并强调要利用政务微信等新媒体及时发布各类权威信息，促进政务公开；要利用好其互动功能，以及时、便捷的方式与公众进行互动交流；同时要建立新媒体运维人员培训工作常态化机制，经常组织开展面向政务微博、微信人员的专业培训，不断提高相关人员的政策把握能力、舆情研判能力、解疑释惑能力和回应引导能力。④ 2014 年 3 月，国务院办公厅在《关于印发 2014 年政府信息公开工作要点的通知》中强调，

---

① 企鹅智酷．2017 微信用户 & 生态研究报告．[EB/OL]．(2017-04-24) [2017-05-16]．http：//www.useit.com.cn/thread-15112-1-1.html.

② 贺林平．政务微信悄然兴起 [N]．人民日报，2013-05-09 (14).

③ 刘鹏飞．政务微信：网络问政新利器 [J]．秘书工作，2014 (7)：76-78.

④ 国务院办公厅．国务院办公厅关于进一步加强政府信息公开回应社会关切提升政府公信力的意见：国办发 [2013] 100 号 [A/OL]．(2013-10-01)[2017-05-16]．http：//www.gov.cn/xxgk/pub/govpublic/mrlm/201310/t20131018_66498.html.

要加强主动公开工作，加强政务微博、微信等信息公开平台建设，使主流声音和权威准确的政务信息在网络领域和公共信息传播体系中广泛传播。① 2015 年 6 月，国务院办公厅发布的《关于运用大数据加强对市场主体服务和监管的若干意见》又鼓励政府利用网站和微博、微信等新兴媒体紧密结合企业需求，整合相关信息为企业提供服务。② 2016 年 7 月，国务院办公厅又于《关于在政务公开工作中进一步做好政务舆情回应的通知》中提出要提高政务舆情回应实效，各地区各部门要适应传播对象化、分众化趋势，进一步提高政务微博、微信和客户端的开通率，充分利用新兴媒体平等交流、互动传播的特点和政府网站的互动功能，提升回应信息的到达率。③ 综上，我国政府对政务微信运营的功能、服务主体的细分以及平台建设均做出较为明确的部署和要求，而这样的重视又促进了政务微信的进一步发展，如在服务方面，截至 2016 年底，微信公众号已成为网民使用的第二大在线政务服务方式，其使用率为 15.7%。④

与此同时，微信自身的创新也不断强化，2017 年微信小程序正式上线，一些政府部门开始在微信平台上开设小程序，如外交部领事保护中心的“外交部 12308”、国家工商总局的“12315”，以及农业部为提升农民手机使用水平所开设的“全国农民手机技能培训”等。

① 国务院办公厅．国务院办公厅关于印发 2014 年政府信息公开工作要点的通知：国办发［2014］12 号［A/OL］．(2014-04-01)［2017-05-16］．http：//www.gov.cn/zhengce/content/2014-04/01/content_8728.htm.

② 国务院办公厅．国务院办公厅关于运用大数据加强对市场主体服务和监管的若干意见：国办发［2015］51 号［A/OL］．(2015-07-01)［2017-05-16］．http：//www.gov.cn/zhengce/content/2015-07/01/content_9994.htm.

③ 国务院办公厅．国务院办公厅关于在政务公开工作中进一步做好政务舆情回应的通知：国办发［2016］61 号［A/OL］．(2016-08-12)［2017-05-16］http：//www.gov.cn/zhengce/content/2016-08/12/content_5099138.htm.

④ 中国互联网络信息中心．第 39 次中国互联网络发展状况统计报告［R/OL］．(2017-01-22)［2017-05-16］．http：//www.cnnic.cn/hlwfzyj/hlwxzbg/hlwtjbg/201701/t20170122_66437.htm.

二、政务微信的类型和功能

2012 年 8 月 17 日，微信推出了面向名人、政府、媒体、企业等个人和机构的合作推广平台——微信公众平台。微信公众平台在发展初期有订阅号和服务号两类。随着微信版本的更新与微信小程序的上线，微信公众平台的账号升级为四类：订阅号、服务号、企业微信（原企业号）和小程序。目前我国政务微信多为订阅号和服务号，不过刚刚诞生不久的小程序因其突出的优势而渐渐为政府部门所青睐。

（一）订阅号、服务号和小程序

正如其名称所传递的意思，订阅号主要用来进行资讯发布，服务号侧重于为用户提供服务。前者适用于各类政府部门，后者对于那些与公众较为贴近、服务属性更强的政府部门而言具有价值。

订阅号和服务号差异明显，各有优势。具体而言，在群发数量上，订阅号通常每天可推送一条消息，而服务号每个月只能推送四条消息；在展示位置上，每一个订阅号均被“折叠”在订阅号消息框中，而服务号的推送内容则可直接出现在微信对话框里；在客服数量上，订阅号的运维人员最多只能有一人在线，而服务号则支持多个客服人员使用同一个服务号登录，以解答公众的问题或提供服务；在服务功能上，订阅号只能以设置菜单栏、关键词搜索、自动回复等基础服务方式方便公众查询信息，服务号还可提供注册、缴费等高级服务；在申请主体上，订阅号的申请者可以是个人或组织，服务号的申请者只能是组织；从是否支持在线支付来看，在订阅号中无法进行金钱往来，服务号则可在申请后开通在线支付功能。为了充分发挥各自的效用，订阅号需要在信息层面多做文章，不断进行话语创新，提升内容的有用性、趣味性、感染力、传播力；服务号则应借助可对话、多客服、能在线支付等优势，实现政务服务由线下到线上的良好转化，使公众愿意使用、主动使用、常态使用，在强化用户使用黏性的过程中形塑更优的政府形象。

微信小程序作为可直接从微信端口接入的、具有 App 主要功能的服务方式，相较于订阅号和服务号优势非常明显。其一，小程序的入口不依赖微信主界面，而是需要用户在“发现”栏目中进入“小程序”界面来获取服务，入口的独立可以使其不被淹没在众多微信对话框之中，方便用户的查找和使用。其二，小程序的界面自定义程度更高，设计感更强，从而利于运营者通过设计凸显部门特色。其三，小程序无须用户经历“关注公众号—于一级菜单选择服务种类—从二级菜单调取服务”这一较烦琐的流程，用户只要查找到所需小程序即可直接使用，使用路径更便捷。仅仅推出两个多月，微信小程序就已应用于多个政务领域。如 2017 年 1 月 9 日小程序正式启用当天，“钦州公安 110 报警”小程序便同步上线；又如在便民服务领域，“广州国税速办税”小程序为纳税人设计出“场景式”的线上办税模式；还如在公共出行领域，“西安交警权威路况”小程序可提供实时、权威的路况查询服务。这里，笔者以国家工商总局开设的旨在保护消费者权益的“12315”小程序（见图 8－1）为例，简要总结小程序的用法和功能。

“12315”小程序于 2017 年 3 月 14 日上线，公众在微信客户端的小程序入口搜索关键字“12315”并点击“搜一搜”，便可访问该小程序。其主要功能为“我要投诉”和“我要举报”，公众进入投诉与举报页面后，既能选择“我要投诉”对日常生活消费或服务中与商家发生消费者权益争议的事件进行投诉，也可选择“我要举报”对商家涉嫌违法、违规经营的行为加以举报。一旦投诉或举报成功，小程序就会生成案件编号，方便公众随时在该小程序的个人中心查看投诉举报反馈进度。① 此外，“12315”小程序还具有针对“经营者基本信息”“经营者地理信息”“消费者维权法规”“消费

① 腾讯科技．“12315”小程序来了！微信上还有这些政务民生小程序.［EB/OL］.（2017-03-14）［2017-05-16］. http：//tech. qq. com/a/20170314/017765. htm.

者维权知识”等内容的查询功能，利于消费者维护其知情权。相较于只设有“国家企业信用”和“App下载”两个栏目的国家工商总局微信公众号，“12315”小程序更好地承载了业务办理功能，将原来以电话服务为基础的服务体系升级至线上线下共享服务，拓宽了服务渠道，一定程度上提升了用户的使用效率和体验。

图8-1　国家工商总局“12315”小程序界面

（二）信息发布、服务民众、与民互动

与政务微博类似，政务微信也主要在信息发布、服务民众和与民互动方面发挥积极作用。当然，由于媒体属性、用户特征的差异，我们不能笼统地评价“两微一端”孰优孰劣，但如果非要设置评价标准，那应该要看政务新媒体与开设主体的匹配程度以及性价比。在本部分，笔者以“上海发布”“武汉交警”“深圳交警”等为例，逐一介绍政务微信的主要功能。

1. 信息发布："上海发布"的探索

"上海发布"是由上海市人民政府办公厅"上海发布"办公室主办的微信公众号，在经过半年左右的试运营后，于2013年6月正式上线。在对政务微信运营方向尚不清晰、运营经验不足的情况下，"上海发布"曾探索过多种模式，围绕平台定位是偏向政务功能性还是信息发布性、是对外服务还是内部使用、内容是侧重民生类还是时政类等问题不断尝试。最后，基于用户反馈与效果评估，"上海发布"运维团队决定将该微信号定位为"发布市民关心的重大市政信息和提供便民服务信息的平台"，即主要功能为信息发布。在开办两年后，其粉丝数量已逾百万，微信内容日均阅读量超过40万次。①

"上海发布"坚持从市民工作和生活的需求出发，发布大量的民生类内容。例如，有关退休人员养老金问题的《沪提高机关事业单位退休人员养老金，6月5日发放到位》；又如，事关上海市民交通出行的《杨浦的4个路段已变更为单行道》；还如，属于食品安全类的《沪通告8批次不合格食品处置情况，涉紫燕百味鸡等》；再如，涉及教育课改的《沪小学、初中体育课程改革将适时扩大试点！未来还将这样改》。

在注重民生类内容发布的同时，"上海发布"也聚焦时政类议题频频发声。例如，针对上海自贸区、高考综合改革、"两会"等议题及时做出权威解读；又如，针对"福喜"食品事件、浦东出现疑似"埃博拉"病毒感染病例等网络热点问题迅速回应并澄清谣言，消除民众恐慌，稳定社会秩序。

除主动发布信息外，"上海发布"还很好地利用了微信公众号的自动回复功能，引导用户发送数字代码进行特定的内容信息查询。这一方面避免了翻阅公众号发布的历史信息给公众带来的不便，另一方面也可使客服人员集中精力解决公众的疑难问题，提升工作效率。

---

① 郑磊．"上海发布"政务微信研究：前台运营与后台管理［J］．电子政务，2016（1）：50-65.

2. 服务民众："广州公安"和"武汉交警"等微信的运作

前文曾提及，政务微信的服务功能分为基础服务和高级服务。

基础服务即运维人员通过设定自定义菜单栏、关键字检索和自动回复使公众查询所需信息。譬如，"上海公积金"账号在公众首次关注时便会推送快速自助查询的信息索引，用户回复数字 0 至 5，便可获取与每个数字分别对应的内容（公积金账号、贷款、存缴等）；"平安肇庆"针对民众提问率较高的问题，预先做好答案，仅在 2013 年就形成超过 10 万字、答案更加专业细致、涉及问题超过 2 000 条的"口径库"，多数常见问题可以自动回复。①

高级服务需要运维人员将政府网页或高级算法嵌套至自定义菜单栏中，可使公众使用注册绑定、在线沟通及下单缴费等多项服务，如北京市卫生和计划生育委员会主办、中国联通北京市分公司承办的"北京 114 预约挂号"平台，可提供在线查号、预约挂号等服务。由于订阅号不支持在线支付功能，因此服务号的缴费功能就成为其一大特色。2015 年 4 月，广州公安全国首创微信支付交通违法缴费微信平台"微警"，并在南沙上线试水。是年 9 月，该平台正式升级为"广州微警"并进入"微信城市服务"平台，服务全广州市民，为公众提供"一口受理，一键办结"的快捷服务。"广州微警"日均实名注册量为 2 000 人、查询 17 000 次，月均办结交通违法业务 9 000 宗，缴纳罚款金额 180 万元。②

随着微信功能的升级和政府服务角色的强化，政务微信的服务也与时俱进，不断优化，例如"武汉交警"的几次改版。

2013 年 8 月 8 日，"武汉交警"政务微信正式运营，并成为国内首家提供违法信息移动推送服务的微信账号。该微信由武汉市公安局交通管理局

---

① 刘鹏飞．政务微信：网络问政新利器［J］．秘书工作，2014（7）：76-78.

② 腾讯研究院．2015 年度公安微信平台建设白皮书．［R/OL］（2016-05-15）［2017-05-16］．http：//www. tisi. org/4614.

主办，主要为公众提供交通路况查询、交管信息查询、违法办理、车驾业务等服务。

“武汉交警”1.0版本的服务主要是违法信息、交通路况和交通公告等信息的推送，并逐步开设“限行查询”功能。

“武汉交警”2.0版本则将工作重点由信息推送转向提供服务，另外还推出了“快速理赔”服务，旨在使车主快速撤离事故现场，减轻和缓解道路拥堵，加快理赔速度。然而，尽管该功能十分实用且操作简单，但由于车主在发生事故后直接寻求交警帮助的固有思维和解决习惯，并未得到广泛使用。

为了使服务更好地迎合公众需求，“武汉交警”3.0版本推出了微信支付交通违法罚款功能，这使其成为全国首例支持微信支付缴纳罚款的政府微信公众账号。公众可通过关注该账号并绑定个人信息，及时收到车辆的交通违法通知提醒，并可查询详细的违法记录，如违法时间、违法地点、违法行为、采集机关及被拍摄的违法照片等。在核实违章信息无误后，公众就能处理罚单并缴纳罚款，整个支付过程仅需60秒。[①]

在“武汉交警”的功能日渐丰富的情形下，运维人员对这些功能进行了梳理，形成了以“V用户”“车驾业务”“我的违法”“随手拍”“快撤快赔”及“惠民服务”为主要功能的服务体系。而“武汉交警”4.0版本（见图8-2）还关联了同样由武汉市公安局交通管理局开设的小程序“武汉交警挪车服务”和“易行江城”，在微信端形成服务矩阵，满足不同公众的使用习惯，提供全面、立体的服务。

3. 与民互动：“深圳交警”等微信的实践

现今，互动与对话已经成为移动互联时代政府加强服务、促进社会治理的题中应有之义，许多政府部门充分利用政务微信的互动功能，倾听建

---

① 王少辉，高业庭．基于微信平台的电子政务化公共服务模式创新研究——以“武汉交警”政务微信为例［J]．电子政务，2014（8）：53-60.

图 8-2　“武汉交警”微信公众号界面

议、强化监督、了解民意、动员民众。

例如，北京市国家机关网站群的微信公众号“首都之窗”，其“办事”菜单就设有“我要建议”和“我要投诉”两个互动栏目；国家互联网信息办公室的“网信中国”微信号中的“互动服务”菜单包含“纪检监察举报”和“12377”举报两个互动栏目；在由最高人民检察院新闻办公室开设的“最高人民检察院”微信号中，点击“服务”菜单的“举报中心”栏目，即可直接跳转至最高人民检察院举报中心；中央纪委监察部网站微信号在开通当天即收到举报 1 748 件，而网站和客户端每天平均举报相加只有 350 件，该公众号在开通后的一个月内就收到了 1.6 万件举报，成为公众监督公权力行使的又一有力渠道。[①]

再如，2015 年 8 月，深圳交警为处罚闯红灯行人，要求其戴上绿帽子，穿上绿马甲在路口执勤。此事引发网民的热议，有网民认为“戴绿帽子对

① 吴震．微信监督举报平台人时显威 [N]．中国纪检监察报，2014-01-07 (2).

男人来说那可是个很大的侮辱”。深圳交警针对网民的意见在其微信、微博上发起了投票，共收到 22 737 条网友的投票意见，其中要求对帽子颜色做出变更的票数占投票总数的 51%。① 深圳交警根据网友意见，将帽子颜色由绿色推广至白色、迷彩色等七种颜色，并强调戴帽子、穿马甲在路口执勤只是为了教育违反交通法规的市民，并非意在惩罚。深圳交警在微信平台收集民意，据此有效地平息了风波，加强了政府和民众彼此的了解，既推进了工作的开展，又提升了民众的满意度。

此外，政务微信还被很多政府部门用来创新社会治理方式。如“深圳交警”发动公众通过微信举报交通违法行为，一经核实即发红包作为奖励；北京市公安局海淀分局开设的“海淀公安”特意设立“海淀网友”栏目，方便公众进行违法线索举报和警民互动，从而充分调动公众参与社会治理的积极性。

三、政务微信的发展现状及运作成效

经过数年发展，微信已经成为重要的政务新媒体平台。2015 年中国政务微信公众号就已超过 10 万，而根据人民网舆情监测室发布的《2016 年上半年政务微信 500 强报告》，政务微信的发展呈现出以下特征。②

从地域分布来看，地方微信公众号梯队化明显。在 2016 年上半年政务微信 500 强中，东南沿海各省市上榜数量较多，浙江省以 78 个上榜账号位居全国榜首，数量远超列于第二、三席的广东省和江苏省。山东、江西、上海、新疆等地分别拥有 21 至 30 个上榜账号，构成了第二梯队，发展势头较好。第三梯队多由华北、华中等省构成。东北及西北地区政务微信建设

① 解树森，方慕冰．7 种颜色遮阳帽供违法市民选择．深圳特区报，2015-08-11（A10）.

② 人民网舆情监测室．2016 年上半年政务微信 500 强报告［R/OL］.（2016-08-18）［2017-05-16］. http：//yuqing. people. com. cn/n1/2016/0818/c209043-28646396. html.

明显滞后于全国其他地区。

从账号级别来看，中央部委、省、市、县（区）、乡镇均有上榜账号，但数量差异较大。其中市级账号最多，共计 237 个，约占总数的 47%。虽然中央部委开设的微信公众号数量较少，但其功能板块丰富，矩阵结构完善，服务意识良好，总体运营质量较高。在 500 强中共有 23 个账号由中央部委开设，占总数的 4.6%，且这 23 个账号中有超过一半的账号进入了榜单前 100 位，如位列榜首的“共产党员”、第三位的“中国政府网”、第七位的“中央纪委监察部网站”等。

从部门分布来看，各类账号特色鲜明。第一梯队为宣传和公安系统，分别占 183 席和 158 席，二者上榜数量约为 500 强账号的 70%，活跃度高，相较于其他部门领先优势显著。第二梯队为团委和旅游系统，分别占 51 席和 28 席。第三梯队由教育、司法、交通、医疗卫生等系统组成，第四梯队主要包括财税、气象、纪检、文化、工会和社保等系统。据人民网舆情监测室的观点，宣传与公安系统的突出表现首先得益于二者特殊的部门属性：均与公众的生活密切相关，公众对信息及服务的需求倒逼两个部门在新媒体平台快速发展。其次，由于宣传与公安系统在微博平台已有较多尝试与开设经验，能熟练掌握制作可视化图表、微视频、H5 等技术，并善用流行表达，因此获得更多关注。最后，宣传与公安系统的政务微信推送最“拼命”——2016 年上半年发文量大于 1 000 的 45 个账号中，71.7%的账号属于宣传部门，8.7%属于公安部门。

政务微信的作用的确有目共睹。腾讯发布的《2015 互联网＋白皮书》认为政务微信在隐私与安全、信息发布、公众参与、在线服务等方面都取得了很好的成效。① 虽然这份“自评”性质的报告可能会被质疑其客观性，

① 腾讯.2015 互联网＋白皮书［R/OL］.（2015-10-22）［2017-05-16］. http://www.useit.com.cn/thread-10511-1-1.html.

但其中的一些主要观点也的确能在一定程度上反映政务微信的真实运作情况，比如：

首先，微信平台自身完善的用户隐私保障机制为政务微信在保护公众隐私与安全方面提供了重要保障，这也成为公众乐于使用微信平台获取政务服务的重要原因。微信公众号具有单向添加的属性，即微信公众号只有被用户先关注订阅，才能向用户推送信息和服务，而不同订阅者之间无法看到对方信息，也无法直接进行对话。此种属性使得政务微信在向公众传播信息时不易暴露个人隐私。

其次，政务微信的信息发布功能让信息传递得更为便捷、精准和有效。得益于微信无需安装 App 只需关注账号就可与政府部门建立联系的便捷性，公众从政务微信中获取信息与服务的时间成本大大减少。微信点对点、点对面、强互动的传播特性，亦能满足社会公众对政府信息公开即时性和互动性的需求。同时，政务微信可通过关键词自动回复、信息查询等功能，为社会公众提供自动化、个性化、精准化的信息服务。此外，微信特有的对讲功能，以及集纳图片、文字、声音、视频、H5 的富媒体传播形式，也使信息发布形式多样，利于吸引用户关注和分享，优化传播效果。

再次，政务微信的互动、问政功能有助于促进公众参与。政务微信为政府部门使用社会公众的视角、接地气的网络用语、多样化的传播手段提供了平台，让政民双方像好友一样沟通交流、实时互动。政务微信可以提供实时评论、提问、质询、投诉、求助等功能，为公众表达诉求、参政议政提供了多种方式。基于政务微信粉丝的真实性和参与度，其对政府的反馈结果更具参考价值，对提升政府决策的科学性有正向作用。

最后，政务服务功能有助于提升政府服务效率与公众享受服务的便捷性。从微信平台自身来看，政务微信的自定义菜单、移动支付接口等功能的提供，使政府部门可以基于部门性质与公众需求，设置服务事项，实现公众足不出户就能办事。从微信平台与其他平台的多平台联动能力来看，

“一站式”服务在政务微信平台成为可能。例如，通过打通保险公司和交管系统的数据平台，能节省二者的信息交换成本；通过连接医保系统与各大医院的挂号系统，可一站式覆盖患者在看病时需要完成的各种流程。政务微信服务的便捷性加上微信的高普及率，会使政府将公共服务扩展至传统模式下难以触达的群体，如老年人、残疾人等，使政府提供服务更快捷，公众获取服务更便利。

第二节　政务微信运营的老问题与新思考

任何事物都有自己的两面，在看到政务微信蓬勃发展的同时，我们亦须正视并解决其长期存在的诸多问题，否则不仅难以形成积极的效用，反而可能使政府平添负担、南辕北辙、错失机遇。

一、政务微信设计与运营中存在的老问题

拓展新媒体渠道进行政务信息公开与政务服务，要求政府部门在理念、思路与方法上做出有效的调整与创新。在政务微信还未诞生时，从 2009 年开始，政府部门陆续开通政务微博以提升信息公开、舆论引导与社会监督工作，在摸索前行的过程中，政务微博的建设出现了定位不清、维护不力、信息发布效果差、互动沟通频率低等问题①，这些问题在困扰诸多政府部门政务微博运营的同时，也极大影响了政务微博的传播效果。政务微信成为政府运用新媒体的又一选择后，由于同一政府机构的微博和微信的建设运营基本上都由同一团队负责，因此上述问题也不同程度地存在于政务微信的运作中。即使有的团队积累了较为丰富的微博运作经验，也往往因为微

① 黄河，刘琳琳．试析政府微博的内容主题与发布方式——基于“广东省公安厅”与“平安北京”微博的内容分析 [J]．现代传播，2012 (3)：122-126.

信在传播特征、平台功能、用户需求等方面与微博存在较大的差异，没有办法将这样的经验直接套用于微信，致使政务微信发展伊始即面临的定位受限、服务薄弱、运营不力、评估不妥等“老”问题一直未得到有效破解。

（一）定位受限

定位是政务微信对自身角色与功能的基本判断，需要明确“为谁”和“做什么”两个问题。从国家政策角度看，2013 年至今，国务院相关文件多次提及“微信”，“政务微信”屡屡出现在与政府信息公开、政务公开相关的文件中。这体现出在中央政府层面，其赋予“政务微信”的最主要任务是推进政务公开，目标是通过加强“政务微博微信等信息公开平台的建设”，“做好政务公开工作”①，“使主流声音和权威准确的政务信息在网络领域和公共信息传播体系中广泛传播”②。应该说，相关政策在很大程度上影响了各地方各部门对政务微信定位的认识和功能的设计。以人民网舆情监测室发布的《2016 年上半年政务微信 500 强报告》为例，位于榜单前 10 位的政务微信中，以信息发布与政务公开为主要功能的占 8 席③。诚然，将政务微信定位于政务公开平台也无可厚非，不过这样的定位对于很多政务微信而言，只会使其简单地照搬和平移政府网站等平台的内容，运作上也延续着传统的自上而下、单向灌输的“宣传”思路，不仅难以有效发挥政务公开的功能，反而可能为政府自身增添负作用力。

（二）服务薄弱

相较于政府网站和政务微博，点对点地推送政务信息，倾听民意和双

---

① 国务院办公厅．《关于全面推进政务公开工作的意见》实施细则：国办发［2016］80 号［A/OL］．（2016-11-15）［2017-05-16］http：//www.gov.cn/zhengce/content/2016-11/15/content_5132852.htm.

② 国务院办公厅．国务院办公厅关于印发 2014 年政府信息公开工作要点的通知：国办发［2014］12 号［A/OL］．（2014-04-01）［2017-05-16］http：//www.gov.cn/zhengce/content/2014-04/01/content_8728.htm.

③ 分别是“共产党员”“上海发布”“中国政府网”“佛山发布”“中山发布”“杭州发布”“中央纪委监察部网站”“江门发布”。

向沟通，方便用户随时随地进行信息查询、办事缴费等政务服务是政务微信的主要优势。根据腾讯 2015 年发布的《“互联网+”微信政务民生白皮书》，服务属性强的政务微信公众号受用户关注更多，平均关注用户为 4.3 万，高于平均 3.6 万的政务微信关注数量。[①] 然而，由于前面提到的定位受限问题，以及政府相关负责人理念不足、资金有限及跨部门的合作机制不完善等因素，不仅服务号数量不足政务微信总数的三分之一，即使是服务号和那些能基于微信平台移动、便捷、一对一、连接服务等信息传播特点开展沟通对话、互动问政的订阅号，其服务意识和服务功能也普遍薄弱，要么针对性不强、不符合用户需求，要么步骤烦琐、响应速度缓慢，要么界面不友好、用户体验差，有很大的提升空间。

（三）运营不力

政务微信的有效运转除了需要定位明晰、功能突出，还离不开政府部门的良好运维及策略创新。然而现实的情况是，一些政府部门或因为响应政策要求，或出于“跟风”目的开通政务微信后，没有给予足够的重视和支持，这使得政务微信的建设处于散乱无序的状态。例如没能取得微信平台的认证，没有设计功能菜单，消息推送不及时、无规律，信息粗制滥造等。有关数据显示，目前鲜有更新的政务微信“僵尸号”的比例占总体的 18%～19%[②]，甚至有城市在其 64 个区县级账号中，“僵尸号”比例达到了 60.9%[③]。政务微信的运营维护不力，不仅会造成资源浪费，也会让公众形成政府“懒政”的印象。此外，有些政务微信的运营缺少策略和方法，发布的内容不能立足当地、政务和民生，反而充斥着大量与此无关的健康、

---

① 腾讯研究院．观·全景 2014，聚焦政务微信与公共服务［R/OL］.（2015-06-02）［2017-05-16］. http：//mp. weixin. qq. com/s? _ _biz=MjM5OTE0ODA2MQ==&mid=206404227&idx=1&sn=234354d9ca53fb25af3b9bd5b79b8790&3rd=MzA3MDU4NTYzMw==&scene=6.

② 刘璐．政务新媒体“七大病症”，应该如何治［N］．解放日报，2015-12-21（3）．

③ 王楠，王亮．“据说”地方政务微信的现状与困境［J］．今传媒，2016（4）：19-20.

美食、明星等信息，与娱乐类微信和生活类微信无异，导致政务微信“亲民不政务”。[①] 不可否认，适当发布一些轻松娱乐的内容可以在引发人们兴趣的基础上提升政务微信的温度与人情味，但政务微信始终都要以“政务”为根本。

（四）评估不妥

2013年，《关于进一步加强政府信息公开回应社会关切提升政府公信力的意见》将“政务微博、微信”作为与“政府新闻发言人制度”“政府网站”并列的又一种政务公开途径，纳入了中国政府网站绩效评估指标体系。这一定程度上为各级政府部门的政务微信建设与运营带来了压力，也引发了一些负面问题。比如政府部门片面强调信息发布数量，忽视内容质量和传播效果，陷入“只传不达”的局面；又如有些政府部门为提高政务微信“知名度”，出现依靠行政力量增加粉丝量、转发量、评论量以“硬性冲榜”的现象。在评估的科学性、综合性方面，目前针对政务微信的评价体系也难以真实、全面地反映实际状况，多数排行榜单通过对“每日推送文章数”“推送次数”“总阅读数”“单篇最高阅读数”“单篇平均阅读数”指标进行赋值以得出政务微信的“影响力”大小，而反映政务微信实际运营效果的转发数、点赞数等指标，以及政务服务水平、粉丝互动情况等无法通过量化指标进行衡量的政务微信运营工作，在目前的评价体系中没有得到充分的重视与体现，难以真正评估政务微信在增强政民沟通、优化政府形象等方面的作用。此外，针对政务微信的评价标准还存在“一刀切”的问题。例如，政务微信可分为订阅号和服务号，与侧重信息发布的订阅号不同，服务号以提供政务服务为主，但其每月只能推送四次消息，因此“推送次数”等指标无法科学评价服务号的运营工作；又如，很多地方政府的政务

① 朱友红．刍议政务微信的功能与定位［J］．山西师大学报（社会科学版），2013（S3）：43-44.

微信由于粉丝来源有限，在阅读量等量化指标上不可与“大号”等量齐观；再如，部门职能的差异也会影响政务微信的运营效果，交通、公安、卫生等部门因与公众日常生活关联度高，其政务微信的活跃度也相应更高，但若以同样的标准来考核社保、档案管理等用户较为有限的部门便不够公平。

二、对政务微信问题主因的再思考

基于对业界的访谈调研及对典型政务微信公众号持续的观察研究，笔者认为上述老问题迟迟难以解决的原因，从浅层看是需求不明、资源不足、策略不当，而从深层看则是政府官员思想观念的不到位。

（一）需求不明

在调研过程中，笔者经常听到的业界反馈就是：“如果政府已经有了自己的网站、微博，还需不需要再开办微信?”若要回答这一问题，除了明确本部门的职能、服务的群体、资源的状况和现有政务新媒体的运行成效之外，也需要了解政务微信与其他政务新媒体相比所具有的独特优势。

大体而言，与比较类似的政务微博相比，受限于微信的相关规定，政务微信发布频率较低，订阅数量也因为地域的局限可能远不及微博的粉丝数，信息的传播速度和广度也不如微博的“裂变式”传播。然而，微信的优势也非常明显：一是其向订阅用户推送的信息有较高的到达率，通过“朋友圈”的转发也更容易被微信用户信任；二是用户选择订阅政务微信公众号，通常有着“地域情结”，对本地政务微信公众号有着更为贴近的信息和服务需求，因而用户黏性也较高；三是一对一的传播方式能充分减少传播过程中的噪音，使政府和公众的沟通和互动更加清晰而有针对性；四是政务微信可凭借现有的微信支付及数据接入功能，对接已有的政务信息平台或向公众提供“微查询”“微办事”等便捷的“微”服务，如“广州公安”开通的出入境、户政业务网上预约和网上办理功能。

因此，假如政府部门希望通过更为精准的传播，面向本地或关注某行业（如交通、教育）的目标受众进行信息公开、对话协商、关系构建、服务提供，那么微信相比微博和客户端有着一定的优势。另外，微信用户的订阅选择也能一定程度上说明哪些部门更适宜开办微信公众号——公安、公共服务、旅游、交通等与民生服务息息相关的政务微信粉丝数往往位居前列。[①]

（二）资源不足

政务微信的开设非常容易，但若想把它持续地维护好以充分发挥其作用，而不是变成前文所提到的“僵尸号”或“娱乐休闲号”，则需要有充足的资源加以保障。然而，对于很多政府部门而言，资源不足的情况却普遍存在，这体现在以下几个方面：

首先是人员不足。政务微信并不是简单地把政务网站等平台的内容“改头换面”加以发布就行了，而是需要专业的主题策划、优质的内容创作、有创意的表达设计、实时跟进的线上互动与线下活动……因此，既了解专业知识又具有较高媒介素养的各类专门人才，如原创文章撰稿人、内容编辑、公众号主编、平面设计人员、视频设计人员、业务拓展专员等，理应成为政务微信运营团队的标配。然而，目前的情况是，不少政务微信要么只是由新闻中心或宣传部门的人员兼职打理，要么直接承包给相关公司加以运作，即便有专职人员也往往只有一两个人，在运营维护上捉襟见肘、力不从心。

其次是经费不足。政务微信不只是信息发布的渠道，更是对话和服务的平台。为了增强内容的吸引力和感染力，并做到对公众关切、顾虑、疑问的及时有效回应，以及提供更为便捷的服务，都需要稳定的、一定规模的专项经费来保障。而经费不足的问题长期困扰和制约着政务微信的运营。

---

① 郑磊，吕文增，王栋．上海市政务微信发展报告：从发布走向服务［J］．电子政务，2015（2）：2-22.

有一份针对政务微信的研究报告显示，“从每年度投入政务微信建设的专项经费来看，没有专项经费的占 42.57%，1 万～5 万的占 23.76%，1 万以内或 5 万以上的分别占 16.83%”①。

再次是信息资源不足。从整体上看，政务微信优质的原创内容非常稀缺，各平台（包括政府网站、“两微一端”）的内容同质化严重，有信息无解读、有数据无分析、沿用陈旧话语和官样文章的现象比比皆是，这不仅难以满足用户的信息及对话需求，反而很快就会遭遇“掉粉”“取关”的命运，甚至还会固化人们对政府的刻板成见。

最后是用户资源不足。上述种种不足，都会最终导致政务微信用户的匮乏。相较于政务微博动辄数百万、上千万的粉丝规模，很多政务微信几百、几千的订阅量就显得非常“寒酸”。根据《上海市政务微信发展报告》提供的数据，截至 2014 年 12 月 22 日，202 个上海政务微信公众号（订阅号 181 个，服务号 21 个）中，粉丝数在 2 000 以下的账号数占总数的 50%，粉丝数在 2 000 至 10 000 之间的账号数占总数的 36%，而粉丝数在 1 万以上的只占 14%。② 缺少用户基础，政务微信就失去了生存和成长的土壤；如若几经努力都无法在用户规模上得到突破，则又会让政务微信的运营团队丧失信心和动力。

（三）策略不当

由于受到观念、机制、流程、评估指标、专业技能等方面的影响，政务微信的运营要么依然承袭“官样文章”的传播风格，比较呆板难言创新；要么只是一味地“蹭热点”，做“标题党”或打“擦边球”，有形式无实质；要么误用或滥用意见领袖，对意见领袖是否为目标受众所信任、喜欢等问

---

① 王峰．政务微信 1 年暴增 10 倍　政府数据开放仍待破题［N］．21 世纪经济报道，2015-07-16（7）．

② 郑磊，吕文增，王栋．上海市政务微信发展报告：从发布走向服务［J］．电子政务，2015（2）：2-22.

题不作考虑，甚至过高估计意见领袖的影响力；要么不顾及受众及语境频频“卖萌”……从而不仅难以让受众入耳、入脑、入心，甚至可能使其心生反感、徒增厌恶。

例如，有媒体记者针对福建省的部分政务微信进行调查后发现，“仓山区统计局”认证近半个月，原创内容仅一条即“仓山区统计局欢迎您”；“福州高速交警五大队微发布”认证半年，只有 6 条简短的公告，内容生硬；福州市公安边防支队的“南台绿荫”，8 月以后再无更新。①

又如，湖南省纪委微信公号“三湘风纪”在收到岳阳市纪委的供稿《岳阳县 8 名干部被立案审查》后，转发时将标题改为《重磅！岳阳县民政局 1 正 6 副 7 局长被“一锅端”》。而实际情况则是，8 名涉案人员仅被立案审查，仍处于正常工作状态，并未被“双开”或“免职”，根本不是所谓的“一锅端”或“集体落马”。这篇明显属于“标题党”的文章短时间内阅读量超过 8 万，不仅对受众产生了误导，也给岳阳县民政局的工作带来很大影响。②

再如，“平安清远”借助当时备受关注的反腐电视剧《人民的名义》这一热点，发布《想破坏电力设施？以人民的名义告诉你……》一文，然而，文中除了若干与文章主题毫无关联的“达康书记”表情包外，再无与“人民的名义”相关的内容，题文不符，令读者不明所以。

还如，“绍兴环保”收到网友“绍兴 F520”的扰民噪音投诉时，自动回复说“等等哈，正吃着切糕呢”，网友们对这一过于追求幽默且有回避群众诉求之嫌的“神回复”表示哭笑不得。③

---

① 练仁福，王楚婧．政务微信也见“僵尸官微”[N]．海峡都市报，2014-12-11（Y01）．

② 王煜．民政局领导被“一锅端”？纪委斥标题党 [N]．新京报，2017-03-01（A12）．

③ 唐糖糖．不要让官方微信变成官方“微”信 [EB/OL]．（2014-09-03）[2017-05-16]．http：//opinion. people. com. cn/n/2014/0903/c1003-25596558. html.

（四）人的局限

其实，上述三个方面的不足均可归因为“人”的局限。所谓“人”的局限，指的是从主管领导到实际运营人员的思想观念问题。这一局限具体又可分为三个层次。

第一个层次是重业务轻宣传。即便是在新媒体发展如此快速且给政府带来诸多全新挑战，以及上级部门反复强调宣传重要性的情形下，不少官员依然只是将工作重心放到具体的业务领域，没有清晰地认识到倾听民意、主动发声、答疑释惑、回应关切、引导舆论的紧迫性和重要性，没能真正了解通过微博、微信等各类新媒体走群众路线实为大势所趋，从而可能造成即便管理精细、业绩优异，仍难以被公众广泛关注、客观解读、深度认同的状况，影响政府公信力的构建。

第二个层次是只“宣传”不对话。受传统理念和工作惯性的影响，如今许多政府部门的宣传仍然沿用“以我为主”的思路，也就是“我想说什么就说什么”“我想怎么说就怎么说”“我想何时说就何时说”。具体的表现就是自上而下、单向灌输、宏大叙事、运动式学习，而效果评价则要么一味看重传播的数量（如报道篇数），要么片面关注渠道的质量（如是否发表在《人民日报》之上）。然而，在公民意识不断凸显的大背景下，公众已经由被动的信息接收者向更加主动的问题提出者、言行质疑者、行动组织者、决策参与者等角色转变。有效的宣传应该是以目标受众为中心的，在对其进行深入洞察的基础上及时回应、积极对话、平等协商，进而通过彼此的理解形成合作共赢的框架。

第三个层次是讲形式少实质。正是因为前两个层次的观念缺失或淡薄，即便有的政府部门开通了微信，往往也都是跟风上马，在实际运营中目的不明、责任不清，或者为了所谓的“排名”片面追求订阅数量、发布信息的数量和浏览量，偏离了政务微信沟通、便民、施政的核心价值。

正是由于种种“人”的局限，微信的运作才会缺重视、缺编制、缺资金、缺设备、缺制度、缺手段，并最终导致缺动力和缺效能。

三、对政务微信如何破解老问题的探讨

若想从根本上破解政务微信存在的种种老问题，需要政府部门在继续深化改革的过程中，形成适应时代发展的社会治理理念，并在此基础上加强对包括政务微信在内的政务新媒体运用的战略设计，真正明晰“为什么要用”“有没有必要用”，以及“如何持续有效地用”。

（一）为什么要用政务微信

包括政务微信在内的各类政务新媒体，绝对不只是信息传输的通路或实现某项功能的手段，而应该是政府由管理型政府向服务型政府转型，全面实现社会协同治理以及形塑法治、廉洁、服务、高效政府形象的重要驱力。通过信息的公开和及时的答疑释惑，政务微信能帮助政府部门回应公众关切，澄清传言谣言，参与意见竞争；通过提供有价值的信息和办事平台，利于将自身的服务宗旨和服务功能真正渗入公众的生活路线图；通过微信群组的建设维护和对话平台的搭建，便于政府问计于民、问需于民、问政于民，影响有影响力的人，并借助关系网络开展有效的社会动员，从而与社会组织和普通公众一道，协同开展社会治理。

（二）有没有必要用政务微信

可以肯定地说，并不是所有的政府部门都有必要开设政务微信。

其一，从部门所属行业和职能范畴来看，前文曾提及，那些与民生紧密相关的部门如交通、公安、旅游、教育等，开设政务微信能更好地服务大众，使用户“少跑一趟路，少排一次队，少等一分钟”，因此更有必要运用政务微信。同时，对于地方政府而言，当地人民对本地化资讯和服务的需要更多，通过政务微信打通政务服务的“最后一公里”的需求也更为迫切，譬如“微成都”超过 13 万的订阅者中，90%以上就是被实用的本地生

活服务资讯、重要新闻消息吸引的。[①]

其二，从信息公开、舆论引导、风险沟通及危机传播的压力来看，政务微信对宣传部门的重要性自不待言。纪委、公检法系统、食药监部门、卫计委等也亟须借助政务微信及时公开信息，加强科普，解读政策，做好正面宣传，争夺舆论话语权。而城管等在公众心目中有较强负面刻板印象的部门，也需要运用政务微信重塑形象，重构与公众的关系。

其三，从政务新媒体布局及资源配置来看，假如政府部门先期上线的官方网站、政务微博或政务App已经积淀了规模化的、稳定的用户，且运用这些平台已然能够达成相应的公开、互动或服务的目标，那这些部门就无须重复建设上马微信，否则只会增加更多的负担而难有实效。另外，如果负责政务新媒体的人员并不充足，对微信每天成千上万的用户留言难以做出及时回应，难以用微信用户喜闻乐见的话语体系进行传播交流，反而会给用户造成政务微信“空架子”“不作为”的印象。

（三）如何持续有效用好政务微信

政务微信的良好运作既要明确责任主体，又要有制度、有策略。

如今，有很多政府部门专门制定了政务微信的运行管理办法，明确了政务微信运作主体（通常是办公室、新闻中心等部门）、支撑部门的工作职责，从而使政务微信做到“有人管”“管得专”。

除了有清晰的责任主体，政务微信还需有相应的制度体系保障运转，这主要包括信息发布制度、保密制度、编辑审核制度、值班制度、转发制度、互动制度、信息上报及回应制度、微信工作群制度、事项办结制度、考核激励制度等。目前政务微信存在的比较突出的问题如“运营不力”和“评估不妥”，一定程度上受到部门协作不易、考核评价导向偏颇等因素的

① 李媛莉．四川各市（州）和省政府部门2014年内将全部开通政务微信［EB/OL］．（2013-12-17）［2017-05-16］．http：//www.sc.xinhuanet.com/content/2013-12/25/c_118701586.htm.

影响，而这些都需要通过进一步完善和优化制度体系来解决。

此外，不断进行策略创新也是政务微信保有活力的必要条件，这体现在如下方面：

在自身定位上，不少政务微信自觉进行人格化塑造，将自身打造为具有亲和力的“服务者”或“伙伴”的形象，而非冷冰冰的政务信息发布平台、服务平台，这有利于提高政务微信的“温度”，进而促进信息的传播及关系的构建。例如，国务院国有资产监督管理委员会新闻中心官方微信“国资小新”，就被塑造成一个爱工作、爱公益、爱创新、有血有肉、亲民爱民的“小清新”，并具有“公众利益代言人”“国企网上发言人”“微公益发起人”和“财经观察员”四位一体的身份。①

在信息发布上，政务微信须把握新媒体时代信息“飞沫化”及阅读“碎片化”的特征，努力实现话语创新，用标题让人“一目了然”，用形式让人“一见倾心”，用内容让人“一清二楚”，真正及时为受众提供其需要的、期待的且更具创意的信息。比如，“东莞交警”坚持口语化、平民化、趣味性的风格，一篇推送文章的标题常常反复讨论才会确定，其发布的《东莞交警上千警力夜查酒驾 18“醉猫”面临牢狱之灾》《这些校车和校车驾驶人被点名，请注意啦》等文章均获得数十万的浏览量。② 又如，“深圳交警”录制的由警察本人出镜的“小苹果”MV、街头快闪等视频也都取得了很好的传播效果。

在互动交流上，除了及时回复用户的留言，适当地“借人借势”，政务微信还可设计相关议题引领用户就此展开讨论，或者激励用户积极建言献策。例如，“深圳交警”鼓励用户进入星级认证界面，针对交通秩序比较差

---

① 刘璐．“国资小新”：政务微信也很“萌”［N］．解放日报，2015-8-17（6）．

② 郭文君，何文强．东莞政务微信大Ｖ号炼成记［N］．南方日报，2015-12-28（AⅡ01—AⅡ02）．

的地方、交通隐患、如何解决拥堵等提供信息或提出建议，用户提供有效信息后，还可通过微信、支付宝电子政务红包领取奖金。[1] 除此之外，与微信定位及功能匹配的线下活动也能提升政务微信的知名度和关注度，并增强线上沟通的效果。比如“海淀公安”经常策划周末（便于网友参与）的线下活动。2016 年 6 月 1 日，邀请网友为“海小薇”（“海淀公安”政务微信的卡通形象）过两岁生日会，吸引了许多家长带着孩子来参加。活动当天，团队成员和各位粉丝在分吃蛋糕的同时，还安排了民警现场教授如何防范扒窃，如何防非机动车被盗和机动车内财物被盗，以及如何识别假货等，并带领网友参观了海淀公园公共安全馆。这样的活动既增加了平台影响力，也加强了与网友的联系和互动，更增进了社会公众对公安工作和警察群体的认知与认同。

① 马超，董美彤．深圳交警民意云平台上线，市民提供有效信息、建议，每月最高可获 500 元奖励［N］．深圳晚报，2017-01-17（A16）．

第九章　政务 App 的现状分析与运营要点

得益于移动互联网技术的快速发展和移动终端的普及，移动互联网应用程序（App）已经广泛渗入中国公众的日常生活。与此同时，一些政府部门也适应新时期的新要求，开发出功能各异的政务 App，尝试借助移动互联网为公众提供更为优质、便捷、高效的内容和服务，从而进一步实现政府形象的优化与提升。从效果来看，政务 App 的确发挥出一些积极的作用，不过在运营、维护和推广方面暴露了不少问题。

本章首先梳理了政务 App 的产生背景、功能、特点及发展状况，继而结合典型案例，从开设基础、平台搭建、角色定位和制度保障等方面对政务 App 的运营重点加以探讨。

第一节　政务 App 的发展现状

一、政务 App 的产生背景

App 是指通过预装、下载等方式获取并运行在移动智能终端（如智能手机、平板电脑）上、向用户提供信息服务的应用软件。[①] 政务 App 则是由我国各级党政机关独立开发或是与第三方（如新华网、今日头条）合作运

① 国家互联网信息办公室．移动互联网应用程序信息服务管理规定［A/OL］．(2016-06-28)［2017-05-16］．http：//www.cac.gov.cn/2016-06/28/c_1119122192.htm.

营的，旨在提供与政务相关的信息服务的应用软件。

政务 App 近几年在我国发展得较为迅速，这主要有赖于下述几方面的背景因素：

第一，移动互联网带来的新环境。伴随移动互联网技术的快速发展以及智能手机等移动终端的日渐普及，公众接触和使用互联网的门槛不断降低。在此背景下，多元且海量的 App 深深融入公众的生活，人们的媒介使用从 PC 端进一步向移动端转移。2011 年，全球智能手机的出货量首次超越 PC。① 截至 2016 年 12 月，我国有 6.95 亿的公众使用手机上网，占网民总体的比例高达 95.1%。② 这为政务 App 的发展奠定了良好的用户基础。

第二，公众对政府服务的新需求。互联网的不断发展，使公众的信息获取与表达渠道日益多样，以转发、评论、留言等为代表的诉求表达和参与成为常态，公众的公民意识在持续的信息交换和参与示范的过程中与日俱增。随着公众对移动终端黏着度的增加，他们产生了希望随时随地通过简单的操作获取所需信息与服务的需求③，而这样的需求自然会延展到政务领域，成为政务 App“井喷式”发展的拉力。数据显示，如今包括政务 App 在内的在线政务服务用户规模达到了 2.39 亿，占网民总体的比例为 32.7%。④

第三，新常态下政务创新的新要求。为了适应经济新常态的发展局势，我国政府需要围绕“服务型政府”的定位，在转变政府职能、创新行政管理方式、加强和优化公共服务等方面持续深化行政体制改革，并且相应地

---

① 程鹏．2011 年智能手机出货量超越 PC [N]. 南方日报，2012-02-29 (B06).

② 中国互联网络信息中心．第 39 次中国互联网络发展状况统计报告 [R/OL]. (2017-01-22) [2017-05-16]. http://www.cnnic.cn/hlwfzyj/hlwxzbg/hlwtjbg/201701/t20170122_66437.htm.

③ SCHADLER T, BERNOFF J, ASK J. The Mobile Mind Shift: Engineer Your Business to Win in the Mobile Moment [M]. Cambridge: Groundswell Press. 2014.

④ 同②.

提升政务服务的精细化和精准化程度，提高供给效率与服务质量。① 互联网、移动互联网的迅速发展为政府的改革创新创造了机遇。2016 年 3 月，李克强总理在《政府工作报告》中就明确指出，要“大力推行‘互联网+政务服务’”，随后国务院便下发文件再次强调要各地政府部门加强网上政务服务平台的建设②。其中，政务 App 的发展建设被提上日程，如 2016 年 6 月国家网信办发布文件，鼓励“各级党政机关、企事业单位和各人民团体积极运用移动互联网应用程序（App），推进政务公开，提供公共服务，促进经济社会发展”③。

除了我国，近年来美国、英国、新加坡等发达国家也都意识到了移动互联网等新兴技术带来的公众新需求以及为政府创新服务提供的机遇，亦有针对性地对其政府发展战略、执政方式做出了调整。

例如，早在 2012 年 5 月 23 日，时任美国总统的奥巴马便授权发布了行政命令《数字政府：建立一个面向 21 世纪的平台以更好地服务美国人民》（Digital Government：Building a 21st Century Platform to Better Serve the American People）。该战略不仅明确了美国政府须运用包括移动终端在内的新兴数字技术的发展方向，而且明确制定了联邦各有关机构在 12 个月内推进具体工作的路线图。总体而言，美国政府希望借助数字政府战略实现三个目标。④（1）使日益增长的使用移动终端的美国公众能随时随地使用任何

---

① 郑跃平，黄博涵．“互联网+政务”报告（2016）——移动政务的现状与未来［J］．电子政务，2016（9）：16-31.

② 国务院办公厅．国务院关于加快推进“互联网+政务服务”工作的指导意见：国发［2016］55 号［A/OL］．（2016-09-29）［2017-05-16］．http：//www.gov.cn/zhengce/content/2016-09/29/content_5113369.htm.

③ 国家互联网信息办公室．移动互联网应用程序信息服务管理规定［A/OL］．（2016-06-28）［2017-05-16］．http：//www.cac.gov.cn/2016-06/28/c_1119122192.htm.

④ OBAMA B. Digital Government：Building a 21st Century Platform to Better Serve the American People［BE/OL］．（2012-09-15）［2017-05-16］．https：//www.whitehouse.gov/sites/default/files/omb/egov/digital-government/digital-government.html；Digital Government Strategy［BE/OL］．https：//www.usaid.gov/digitalstrategy.

设备获得高质量的数字政府信息与服务；（2）确保在新的数字时代，美国政府能抓住机遇，以智能、安全和低成本的方式来采购并管理终端设备、移动应用程序和数据；（3）开放政府数据，令公众、企业和政府内部各机构可以更好地利用联邦数据，以促进国家创新，并提高政务服务质量。为了加强对各政府机构的指导，该战略明确了四项实施原则，这些原则也为我们提供了参考。

一是以信息为中心。联邦政府掌握的大量信息是国家的财富，对公众、企业和政府规划都有巨大的潜在影响。为了适应新的信息环境，提升政府的服务效率和服务质量，联邦政府要从根本上转变其对数据信息的观念——政府所需考虑的不应只是在网页、App 上对政府信息简单地进行公开，还应更多地兼顾到信息的开放性、准确性和安全性。这就要求政府改变以往以“文档”的形式管理信息的方式，而应以信息为中心构建数字服务体系——通过制定并公开信息可读格式（如 Web API① 和常见的元数据② 标记模式）将所有的政府信息以数据的形式进行标记，使得政府信息能够被美国公众和企业以相同的方式重复提取、共享和跨终端呈现。

二是搭建共享平台。政府传统的分散采购、研发试点等方式，不仅效率低下、成本高昂，而且还阻碍了新技术和新方法的使用。为了应对新时期的挑战，各政府机构应贯彻“一次建设、多次使用”原则，优先关注共享的解决方案和现存的基础设施，而不是为每个新项目重复采购新的设备。为了加强对各政府机构的组织领导与统筹协调，白宫总务管理局（GSA）将建立一个数字服务创新中心，负责在联邦政府内创建共享和开放的内容管理系统解决方案，同时针对移动设备和无线服务采购建立政府合同模板，

① Web API 是网络应用程序接口，可以对接各种客户端（浏览器、移动设备），提供网络数据与服务的接入和访问。

② 元数据（metadata），是描述数据的数据，主要是描述数据属性的信息，其使用目的在于实现指示存储位置、历史数据、资源查找、文件记录等功能。

建立政府移动设备管理平台，为各机构采购设备、报告库存、管理费用提供指引，并增强对设备的监测和同步管理。

三是以客户为中心。为了保证数字服务质量，政府机构在借助网页、App、数据库等创建、管理、组织和呈现信息时，均应以客户需求为首要考虑因素。这包括以客户为中心设计产品，结合客户需求提供有意义的服务，加强与客户的互动，以及结合客户的反馈进行绩效考核和不断改进服务。此外，为了迎合移动终端客户的需求，联邦政府还要求各政府机构在未来12个月内启动至少两项优先面向客户的移动服务应用，且要充分利用移动技术，确保公众借助移动设备能够简单地访问和使用所有信息服务。

四是保障安全与隐私。当政府转变为以信息为中心并支持移动应用的数字政府时，由于移动互联网具有数据传输便捷且无线连接允许用户绕过机构的安全监控等特征，政府在数据存储、处理、传输等环节面临着更多安全和保密的挑战，相应的，政府须对商业信息安全、隐私保护、数据安全、网络安全等工作赋予优先级，并通过不断地运用新的监测和安全保障技术、出台新的安全评估标准等方式完成上述工作。

为了推进该战略的实施，美国政府配套施行了行政命令13571（旨在简化服务流程以及提升面向公众的服务质量）、行政命令13576（关于建设一个高效率、高效能、负责任的政府）、关于建设透明和开放政府的总统备忘录、建立网络空间可信任身份标识的国家战略（NSTIC）、调整联邦政府信息技术管理的改革计划等在内的多项举措，最终形成了美国数字政府战略体系。

二、政务App的功能和特点

尽管政务App已经不算新鲜事物，然而对许多政府官员来说仍是闻所未闻。政务App能实现哪些功能？它与政务微博、政务微信等政务新媒体平台的区别是什么？以上这些问题是各级政府部门在运营政务App前必须加以明确的。

（一）政务 App 的核心功能

虽然不同机构开设的 App 在风格定位、功能设置、界面设计等方面会有各自的侧重和特点，但从总体观之，政务 App 的功能与政务微博和政务微信类似，也以政务公开、政务服务和政务互动为主。

1. 政务公开

依循相应的程序，借助新媒体面向公众及时发布权威政务信息，是近年来我国政府政务公开工作的重点。如前面章节所述，早在 2013 年，国务院办公厅就出台文件要求各地区各部门着力建设基于新媒体的政务信息发布渠道。[①] 因此，许多政府部门将政务公开功能作为政务 App 的运营重点。而凭借着移动终端庞大的用户规模，以及信息发布便捷、操作灵活、传播迅速、表现形式多样等传播优势，政务 App 可在扩大信息传播范围、提高信息到达率、丰富话语表达体系、优化信息传播效果等方面为政府提供助益。

在实践过程中，与政务公开工作相配合，政府部门可在政务 App 上发布如下信息：（1）常规管理信息。这是指与政府的行政管理工作相关，且涉及公众切身利益，需要社会公众广泛知晓或者参与的信息，如政府机构设置、职能、办事程序等，以及关于政府最新工作进展、政策出台与实施等的动态新闻。（2）重点领域信息。即与我国的行政体制改革，地方的社会、经济发展以及公众日常密切相关的领域的信息，如行政权力清单、财政资金、公共资源配置、重大项目建设、公共服务发展、国有企业财务情况、食品药品安全等领域的信息。（3）政策解读与回应。对于涉及面广、

---

① 国务院办公厅．国务院办公厅关于进一步加强政府信息公开回应社会关切提升政府公信力的意见：国办发［2013］100 号［A/OL］，（2013-10-01）［2017-05-16］. http：//www.gov.cn/xxgk/pub/govpublic/mrlm/201310/t20131018_66498.html.

社会关注度高或专业性较强的重要政策法规，政府可借助政务 App 及时发布权威解读；对于涉及本地区本部门的重要政务舆情、重大突发事件等社会热点问题，政府也可以在政务 App 上对公众关注的焦点予以回应，并根据工作进展持续发布动态信息，如讲清事实真相、有关政策措施以及处理结果等。

此外，凭借着 App 自身技术、传播与运营等方面的特性，政务 App 在政务公开上较其他政务新媒体平台有一些明显的优势。譬如政务 App 不依赖于其他媒体和应用的独立运作模式，使政府不必受篇幅、形式、时机、频次等因素的束缚而自主决定“说什么”“什么时候说”“怎么说”；又如政务 App 板块与栏目的设置和及时推送的功能也更利于公众对信息的获悉、查询与检索。这里我们可以将中央纪委监察部网站 App 和中央纪委监察部网站进行比较。中纪委同时运用 App 和网站两个平台面向公众公开反腐动态，为了迎合公众在移动端碎片化阅读的特点和快速查询、获取信息的需求，中纪委的 App 在信息发布内容与栏目设置上均有别于网站：其一，在内容上，不同于网站侧重于发布较为宏观的、中央高层及分地区的反腐动态（如《中央纪委领导参加中央纪委五次全会分组讨论侧记》《一定能打赢党风廉政建设和反腐败斗争这场攻坚战》），App 更倾向于“抖猛料”，第一时间发布官员落马消息（如《国家旅游局副局长、党组成员霍克接受组织的调查》《国家安全部副部长、党委委员马建接受调查》）以及通报具体的反腐数字，并以信息推送、提醒等形式送达用户；其二，在栏目设置上，App 将网站的“头条要闻、专题专栏、廉政教育、法律法规、网上举报”等 11 个板块 54 个栏目，精简为“要闻、党风、审查、巡视、阅微、观点、访谈、图说、专题”等 9 个栏目，便于用户分类查阅相应的信息，并提供栏目选择、排序的功能（见图 9－1）。

2. 政务服务

长期以来，政府内部存在大量缺乏流动、标准不一、难以共享、不易

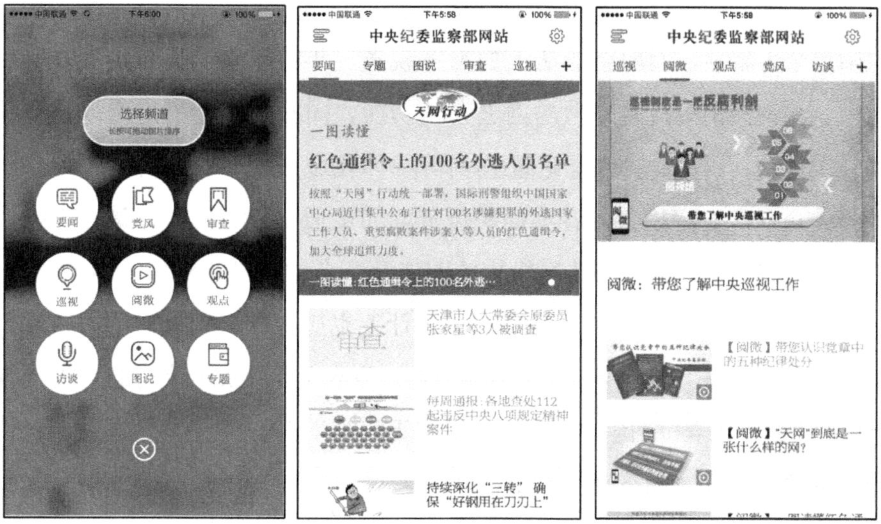

图 9－1　中央纪委监察部网站 App 的相关界面

利用的信息孤岛，且部门之间的协调运作也遇到体制、机制和管理等诸多阻力。受此影响，公众在办理事项时经常遇到信息不对称、工作人员办事效率较低、重复提交办事材料、往返跑腿等耗费时间和精力的问题。而 App 等新媒体平台的出现则可以有效地缓解这一情况，因而也被列入了我国推进“互联网＋政务服务”工作的改革重点：其一，政务 App 通过对办事机构、职能、流程等信息的公开，以及信息查询、检索等功能的设置，可以令公众更方便、更清楚地掌握办事流程；其二，政务 App 能把相应功能板块设置为新的服务“窗口”，公众可在线提交行政事项办理请求，实时追踪办理状态，还能直接使用医院挂号、社保查询等公共服务；其三，通过邀请政府各部门加入运营，政务 App 可实现政府各层级各部门之间政务信息资源的整合和多元利用，促进政府部门间的协调配合和业务联动，从而有利于公共服务事项、审批事项的集中办理、一站式办结，解决长期困扰公众的“办证多、办事难”等问题。

具体而言，政务 App 可帮助政府提供如下两方面的政务服务：(1) 行政事项办理，即开通面向个人的户籍管理、婚姻登记、出入境管理、社会保障等个人事项，面向企业法人的财务税务、年检年审、设立变更、资质认证、注销撤销等行政事项的网上办事功能，同时提供办事指南以及事项的在线预约、预审、办理、进度查询等一体化服务；（2）社会公共服务，即与公众日常生活相关的各项便民服务，如交通出行、医疗保健、文娱体育等。值得注意的是，与政府机构的职能及公众的需求相对应，不同层级、职能的政府机构所开设的 App 在服务设计上也应有所侧重。目前大致可分为两个类别：一类是提供专项服务的政务 App，如国家统计局的“中国统计”“数据中国”、中国气象局的“中国天气通”等；另一类是提供综合性服务的政务 App，如下面介绍的广东省人民政府的“广东网上办事”和北京市人民政府的“北京服务您”。

“广东网上办事”（见图 9－2）是广东省人民政府推出的政务 App，旨在面向广东省公众提供覆盖省、市、区（县）等三级政府的一站式行政事项办理服务。

在板块设置上，“广东网上办事”设立了“政务公开”“法人事项”“个人事项”“政民互动”“效能监督”等五个板块，基本覆盖了公众办事所需的各个政府职能部门，以及办事指南查询、事项在线办理、办结事项的监督与反馈等各个环节。

在政务服务上，为了提升服务的针对性，增强公众操作的便利性，“广东网上办事”有如下三方面的功能设计：（1）允许公众根据自身所在的地域与所办理事项的需求，对办理事项对应的省、市政府进行选择。（2）针对公众所在地区，根据不同办事主体的差异化需求开设“法人事项”和“个人事项”两个板块。“法人事项”板块提供与企业相关的政府投资审批、企业投资审批，以及进口植物检疫、供电许可审批、医疗广告审查、社会信用查询等事项的办理；“个人事项”板块则包含与普通公众生活相关的社会保障查询、驾驶人违法查询、出入境审批等事项的办理。（3）在事项办理板块的醒目位置，设置了“预约”“申办”和“查询”三个功能按钮，令公众能够便捷地进行行政事项办理的相关操作。

图 9－2　“广东网上办事”的界面

“北京服务您”（见图 9－3）是北京市人民政府及其各职能部门面向北京市公众提供首都城市综合信息与服务的政务 App。

在功能设计上，为了结合公众生活的各个场景，令公众能足不出户享受更多便捷服务，“北京服务您”设置了“交通出行”“房产服务”“文娱体育”“劳动就业”“婚育服务”“教育服务”“社区服务”“度假旅游”“医疗保健”“政府办事”等 10 个类别板块，提供 130 项便民服务，并计划推出基于地理位置的精准应急预警、婴幼儿免疫接种等更多场景化的便民服务。[①] 同时，为了增强对公众使用的引导性，“北京服务您”在每个服务板块下，又划分了“精品服务”和“攻略指南”两个栏目。前者集成了该板块下公众最常使用的服务事项，后者则提供了与该板块相关的办事指南、政府动态、政策解

① 范晓．“北京服务您”可查公积金［N］．北京日报，2016-5-13（6）．

读等内容。

以“房产服务”板块为例，“北京服务您”设置了“公积金查询”“公积金贷款”“新房项目查询”“购房合同查询”“可售新房查询”等5个“精品服务”事项，基本覆盖了公众选房、购房环节中的各类需求。其中，“新房项目查询”和“可售新房查询”可为公众提供与楼盘项目相关的各类信息，便于公众进行决策；基于“公积金查询”和“公积金贷款”服务，公众填写账户信息和密码后，即可查询公积金和贷款情况；“购房合同查询”服务旨在核查买卖房屋合同的真实性，帮助公众减少不必要的损失。此外，为了进一步满足公众对房地产交易市场的信息需求以及配合北京市政府的调控工作，该类别下的“攻略指南”栏目还会经常更新、发布与房地产租赁、交易相关的增值税缴纳、产权证办理、公积金提取、公租房申请等办事指南，以及北京市政府最新的不动产登记、建设工程质量监督等政策通报与解读。

图9-3 “北京服务您”的主界面与“房产服务”板块界面

3. *政务互动*

基于 App 使用便捷、交互性强、板块设置灵活等技术特征，政务互动也是政务 App 的一个主要功能，这通常可包括下述几种形式：(1) 咨询投诉，即为公众提供意见表达与反馈的渠道，鼓励其对政府服务进行咨询、监督与意见反馈，同时运营团队也会定期将意见汇总至相关部门，促使相关部门在规定时间内于 App 上做出回复和落实。(2) 领导信箱/留言板，旨在为公众与政府部门领导打造双向的沟通平台，一方面能方便政府领导了解民意、问政于民，推动政府治理水平的提升，另一方面政务 App 相较传统 PC 端政府网站还具有贴近公众的媒体使用习惯、方便公众操作、表现形式灵活等特征，这也会进一步激发公众表达诉求和建言献策。(3) 网上调查，即针对政府部门特定的政策制订、政务服务的实施等，以问卷调查等形式面向公众征集建议与看法，并可通过 App 的消息推送、通知提醒等功能，吸引公众的关注与参与。

值得注意的是，在设置互动功能时，各政府部门可根据自身工作实际以及社会公众的需求，对互动栏目的名称、互动的形式、运作方式进行差异化设计，从而达到既能形成政务 App 的独特功能特点，吸引公众的注意与参与，又能为政府的实际工作提供有益支持的目的。典型的如国务院 App 为了增强与公众的互动，上线伊始便设置了“互动大厅”板块，并且为了吸引中国政府网原有的用户群体，还在该板块上嵌入了中国政府网的互动栏目“我向总理说句话”。在运营中，运营团队延续了中国政府网的运作思路，注重将互动中产生的民意、民智、民需转呈至相关部门，以推进公众问题的解决和政府治理水平的提高为核心目的，因而受到了公众的欢迎。仅于 2016 年 1 月底至 3 月 15 日期间，该栏目便征集到 183 427 条公众留言，其中有 1 503 条优质建言被分批报送至国务院有关领导和政府工作报告起草组，2016 年政府工作报告中也有 93 处工作部署的表述与公众的这些建言高度契合。①

在互动方面，中央纪委监察部网站 App 的设计也可圈可点。

在中央纪委监察部网站开通前，中纪委查办的许多案件通常由新华社对外发布通报。但是十八大以后，中纪委查办的绝大多数副省级以上官员案件由该网站第一时间公布，这使得该网站拥有了无可比拟的独家性和权威性，因此也得到了“反腐通讯社”的称号。根据该网站发布的数据，2014 年全年网站点击量超过 9.7 亿次，最高一天超过 600 万次。②

为了加强对反腐信息的通报，推进反腐工作的开展，中纪委顺应移动互联网发展的新趋势，于 2015 年 1 月 1 日正式推出了中央纪委监察部网站 App。该 App 被定位为“中央纪委监察部官方门户网站适应形势任务需要推出的新媒体平台，是党风廉政建设和反腐败工作信息发布、宣传教育、工作展示、互动交流、监督执纪的重要渠道”，其风格为“严肃、准确、权威、及时”。

在互动上，基于自身的反腐工作实际以及公众希望便捷举报、监督的需求，中纪委的 App 重点开发其举报功能（见图 9－4）。2015 年 6 月 18 日开通了“反‘四风’一键通”举报窗口，主要受理违规公款吃喝、公款国内外旅游、违规配备使用公务用车、违规发放津补贴或福利、违规收送礼品礼金、大办婚丧喜庆等 11 个类别的问题举报。与以往的举报窗口不同，中纪委的 App 对其举报功能做出下述改进：其一，基于移动终端文字输入不便的情况，简化了举报内容的要求，公众只需在上述问题中进行选择，并输入 500 字以内的文字说明、注明问题发生的具体日期即可；其二，迎合移动用户“随手拍”的习惯，设计了上传文件证据的功能，公众可以最多

① 蒋子文．国务院 App 运营幕后：一切从用户体验出发，语言准确接地气［EB/OL］．(2016-07-19)［2017-05-16］．http：//www.thepaper.cn/newsDetail_forward_1500852.

② 秦夕雅．解码中纪委网站走红“秘籍”［EB/OL］．(2015-02-12)［2017-05-16］．http：//www.yicai.com/news/4575348.html.

上传 2 个、每个大小不超过 5M 的图片或视频作为附件；其三，为了鼓励更多的公众拿起手机，随时参与监督，该举报系统并未要求实名举报。

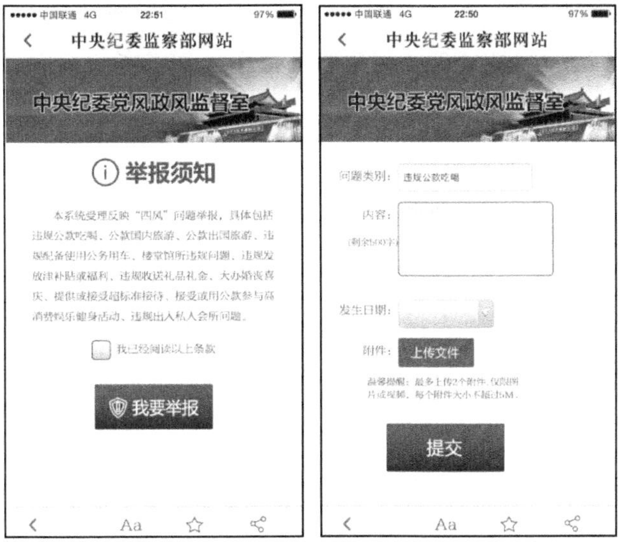

图 9-4 中央纪委监察部网站 App 的举报窗口

（二）政务 App 与其他政务新媒体平台之比较

作为“两微一端”的重要组成部分，政务 App 与政务微博、政务微信一同在政府的信息发布、与民互动、优化服务以及更进一步的形象塑造等方面发挥着积极的作用。不过，由于所搭载的平台及各自的技术属性不同，政务 App 与政务微博、政务微信在功能上亦有所差异。

微博、微信以社会网络为基础，依靠关系网络形成裂变式传播，“秒互动”等特征，决定了政务微博和政务微信以快速、实时、多样化的信息发布为主要功能，并辅以相对简单的政务互动和政务服务功能，如政务微博可通过评论、转发、开展在线调查等方式获取民意，政务微信可借助导航栏设置为公众提供简单的信息查询、互动、便民服务等。例如“平安北京”的政务微信便设置有“便民服务”（包括车辆违法查询、驾驶人违法查询、火灾隐患举报、便民电话等功能）、“业务指南”（提供关于人口管理、交通管理、出入境管理三项事务的办事指南）、“微博矩阵”（旨在与政务微博进行联动）三个功能选项。但上述功能的实现也会受到平台的制约，如政务微博发布的文本内容一般应在 140 字以内；政务微信只有在认证后才不限制每天的推送频次，并且受页面模板所限不能设置过多的功能。此外，无论是微博还是微信，其公开发布的信息均须经过平台运营商审核，认证流程亦相对烦琐。

相较于上述两种政务新媒体，政务 App 由于是政府自建、自营的平台，运营起来较为灵活，功能更加多样。政府部门不仅可以自主确定信息发布的内容、页面设置、栏目安排与推送频次，还可提供涵盖行政申请与查看等系列行政事项办理的、更多种类的政务服务，因而被视为“兼具内容与服务功能”① 的优质政务新媒体平台。但是，也正是政务 App 需要自建、自营，从而要求政府部门必须投入充足的人力、物力和财力，这会让一些政府部门望而却步。而对于移动用户来说，其在享用政务 App 的服务前必须先下载、安装相应的应用程序，而非像微博、微信一样只需关注、订阅即可，这无疑为他们使用政务 App 增设了门槛，也为政务 App 的推广增添了阻力。

三、我国政务 App 的发展现状

在多方面因素的推动下，我国政务 App 近年取得了较为快速的发展，覆盖了从中央至地方的许多政府部门，主要在交通、社保、民政、旅游、公共安全等领域为公众提供信息和服务。

（一）覆盖层级：由中央至基层覆盖率递减

比较各层级政府对政务 App 的运用，会发现我国中央部委办局开设政务 App 总体较早且发展较快。早在 2011 年 2 月，国家统计局便上线“中国

---

① 李林．老百姓需要什么样的政务 App [N]．中国青年报，2015-05-19（6）．

统计”App，成为第一个开通政务 App 的国家部委。一个月后，全国人大和全国政协也推出了自身的 App，但只在每年全国“两会”期间更新内容。从 2013 年起，更多的中央部委办局尝试运营政务 App。截至 2016 年 4 月，我国已有 26 个中央部委办局开通了共计 35 个 App，国务院直属机构中更是有高达 66.7％的机构开通了自己的 App。①

在中央政府的带动下，各级政府机构在一定程度上提升了对政务 App 的重视，不少政府机构投入人力、资金、设备等资源积极开展实践。但由于政府所掌握的资源状况、领导重视程度、政府工作人员对信息技术的掌握程度以及其所辖地区信息基础设施的发展情况和公众的需要程度差别较大，政务 App 在各个层级的政府之间分布较不均衡，覆盖率从中央至基层逐步递减。如有统计数据显示，在 2013 年底，政务 App 在中央部委、省级、地市和区县政府的建成比例分别为 25％、31％、11％和 3.8％。②

（二）地域分布：“东快西慢”

在地方层面，截至 2016 年初，我国 31 个省、自治区、直辖市的省级人民政府办公厅中，已有 19 个机构搭建了共计 27 个政务 App。③ 而在具有代表性的 70 个大中城市中，除丹东以外的 69 个城市的政府部门均开设有自身的 App，总数共计 316 个。④

从地区分布来看，政务 App 发展呈现出“东快西慢”的不均衡状态。一方面，东部地区政务 App 的开设率高于中西部地区。在省级政府层面，

---

① 艾利艾智库．中央部委办局政务 App 评估报告［R/OL］．（2016-04-29）［2017-05-16］．http：//www.iricn.com/research/researchs/194.html.

② 张少彤，周亮，王友奎．2013 年中国政府网站发展总体情况分析［J］．电子政务，2013（12）：72-79.

③ 艾利艾智库．全国省级政府政务 App 评估报告［R/OL］．（2016-05-27）［2017-05-16］．http：//www.iricn.com/research/researchs/226.html.

④ 郑跃平，黄博涵．“互联网＋政务”报告（2016）——移动政务的现状与未来［J］．电子政务，2016（9）：16-31.

10个东部省区中有8个省区均开设了政务App，开设率高达80%，而中部和西部地区开设政务App的省级政府数量分别仅为3个（占比50%）和7个（占比58.3%）。[①] 在市级政府层面，深圳、广州、杭州等代表性东部城市拥有App的数量超过15个，而大多数中西部城市的政务App数量则不足5个。[②] 另一方面，东部地区政务App的信息发布、政务聚合、政务互动等功能的开发也要明显优于中西部地区。

（三）运营情况：出现多个“短板”

尽管发展比较迅速，但政务App的运营效果却不尽如人意。由于定位不准确（有的只是为了搞“形象工程”）、理念跟不上、团队欠专业、制度不齐备、资源难保障等原因，政务App在平台搭建、功能设计、版本开发、宣传推广、安全保障等方面出现了很多“短板”。这些“短板”限制了政务App信息与服务功能的正常发挥，影响了政务App的下载量（如中央部委办局的政务App半数以上的下载量不足1万次[③]）、体验度和使用率，不仅难以对政府改进服务工作、优化形象提供助益，反而会被公众视作政府浪费行政资源的作秀行为。

在平台搭建上，一些政府部门存在重复建设、“一府多端”的问题。例如贵州省政府开设了“贵州省人民政府”“贵州省网上办事大厅”“整体政务”和“影音政务”（为盲人提供语音服务）等四个App，海南省政府开设有“海南省人民政府网”“整体政务”和“影音政务”等三个App，国家统计局也有“中国统计”“数据中国”“掌上数据库”等三个App。这一现象虽然能反映出政府部门面向不同人群提供差异化服务的努力，但也折射出

---

① 艾利艾智库．全国省级政府政务App评估报告［R/OL］．(2016-05-27)［2017-05-16］．http：//www.iricn.com/research/researchs/226.html.

② 郑跃平，黄博涵．“互联网＋政务”报告（2016）——移动政务的现状与未来［J］．电子政务，2016（9）：16-31.

③ 艾利艾智库．中央部委办局政务App评估报告［R/OL］．(2016-04-29)［2017-05-16］．http：//www.iricn.com/research/researchs/194.html.

内部缺乏统一管理和协调动作的现实，结果不仅增加了政府的开发成本，造成了资源的浪费，也让公众在选择使用政务 App 时平添了几分困惑。

在功能设计上，许多政府部门仍旧以宣传为政务 App 的主要功能，对政务服务与政务互动等功能开发不足。以中央政府部门的 App 为例，调查显示，高达 92%的 App 有信息发布功能，但是有信息查询功能的 App 占比仅为 36%，有互动交流功能的 App 所占比例更是只有 28%。[①] 这使得政务 App 与政务微博和政务微信相比，并无实质性的区别和明显的优势，因而难以获得公众的认可与积极的使用。

在版本开发上，大多数政务 App 以安卓系统为主，适用于苹果 iOS 系统的 App 数量较少，部分 App 仅有安卓版本或是苹果 iOS 版本，这制约了使用不同终端与操作平台的公众下载和安装政务 App。另外，政务 App 一旦推出后，能根据系统和终端技术的发展进行版本更新的少之又少，仅满足于“有无”而未能“精耕细作”。[②] 而旧版本在新系统上极有可能出现无法下载或下载后无法安装，以及安装后出现闪退、死机、卡顿、界面原始或不适应屏幕尺寸等问题，这会大大影响公众的体验。

在宣传推广上，不同于商业 App 尽一切可能地开放各类下载渠道，融合各种媒体平台以吸引用户关注，方便用户下载，政务 App 大多并未积极推广，因而在渗透率、影响力、下载量等方面都远逊于商业 App。例如，公众通常会通过官方网站、二维码扫描、应用商城搜索等方式获取 App，而许多政府部门在开发出政务 App 后却没有主动向公众提供上述渠道。有调研显示，22.2%的省级政府部门没有关于其政务 App 的提示信息，个别省份官方网站提供的下载地址和二维码均已失效，还有过半的政务 App 并

---

① 陈则谦．中国移动政务 App 客户端的典型问题分析［J］．电子政务，2015（3）：12-17.

② 艾利艾智库．中央部委办局政务 App 评估报告［R/OL］．（2016-04-29）［2017-05-16］．http：//www.iricn.com/research/researchs/194.html.

未进入应用商城。[1] 又如，很多政府部门并未在政府网站、政务微博、政务微信等已有一定关注度和影响力的自建平台对政务 App 进行过宣传和介绍，借助其他媒体所做的推广则更为罕见。再如，一些政务 App 只对当地政府辖区内的公众开放，但却要求人们通过购买、手机号码注册、身份证号码绑定等程序才能使用服务[2]，这增加了公众的使用成本（包括时间成本和金钱成本），降低了他们的使用意愿。

此外，政务 App 对数据和用户隐私的安全保障问题并未引起政府部门的足够重视，致使其在运营中安全隐患较多，从而导致公众对于政务 App 的信任感和好感度普遍偏低。2015 年一项关于全国大中城市政务 App 的调查发现，一线城市中仅有约三成的被调查者认为政务 App 可以有效保障个人信息安全。[3]

第二节　政务 App 的运营要点

针对上述我国政务 App 在发展过程中暴露出的种种问题，本节将重点从开设基础、平台搭建、角色定位、制度保障等方面对政务 App 的运营提出建议。

一、开设基础

政务 App 确实已经在不少政府部门取得了成效，但这并不意味着所有的政府部门都有必要或适合开设政务 App。在“试水”政务 App 之前，各

---

① 艾利艾智库．中央部委办局政务 App 评估报告［R/OL］．(2016-04-29)［2017-05-16］．http：//www.iricn.com/research/researchs/194.html.

② 陈则谦．中国移动政务 App 客户端的典型问题分析［J］．电子政务，2015（3）：12-17.

③ 郑跃平，黄博涵．“互联网＋政务”报告（2016）——移动政务的现状与未来［J］．电子政务，2016（9）：16-31.

政府部门应对其必要性和可行性加以考量，在此，笔者将这样的考量主要具化为以下三个方面。

（一）部门权限

旨在向公众提供信息与政务服务的政务 App，其功能发挥和运营效果与政府部门所能发布的信息资源、所能行使的行政职能等权限密切相关。随着行政层级的递减，各级政府所拥有的权限也呈现出“由厚渐薄、由面至点、由宏观政策管理到微观具体操作”[①] 的变化特征。一般来讲，层级越高的政府部门，其享有的信息发布权限越大，拥有越多的一手信息与数据资源（比如有着近 3 000 万次下载量的“中国天气通”的发布者——中国气象局就拥有国内最为全面、及时、翔实、权威的气象数据），能行使的职能范围越广，亦可为公众提供越多元的政务服务，同时对其他部门的调动能力也越强，能基于新媒体平台形成越好的协同与互动，这也越利于政务 App 发挥其积极的作用。反观层级较低的政府部门，尤其是乡镇等基层政府部门，其信息发布权限较小（发布信息时常需获得上级部门的授权），信息发布频次和数量也不太多，受众的信息需求和对新媒体的使用也较少，很多服务需要借助更高级别政府部门的支持才能提供，因此即便资源充足，也根本无须开设政务 App。

（二）资源支持

开设政务 App 前必定要考虑到政府部门所能投入的资源，除了上述的信息资源外，还应关注人力和资金。

对政务 App 进行长期维护和版本更新，以及常态化、有规律地在政务 App 上开展信息发布和政务互动等工作，是政务 App 得以顺利发展的必要条件。这就要求政府部门组建人数充足且相对固定的工作团队，而为了保障运营效果，团队中还应配备掌握 App 运维操作技术的专业人员和掌握新媒体平台信息发布策略的内容管理人员。

---

① 沈荣华．政府大部制改革［M］．北京：社会科学文献出版社，2012：118.

不同于政务微博和政务微信，政务 App 的开发和运营需要投入更多的资金。仅从开发环节看，开发一款简单的 App 成本是 8 万元，如果需要对 App 进行界面设计与优化，则需要后期追加投入。而在实践过程中，许多政府部门通常采用采购整体解决方案的方式来推行政务 App，一般购买 App 的价格约为 30 万元，若是再加上后期的 App 流量监控分析、App 日常更新及内容编辑、网络营销策划及推广等服务，整体的资金投入动辄可达几十万甚至上百万。比如，佛山市顺德区公安局采购的"警民通便民服务平台"，成交金额为 36.8 万；广州市旅游局将"广州旅游"App 与广州旅游资讯网、微信公众号一同进行采购，最终以 127.5 万元的价格成交。[①]

（三）已有平台

与在前一章探讨"有没有必要用政务微信"时的观点一样，一个政府部门是否有必要开设 App，还应考虑其已有的政务微博、政务微信等政务新媒体平台的发展情况。假如其他新媒体平台已经积聚了可观的用户规模，可提供较为多元且深入的信息发布与政务服务功能，且公众已经对这些平台形成了固定的接触与互动习惯，那么该政府部门开设政务 App 的必要性也就大幅降低了。

以北京市海淀区公安局为例，虽然该机构的政务新媒体平台运营走在前列，但却没有将开设政务 App 列入计划。究其原因，也恰恰是基于上述三个方面的考量。[②] 其一，在北京市公安系统范围内，海淀区公安局由于行政层级较低，在信息获取与发布方面的权限较小，无法更好地发挥政务 App 的数据发布与服务功能。其二，海淀区公安局对政务 App 所能给予的人力、资金支持有限，不足以支撑政务 App 良好地发展。仅以人力资源为

---

① 龚进辉．政务 App 形同鸡肋，一站式服务或是趋势［EB/OL］．（2015-10-20）［2017-05-16］．http：//www.toutiao.com/a6207512655203270913/.

② 资料来源于项目团队对海淀区公安局的访谈。

例，该局政务新媒体由公关科负责运营，该部门现有警务人员 14 人，在运营现有的微信、微博平台的同时，还须完成执勤、巡逻等工作，难有时间和精力再承担政务 App 的运营工作。其三，海淀区公安局的现有政务微博（“海小博”）和政务微信（“海小薇”）两个平台发展较好，已分别积累超过 22 万名粉丝和 4 万余名忠实用户，并且形成了较为固定的服务模式与互动模式，留给政务 App 的发挥空间相对较小。

二、平台搭建

目前，政务 App 的平台搭建包括政府部门独立自建平台、合作搭建平台以及入驻第三方平台等三种方式。

（一）独立自建平台

独立自建平台是指由政府部门通过自主组建团队或采购服务的方式，独立设计、搭建、运营、维护政务 App。这是目前许多行政层级较高、行政职能范围较广的政府部门（如中央部委办局、省级政府）所采取的搭建方式。该方式的优势在于，政府部门作为主导者，对政务 App 的界面设计、功能开发、更新维护等方面享有较高的控制权，在实际的运营过程中也具有较高的自由度与灵活度。不过这一方式需要政府部门持续不断地投入各类资源，也可能造成重复建设的乱象。

（二）合作搭建平台

那些职能较为单一，或是人力、财力等资源相对匮乏的政府部门，可以考虑与其他政府部门合作搭建平台，优化其政务 App 的投入与产出。相较于独立自建平台，合作搭建平台的优势一方面在于部门间增强了协作，有助于理顺关系、形成合力，一站式解决公众的多元需求，另一方面则体现在成本分摊后会减少运营压力。

如今，越来越多的政府部门开始选择与其他部门开展合作，共同推出整合式的政务 App。例如，广东省政府整合了其下属 47 个厅局机构和广州、深圳等21个地市级的各类服务功能，推出了“广东网上办事”App，为广东省内公众和企业提供相应的查询、行政事项办理等服务。[①] 又如，为了进一步丰富针对广州市民的服务种类、优化服务效果，广州市民政局、市城管委、市公安局、市体育局等多个部门合作搭建了“广州通”App。该平台提供包括政府便民、车主服务、交通出行、医疗健康、本地生活等五大板块共计40多项的政务服务。[②]

（三）入驻第三方平台

这是指政府部门借助现有的第三方App，入驻其相应的栏目或频道，从而既可以较低的成本实现信息发布、政务服务、政务互动等政务App的功能，同时也能借势第三方平台庞大的用户群体和成熟的运营模式，增强信息发布的成效，提升政府服务的覆盖范围以及服务质量。

目前，政府部门入驻的第三方平台可分为以下三类：（1）信息聚合类平台。此类App以向公众提供即时的信息资讯为主要功能，政府向平台提交申请并通过审核后，即可进驻其政务信息相关栏目或板块（如“今日头条”App的“政务头条号”、《人民日报》App中的“政务发布厅”），借助其智能分发、精准推荐、用户规模庞大等传播优势，向更多的公众提供即时、权威且精准的政务信息发布与政务互动等服务。（2）服务聚合类平台。这主要是向公众提供金融服务、信息查询、移动通信等综合服务的平台。该类平台以支付宝、微信支付为代表，具有公众接受度和认可度高、更新和运营状况良好、生态系统逐步形成，以及较强的风险控制体系和安全能力等优势。[③] 地方政府部门可通过开放数据的方式，将一些行政事项查询、

① 张培国．“广东网上办事”何以成政务App翘楚？［EB/OL］．（2016-05-30）［2017-05-16］．http：//opinion. southcn. com/o/2016-05/30/content_148568034. htm.

② 蒋隽．广州推出统一政务App“广州通”提供40多项服务［N］．信息时报，2016-06-15（A04）.

③ 郑跃平，黄博涵．“互联网＋政务”报告（2016）——移动政务的现状与未来［J］．电子政务，2016（9）：16-31.

缴费等政务服务转移到这些平台上，从而令公众无须再在政府 App 上经历注册、身份验证、银行卡绑定等环节，便可便捷使用政务服务。（3）入口聚合类平台。现今有一些 App 扮演“超级 App”的角色以获取平台效应。该类平台与 PC 端的搜索引擎功能类似，通过邀请政府部门开放端口、对接平台，实现以单独的页面或栏目对政务 App 加以集中展现，从而成为公众直接查找、跳转、使用政务 App 的“入口”。典型的如新华社推出的“新华社”App，其旨在成为新媒体“国家队”领军者的同时，还希望打造成党政 App 集群统一入口和综合信息服务统一平台。在具体做法上，该 App 在与全国各市县政务 App 实现互联互通的基础上，在其“本地频道”栏目中借助基于地理位置的服务（LBS），向各地公众提供当地政府政务 App 的链接，公众通过点击链接，即可跳转到相应的政务 App 下载页面。

由于上述三类平台中信息聚合类平台的发展势头强劲，入驻部门众多（数以万计），用户规模庞大，因此本部分接下来以“今日头条”App 为例，重点介绍如何在此类平台开辟政务传播的“新阵地”。

“今日头条”App 是一款基于数据挖掘和算法分析，向用户定向推送其关注话题及相关内容的手机 App。截至 2017 年 1 月，“今日头条”App 的激活用户已超过 7 亿，日活跃用户 7 800 余万，每人每天的使用时长达 76 分钟。[①] 政府部门入驻“今日头条”App 是典型的政府与第三方信息聚合类平台合作的成功实践（见图 9－5）。

根据“今日头条”App 的总编辑夏勇在“端·政——当政务新媒体遇上 AI”大会中发布的数据，在 2016 年一年中，来自全国各级党政机构的政务头条号从 4 000 家发展到了 3.5 万家，开设政务头条号过 100 家的城市已超 100 座；众多政务新媒体全年发布的 240 万篇图文和视频获得了 82 亿次

---

① 李曾璨．今日头条“端·政”大会召开　人工智能成政务传播新动能［EB/OL］.（2017-01-13）［2017-05-16］. http：//www.gmw.cn/media/2017-01/13/content_23472920.htm.

阅读；这一年用户在这些政务头条号上使用的时间相当于 14 423 年。①

各级政府入驻“今日头条”App，不仅可享受其现有流量红利，还可搭乘 AI（人工智能）的顺风车。AI 在对海量数据分析和处理的基础上，将用户的兴趣建模，并将信息在正确的时间推送给定向用户，使信息发放效率得到提升。“今日头条”App 所开辟的政务传播“新阵地”适用于定位在主攻信息发布的政府部门，直接入驻可减少政府部门资金、人力等资源的浪费。在使用上，公众不仅可以被动接收信息推送，也可通过点击感兴趣的政府部门账号，集中查看该账号发布的所有文章，还能够通过点击“关注”来主动接收该账号的固定内容推送。

图 9-5 “今日头条”App 政务栏目及入驻部门界面示例

三、角色定位

政务 App 究竟有没有用，有多大用，归根到底还是公众说了算。这就

① 李曾骙．今日头条“端·政”大会召开 人工智能成政务传播新动能［EB/OL］．(2017-01-13)［2017-05-16］．http：//www.gmw.cn/media/2017-01/13/content_23472920.htm.

要求政府部门在筹划上马 App 时，通过充分调研以精准了解公众对政务 App 的角色期待和服务需求，真正明确政务 App “为了谁” 及 “做什么”，并据此设计政务 App 的方方面面。

公众对政府的角色期待通常与政府的职能权限和行政层级密切相关，政府的层级结构离中央越近，拥有的权限和受中央控制的力度就越大，公众则越关注其政治性质的职能，主要为对相关领域的发展趋势进行判断与把握；政府的层级结构离公众越近，公众则越关注其公共管理性质的职能，即具体的行政职能。[①]

与此相对，各层级政府部门在设计政务 App 时，也应认真考虑其所应扮演的角色。其中，中央部委的 App 应更凸显 “大局” 意识，结合本部门的职能特性，侧重在宏观层面提供行业发展规划、发展趋势判断等信息服务以及行业发展指导等政务服务。地方政府的 App 则需加强 “地方特色”，不仅应在 App 的名称、图标、配色、背景等方面的设计上融入地域文化特色，还当着重提供具有地方特色的信息资讯以及符合部门运作特征的、本地公众最为需求的政务服务。

在这一方面，可以参考国务院 App 的角色定位与实践经验（见图 9-6）。

2016 年 2 月 26 日，由国务院办公厅主办、中国政府网运行中心负责运营的国务院 App 正式投入使用，并在上线 11 个月后推出 2.0 版本。在国务院 App 筹备期间，筹备组工作人员就对公众的信息需求进行了调研，并在策划栏目时，把各部委网站及 App 的所有栏目加以详细分析，同时请各部委网站运营部门推荐 5～7 个与公众关联最为密切的栏目。[②] 最终，筹备组将国务院 App 定位为公众 “身边的中国人民政府”，以第一时间权威发布国

① 曾伟，罗辉．地方政府管理［M］．北京：北京大学出版社，2006：45.

② 蒋子文．国务院 App 运营幕后：一切从用户体验出发，语言准确接地气［EB/OL］．(2016-07-19)［2017-05-16］．http：//www.thepaper.cn/newsDetail_forward_1500852.

务院政务信息，面向社会提供与政府业务相关的服务，建设基于新媒体的政府与公众互动交流新渠道为核心功能，将政策搜索、数据查询等作为国务院 App 的主要特色。截至 2017 年 1 月，国务院 App 上线以来的累计下载量超 2 000 万，激活用户数超 700 万。此外，与其相对应的公众号“中国政府网”目前拥有 500 多万粉丝，微博“@中国政府网”的粉丝量也在 1 500 万以上。①

国务院 App 最初设置了“首页”“国务院”“政务大厅”三个功能板块。其中，“首页”和“国务院”板块主要以发布国务院的政务信息为主，如国务院重大决策部署和重要政策文件，国务院领导重要会议、考察、出访活动等。其中，为了方便公众的浏览与检索，“首页”设置了“要闻”“总理”“政策”“部门”等 15 个栏目，公众可根据自身的喜好选择添加、删除栏目或对栏目进行排序；“国务院”则按总理、副总理、国务委员等类别，将国务院领导的动态分类呈现。

“政务大厅”板块发布与国务院部门、政务服务等相关的各类信息，并为公众提供与政府业务相关的服务。该板块内含“部门大厅”“服务大厅”“互动大厅”“数据中国”“信息公开”等五个栏目。在“部门大厅”栏目中，公众可以浏览包括发改委、教育部、科技部在内的多个部委的政务信息、相关新闻和政策解读。“服务大厅”栏目针对公民、企业、外国人、社会组织四个群体及其差异化需求，提供相应的服务信息，如公民的生育、教育、兵役、就业，企业的开办设立、工商管理、安全防护、劳动保障，外国人的出入境、移民定居、旅游观光、婚姻收养，以及社会组织中社会团体、基金会的成立及运营等相关领域的政策规定与办事流程。“数据中国”栏目展现了国家统计局所发布的 GDP、CPI、PPI 等各项数据及其解

① 张洁．国务院客户端 2.0 全新发布，这次又有什么新动作？［EB/OL］．（2017-01-21）［2017-05-16］．http：//www.gov.cn/xinwen/2017-01/21/content_5161936.htm.

读。“信息公开”栏目把国务院的政务文件做成文件库，并提供了按时间和关键字、公文种类（如国令、国发、国函等）、主题（如国务院组织机构、综合政务等）等方式检索文件的功能。“互动大厅”栏目旨在提供国务院各部门进行意见征集与公众关切回应的渠道，以激励公众建言献策。

图 9－6　国务院 App 的主要界面

此外，为了迎合移动终端用户的信息偏好，国务院 App 在信息发布的内容与形式等方面进行了创新：其一，在文字新闻外还加入了视频、音频及图片新闻等多种呈现形式，通过更为形象、生动的信息内容增强对公众的吸引力。其二，对原本严肃、刻板的官方话语加以优化，力图“用最新的语言，最新的形式来传递最权威的政策”。例如，在解释“营改增”问题时，就推出了一系列点击量破百万的内容产品，包括税务达人“小军”用微信聊天的方式白话“营改增”，直播“小营”（营业税）、“小增”（增值税）、“小财”（财政部代表）、“大企”（大企业代表）、“小税”（国家税务总局代表）、“小企”（中小企业代表）出席“营业税欢送会暨增值税就职典礼”的 H5 产品，发布《营改增最全实用手册》等。其三，在权威信息外，也着重发布带有“温度”的内容，如在端午节之际发出“安全出行的温馨提示”，在高考结束时刊登一张写着“致考生：白日放歌，青春作伴”的海报（见图 9－7），在劳动节时发布一款名为“你见过凌晨四点的城市么”的短片，等等。

图 9-7 国务院 App 发布的带有“温度”的内容

此外，为了增强 App 与其他新媒体平台的联动，提升国务院所发布的信息的影响力以及带动 App 的下载量，国务院 App 不仅在内容页面上设置有分享按钮，允许公众将信息分享至微博、微信、微信朋友圈、QQ 等四个渠道；还在腾讯应用宝平台上发布了相关版本，借助应用宝的“微下载”功能，公众可将国务院 App 分享至微信朋友圈，而其他公众打开分享页面，即可直接跳转至相应的页面（安卓系统用户进入应用宝，苹果系统用户进入 App Store）一键下载安装该 App，从而有效地缩短了公众的下载步骤（见图 9-8）。

图 9-8 国务院 App 朋友圈分享与一键下载页面

在国务院 App 的 2.0 时代，其创作团队还将海外友人纳入目标用户群体。为方便海外友人使用，国务院 App2.0 版本推出了中英文一键切换功能。用户可点击屏幕右上角的“EN”或“中”来切换语言设置（见图 9-9）。看似简单的设计却有利于外国友人了解我国政府的运作情况，为我国在国际塑造良好形象贡献力量。

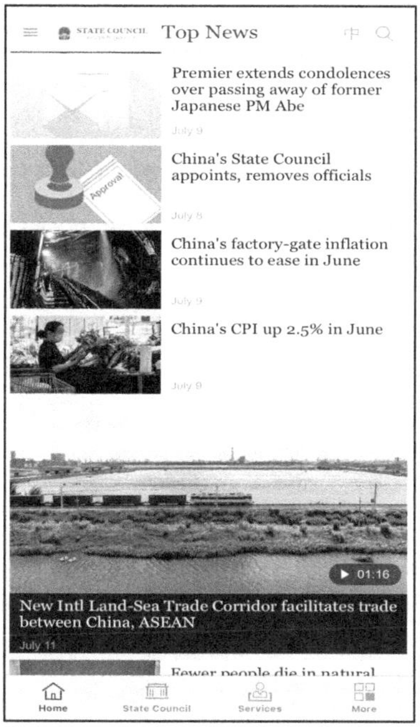

图 9-9　国务院 App 英文版界面

四、制度保障

政务 App 若要实现长期有效的运营，还需要配备合理而完善的管理制度和运作机制作为保障。

一方面，与政务微博、政务微信等政务新媒体平台一样，政务 App 的运营离不开政府部门主管领导的重视与资源配给、明确的部门归属和权责分工、专职的工作团队，以及完善的工作制度与绩效考核体系。由于该部分内容在前面章节已有涉及，此处不再赘言。

另一方面，由于政务 App 在用户注册和登录、行政事项办理与查询、便民服务提供等环节，将产生大量涉及公众隐私的数据（如手机号、身份证号、银行卡号等）以及关涉政府行政乃至国家安全的数据，这就要求政务 App 相较于其他政务新媒体平台，必须特别重视对数据安全和用户隐私的管理及保护。因而，在对政务 App 的运营管理中，还应贯彻“一手抓电子政务建设，一手抓网络和信息安全”[①] 的工作精神，从制度层面强化信息安全管理工作。具体而言，各政府部门应按照信息安全等级保护等制度和网络安全国家标准的要求，完善信息共享、业务协同的身份认证和授权管理机制，强化网络安全监测评估、监督管理、标准认证和创新能力体系建设，实时对数据流通状况和网络环境进行监测，定期对安全保障设备与软件加以维护、再开发和升级等。

① 中共中央办公厅，国务院办公厅．中共中央办公厅、国务院办公厅关于转发《国家信息化领导小组关于我国电子政务建设指导意见》的通知：中办发［2002］17 号［A/OL］．（2002-08-05）［2017-05-16］http：//www.cnki.com.cn/Article/CJFDTotal-SDZB200217000.htm.

参考文献

[1] 白春阳．现代社会信任问题研究．北京：中国社会出版社，2009.

[2] 北京市统计局，国家统计局北京调查总队．北京统计年鉴 2016. 北京：中国统计出版社，2016.

[3] 博报堂生活综研（上海）．信蜂：中国信息传播的新兴群体．上海：文汇出版社，2012.

[4] 曹劲松，庄传伟．政府新闻发布．南京：江苏人民出版社，2009.

[5] 陈力丹．新闻理论十讲．上海：复旦大学出版社，2008.

[6] 陈振明．社会管理——理论、实践与案例．北京：中国人民大学出版社，2012.

[7] 褚朔维．高贵的言辞：索福克勒斯《埃阿斯》疏证．上海：华东师范大学出版社，2010.

[8] 邓兆安．中国式网络问政：胶东在线的标本意义．广州：南方日报出版社，2010.

[9] 杜骏飞，巢乃鹏．中国网络传播研究．杭州：浙江大学出版社，2009.

[10] 杜骏飞．政府网络危机．北京：中国发展出版社，2011.

[11] 费孝通．乡土中国．上海：上海人民出版社，2006.

[12] 高钢．中国数字媒体内容国家监管体系研究．北京：高等教育出版社，2009.

[13] 高红玲．网络舆情与社会的稳定．北京：新华出版社，2011.

[14] 高小康．叙事作品论．北京：北京师范大学出版社，2006.

[15] 官建文，唐胜宏，许丹丹．中国移动互联网发展报告（2015）．北京：社会科学文献出版社，2015.

[16] 官建文，唐胜宏，许丹丹．中国移动互联网发展报告（2016）．北京：社会科学文献出版社，2016.

[17] 郭庆光．传播学教程．北京：中国人民大学出版社，1999.

[18] 胡百精．说服与认同．北京：中国传媒大学出版社，2014.

[19] 胡宁生．中国政府形象战略（上册）．北京：中共中央党校出版社，1998.

[20] 黄河．政府新媒体传播——直面新媒体带来的挑战与机遇．北京：光明日报出版社，2012.

[21] 黄河．新媒体发展与社会管理．北京：中国传媒大学出版社，2013.

[22] 李斌．网络政治学导论．北京：中国社会科学出版社，2006.

[23] 李汉林．中国社会发展年度报告（2013）．北京：中国社会科学出版社，2013：270.

[24] 李良荣．西方新闻事业概论．上海：复旦大学出版社，1999.

[25] 李培林，陈光金，张翼．2016年中国社会形势分析与预测．北京：社会科学文献出版社，2015.

[26] 刘海龙．宣传：观念、话语及其正当化．北京：中国大百科全书出版社，2013.

[27] 刘西平，连旭．中国网络问政长效机制研究——基于网络问政行为偏好的实证分析．北京：中国传媒大学出版社，2015.

[28] 刘小燕．中国政府形象传播．太原：山西人民出版社，2005.

[29] 陆小华．新媒体观——信息化生存时代的思维方式．北京：清华

大学出版社，2008.

［30］陆学艺．中国社会建设与社会管理．北京：社会科学文献出版社，2011.

［31］南都报系网络问政团队．网络问政．广州：南方日报出版社，2010.

［32］人民网舆情监测室．指尖上的“政”能量——如何运营政务微博与微信．北京：人民日报出版社，2013.

［33］沈荣华．政府大部制改革．北京：社会科学文献出版社，2012.

［34］唐绪军，吴信训，黄楚新，等．中国新媒体发展报告 No.6（2015）．北京：社会科学文献出版社，2015.

［35］王浦劬，竹立家．重塑政府：“互联网＋政务服务”行动路线图．北京：中信出版社，2016.

［36］王天意．网络舆论引导与和谐论坛建设．北京：人民出版社，2008.

［37］谢耘耕．中国社会舆情与危机管理报告（2016）．北京：社会科学文献出版社，2016.

［38］许新芝，罗朋，李清霞．舆论监督研究．北京：知识产权出版社，2009.

［39］杨雄．网络时代行为与社会管理．上海：上海社会科学院出版社，2007.

［40］俞可平．治理与善治．北京：社会科学文献出版社，2000.

［41］曾伟，罗辉．地方政府管理．北京：北京大学出版社，2006.

［42］张志安，曹艳辉．政务微博微信实用手册．广东：南方日报出版社，2014.

［43］翟学伟，薛天山．社会信任：理论及其应用．北京：中国人民大学出版社，2014.

[44] 中共中央宣传部舆情信息局．网络舆情信息工作理论与实务．北京：学习出版社，2009.

[45] 周裕琼．当代中国社会的网络谣言研究．北京：商务印书馆，2012.

[46] 埃利亚斯．个体的社会．翟三江，陆兴华，译．南京：译林出版社，2003.

[47] 弗雷塔格．论戏剧情节．张玉书，译．上海：上海译文出版社，1981.

[48] 哈贝马斯．合法化危机．刘北成，曹卫东，译．上海：上海世纪出版集团，2009.

[49] 巴尔．叙述学：叙事理论导论．谭君强，译．北京：中国社会科学出版社，1995.

[50] 阿伦森．社会性动物（第9版）．邢占军，译．上海：华东师范大学出版社，2007.

[51] 本奈特，恩特曼．媒介化政治：政治传播新论．董关鹏，译．北京：清华大学出版社，2011.

[52] 查特曼．故事与话语．徐强，译．北京：中国人民大学出版社．2013.

[53] 费伦，拉比诺维茨．当代叙事理论指南．申丹，等译．北京：北京大学出版社，2007.

[54] 福斯特．小说面面观．冯涛，译．北京：人民文学出版社，2009.

[55] 哈特．故事技巧：叙事性非虚构文学写作指南．叶青，曾轶峰，译．北京：中国人民大学出版社，2012.

[56] 基恩．网民的狂欢：关于互联网弊端的反思．丁德良，译．海口：南海出版社，2010.

[57] 科尔曼．社会理论的基础．邓方，译．北京：社会科学文献出版

社，1999.

[58] 克雷默，考尔. 哈佛非虚构写作课：怎样讲好一个故事. 王宇光，等译. 北京：中国文史出版社，2015.

[59] 克龙. 你能写出好故事. 秦竞竞，译. 西安：陕西人民出版社，2014.

[60] 卡斯特. 网络社会的崛起. 夏铸九，等译. 北京：社会科学文献出版社，2001.

[61] 卡斯特. 认同的力量. 曹荣祥，译. 北京：社会科学文献出版社，2006.

[62] 朗格林，麦克马金. 风险沟通：环境、安全和健康风险沟通指南. 黄河，蒲信竹，刘琳琳，译. 北京：中国传媒大学出版社，2016.

[63] 李普曼. 公众舆论. 阎克文，江红，译. 上海：上海人民出版社，2006.

[64] 迈尔斯. 社会心理学. 张智勇，译. 北京：人民邮电出版社，2006.

[65] 麦基. 故事. 周铁东，译. 天津：天津人民出版社，2014.

[66] 南顿，迪克斯. 故事营销有多重要：用终极故事和传媒思维打造独特品牌. 闾佳，邓瑞华，译. 北京：中国人民大学出版社，2016.

[67] 塞佛林，坦卡德. 传播理论：起源、方法与应用. 郭镇之，译. 北京：中国传媒大学出版社，2006.

[68] 斯蒂贝尔. 断点——互联网进化启示录. 师蓉，译. 北京：中国人民大学出版社，2015.

[69] 加赛特. 大众的反叛. 刘训练，佟德志，译. 广东：广东人民出版社，2012.

[70] ABRAMSON P R. Political Attitudes in America：Formation and Change. San Francisco：W. H. Freeman and Company Press，1983.

［71］ASSAR S，BOYDENS I，BOUGHZALA I. Practical Studies in E-Government：Best Practices from Around the World. New York：Springer，2010.

［72］AVGEROU C，CIBORRA C，CORDELLA A，et al. The Role of Information and Communication Technology in Building Trust in Governance：Towards Effectiveness and Results. Washington，D. C.：Inter-American Development Bank，2005.

［73］BERINSKY A J. New Directions in Public Opinion. New York：Routledge，2015.

［74］BERNAYS E L. Propaganda. New York：Horace Live-right，1928.

［75］St. JOHN Ⅲ B，PEARSON Y E. Crisis Communication and Crisis Management：An Ethical Approach. Los Angeles：SAGE Publications，2016.

［76］CANEL M J. Comparing Political Communication Across Time and Space：New Studies in an Emerging Field. London：Palgrave Macmillan，2014.

［77］CAPPELLA J N，JAMIESON K H. Spiral of Cynicism：The Press and the Public Good. New York：Oxford University Press，1997.

［78］CERON A. Social Media and Political Accountability：Bridging the Gap Between Citizens and Politicians. Basingstoke：Palgrave Macmillan，2017.

［79］CHEN C. Opinion Leaders：The Driving Force of Political Discussion in Social Media. Dissertations & Theses-Gradworks，2013.

［80］COOK T E. Governing with the News：The News Media as a Political Institution. Chicago：University of Chicago Press，2005.

［81］CREIGHTON J L. The Public Participation Handbook：Making Better Decisions Through Citizen Involvement. San Francisco：Jossey-Bass，2005.

［82］ECKERSALL P，GREHAN H，SCHEER E. New Media Dramaturgy：Performance，Media and New-Materialism. London：Palgrave Macmillan，2017.

[83] RICHARDSON G W. Social Media and Politics：A New Way to Participate in the Political Process. New York：Praeger，2016.

[84] GREEN W C，STRANGE J J，BROCK T C. Narrative Impact：Social and Cognitive Foundation. NJ：Lawrence Erlbaum，2002.

[85] HAHN D F. Political Communication：Rhetoric，Government，and Citizens. PA：Strata Publishing，2002.

[86] JAQUES T. Issues and Crisis Management：Exploring Issues，Crises，Risk and Reputation. New York：Oxford University Press，2014.

[87] JONES Z，ALIBRAHIM A. Trust：A New Perspective on Public Relations & Social Media for Generation. CreateSpace Independent Publishing Platform，2017.

[88] KENSKI K，JAMIESON K H. The Oxford Handbook of Political Communication. New York：Oxford University Press，2017.

[89] LAROCQUE P. The Book on Writing：The Ultimate Guide to Writing Well. TX：Grey and Guvnor Press，2013.

[90] LAZARSFELD P F，BERELSON B，GAUDET H. The People's Choice. New York：Columbia University Press，1968.

[91] MCCOMBS M，HOLBERT L，KIOUSIS S，et al. The News and Public Opinion：Media Effects on Civic Life. Cambridge：Polity，2011.

[92] LINDZEY G，ARONSON E. Handbook of Social Psychology. New York：Random House，1985.

[93] MERCEA D. Civic Participation in Contentious Politics：The Digital Foreshadowing of Protest. London：Palgrave Macmillan，2016.

[94] MERGEL I. Social Media in the Public Sector：A Guide to Partici-

pation, Collaboration, and Transparency in the Networked World. New York: Jossey-Bass, 2012.

[95] NORRIS P. A Virtuous Circle? The Impact of Political Communications in Post-Industrial Societies. New York: Cambridge University, 2000.

[96] OWEN D C. Social Media Fascination: Embracing Social Media to Build Community, Trust, and Rapport. CreateSpace Independent Publishing Platform, 2014.

[97] PERLOFF R M. The Dynamics of Political Communication: Media and Politics in a Digital Age. New York: Routledge, 2013.

[98] SABATO J. Feeding Frenzy: How Attack Journalism Has Transformed American Politics. New York: Free Press, 1991.

[99] SCHADLER T, BERNOFF J, ASK J. The Mobile Mind Shift: Engineer Your Business to Win in the Mobile Moment. Cambridge: Groundswell Press, 2014.

[100] TODOROV T. The Poetics of Prose. Syracuse: Cornell University Press, 1997.

[101] WARREN M E. Democracy and Trust. New York: Cambridge University Press, 1999.

[102] WEI R. Mobile Media, Political Participation, and Civic Activism in Asia: Private Chat to Public Communication. Dordrecht: Springer, 2016.

[103] ZHANG X, ZHENG Y. China's Information and Communications Technology Revolution: Social Changes and State Responses. New York: Routledge, 2009.

图书在版编目（CIP）数据

移动互联时代的政府形象传播/黄河著. —北京：中国人民大学出版社，2018.5
（新闻传播学文库）
ISBN 978-7-300-25703-7

Ⅰ.①移… Ⅱ.①黄… Ⅲ.①移动网-应用-国家行政机关-宣传工作-研究-中国
Ⅳ.①D64-39

中国版本图书馆 CIP 数据核字（2018）第 069455 号

新闻传播学文库
移动互联时代的政府形象传播
黄 河 著
Yidong Hulian Shidai de Zhengfu Xingxiang Chuanbo

出版发行	中国人民大学出版社		
社　　址	北京中关村大街 31 号	**邮政编码**	100080
电　　话	010－62511242（总编室）		010－62511770（质管部）
	010－82501766（邮购部）		010－62514148（门市部）
	010－62515195（发行公司）		010－62515275（盗版举报）
网　　址	http://www.crup.com.cn		
经　　销	新华书店		
印　　刷	固安县铭成印刷有限公司		
规　　格	170 mm×240 mm　16 开本	**版　　次**	2018 年 5 月第 1 版
印　　张	19.75 插页 2	**印　　次**	2025 年 3 月第 3 次印刷
字　　数	261 000	**定　　价**	68.00 元